Ist Ihr Kind ein Bettnässer? Ist es extrem schüchtern oder aggressiv? Leidet es an Eßstörungen? Oder ist es zu Zeiten zutiefst niedergeschlagen? All diese Verhaltensauffälligkeiten können in einem Kinderleben auftauchen und auch schnell wieder von selbst verschwinden. Manchmal sind sie aber eben nicht »nur eine Phase«, und dann ist professionelle Hilfe angeraten. Cora Neuhaus und Corona Schmid haben die häufigsten Störungen im Kindes- und Jugendalter zusammengetragen. Sie beschreiben sie anhand ihrer Symptome sowie zahlreicher Fallgeschichten, nennen mögliche Ursachen und zeigen, welchen Verlauf sie typischerweise nehmen. Eltern erwerben dadurch Diagnosekompetenz, um zu entscheiden, ob sie ein Problem selbst oder mit Hilfe von Fachleuten angehen wollen. Ebenso erhalten sie Rat, welche Hilfsmaßnahmen – ärztliche, therapeutische oder psychologisch beratende – geeignet sind und wie man den richtigen Ansprechpartner findet.

Cora Neuhaus, geboren 1964 in Lüdenscheid, ist nach ihrem Studium der Medizin und ihrer Facharztausbildung in Kinder- und Jugendpsychiatrie in Erlangen und München als Fachärztin in der Ambulanz der Münchener Heckscher-Klinik tätig. Sie ist verheiratet, Mutter eines Sohnes und lebt in der Nähe von München.
Corona Schmid, geboren 1957 in Köln, arbeitete nach ihrem Studium der Psychologie in Salzburg in einer Erziehungsberatungsstelle und ist als Diplompsychologin in der Münchener Heckscher-Klinik tätig. Sie ist verheiratet, Mutter einer Tochter und lebt in München.

Cora Neuhaus, Corona Schmid

Nur eine Phase?

Verhaltensauffälligkeiten bei Kindern

Deutscher Taschenbuch Verlag

Originalausgabe
Januar 2001
© Deutscher Taschenbuch Verlag GmbH & Co. KG,
München
www.dtv.de
Umschlagkonzept: Balk & Brumshagen
Umschlagbild: © IFA-Bilderteam/Photex
Satz: Kalle Giese, Overath
Gesetzt aus der Times New Roman (Berthold)
Druck und Bindung: C. H. Beck'sche Buchdruckerei,
Nördlingen
Gedruckt auf säurefreiem, chlorfrei gebleichtem Papier
Printed in Germany · ISBN 3-423-36219-7

Inhalt

Einführung

Für wen sind wir zuständig und wie arbeiten wir?

»Was ist bloß los mit meinem Kind? Ist das noch normal? Vergeht das von selbst?« Welche Eltern haben sich nicht schon diese Fragen gestellt, wenn ihre Schützlinge Verhaltensauffälligkeiten zeigen, die allen über den Kopf wachsen? Manchmal ist es tatsächlich »nur eine Phase«, die rasch behebbar ist; manchmal aber geben Verhaltensprobleme von Kindern und Jugendlichen berechtigten Anlaß zur Sorge, ob dies nicht Symptome einer schwerwiegenden psychischen Fehlentwicklung sind. Hier einzugreifen und Rat und Hilfestellung zu geben fällt in unser Tätigkeitsgebiet als Fachärztin und Diplompsychologin einer kinder- und jugendpsychiatrischen Fachklinik, der Heckscher-Klinik in München. Aus der Beobachtung heraus, daß bei manchen problematischen Entwicklungen von Kindern bzw. deren Familien ein früheres unterstützendes Eingreifen vieles erleichtern könnte, und zum anderen aus der Freude am Beruf und am Umgang mit den Kindern und Jugendlichen ist die Idee für dieses Buch entstanden.

Wir, die Autorinnen, möchten in diesem Ratgeber verständliche und verwertbare Informationen für Familien und weitere Bezugspersonen geben, denen das Verhalten und die Entwicklung ihrer Schützlinge Sorgen bereiten. Durch unsere mehrjährige Arbeit in den unterschiedlichen Bereichen einer relativ großen Institution wie der Heckscher-Klinik ist es uns möglich, über das gesamte Spektrum zwischen eher harmlosen Auffälligkeiten, d. h. zwar problematischen, aber bis zu einem gewissen Grade entwicklungsbedingten »Phasen«, bis hin zu psychischen Erkrankungen und Störungen zu berichten, die eine psychologisch-psychiatrische Abklärung und Hilfe erforderlich machen. Wenn wir hierzu Fallbeispiele geben, so sind Namen und personenbezogene Daten selbstverständlich geändert.

In diesem speziellen medizinischen Fachbereich, Psychiatrie und Psychotherapie des Kindes- und Jugendalters, muß man sich eine sogenannte »große Institution« nicht als ein Krankenhaus mit Hunderten von Betten und vielen unüberschaubaren Stationen vorstellen. Dazu ist das Fachgebiet zu speziell, und glücklicherweise gibt es nicht so viele schwer psychisch kranke Kinder, daß man für sie Hunderte von stationären Behandlungsplätzen für die verschiedenen Einzugsbereiche bräuchte.

Im folgenden beschreiben wir nun die Heckscher-Klinik in München in ihren Strukturen und Arbeitsabläufen als ein Beispiel unter vielen derartigen Kliniken in Deutschland.

Die Gesamtinstitution ist – vereinfacht gesagt – in drei große Therapie-Bereiche untergliedert: die Ambulanz, die stationäre Therapie und die tagklinische Therapie; hinzu kommt der Bereich der sogenannten »Akutaufnahmestation«.

Die Ambulanz

Die Ambulanz der Heckscher-Klinik ist meist die erste Anlaufstelle für die Untersuchung und Behandlung von Kindern und Jugendlichen, deren Probleme entweder nicht extrem schwerwiegend oder noch relativ unklar und schwer einzuschätzen sind.

Eltern oder Lehrer oder auch Ärzte aus anderen Fachbereichen können sich zunächst einmal an die Telefonzentrale wenden und werden von hier entweder an das Kliniksekretariat oder den jeweils diensthabenden Arzt weitergeleitet. Geht es um weniger eilige Fragestellungen und Untersuchungen – z. B. um Lese- und Rechtschreibprobleme oder seit langem bestehendes nächtliches Einnässen –, so wird einem vom Sekretariat ein mehrseitiger Anmeldebogen zugesandt, auf welchem die Eltern oder andere Betreuer ihre Fragen und Anliegen kurz schildern können. Je nachdem, wie dringlich die Problematik erscheint, entscheidet dann der ärztliche Leiter der Ambulanz, welches Kind wie rasch einen Termin bekommen muß. Das bedeutet, daß es je nach Problemlage mehrere Tage bis zu Monaten dauern kann, bis eine erste ambulante Untersuchung stattfindet.

Aus diesem Grunde wird oft schon bei der ersten telefonischen Anfrage notgedrungen darüber informiert, daß die Wartezeiten bis zur Erstvorstellung aufgrund des großen Andranges lang sein können und es sich unter anderem deshalb empfehlen könnte, auch bei den niedergelassenen Kinder- und Jugendpsychiatern um einen Termin zu ersuchen. Manchmal kann dies zusätzlich den Vorteil der Wohnortnähe oder einer niedrigeren Hemmschwelle bei ängstlichen Kindern mit sich bringen. Zudem bestehen keine grundlegenden Unterschiede zwischen den ambulanten Versorgungsmöglichkeiten der niedergelassenen kinder- und jugendpsychiatrischen Fachärzte und den Behandlungsmöglichkeiten der Klinikärzte.

Kommt es zu einem ersten Untersuchungstermin in der Ambulanz, so wird dieser in der Regel bei einem Arzt stattfinden, da es bei einigen psychischen Störungen wichtig ist, körperliche Ursachen ausschließen oder einschätzen zu können. Das heißt, es wird nicht nur eine detaillierte Bestandsaufnahme der aktuellen Probleme versucht, sondern die gesamte Entwicklung des Kindes wie auch seine Lebens- und Familiensituation werden genau hinterfragt. Dadurch kann sich der untersuchende Arzt einen ersten Eindruck verschaffen und entscheiden, ob eine körperliche Untersuchung vorrangig erscheint, ob ein Elektroenzephalogramm (EEG) notwendig ist oder auch eine eingehende psychologische Testung. Diese, wie z. B. auch sprachtherapeutische Untersuchungen, erfordern oft viel Zeit und Geduld, so daß hierfür fast immer ein oder mehrere gesonderte Termine anberaumt werden müssen. Man kann also insgesamt bei den Untersuchungsterminen, die der diagnostischen Einschätzung dienen, mit jeweils bis zu zwei Stunden Zeitaufwand rechnen.

Sind die Untersuchungen abgeschlossen und z. B. Elektroenzephalogramme oder Intelligenz- und andere psychologische Test-verfahren ausgewertet, so werden der zuständige Arzt wie auch die zusätzlich hinzugezogenen Fachleute einen gemeinsamen Termin mit den Betroffenen anberaumen, um die Untersuchungs-ergebnisse, die diagnostischen Einschätzungen und auch die dar-aus resultierenden Empfehlungen zu besprechen.

Wenn aufwendigere, längerfristige ambulante Therapiemaß-nahmen wie Ergotherapie, Sprachtherapie, spezielle Legasthenie-förderung oder eine intensive Psychotherapie vonnöten sind, so wird bei der Vermittlung an entsprechende Anlaufstellen gehol-fen, und je nach Wunsch und Bedarf wird darüber hinaus die Mög-lichkeit einer zusätzlichen begleitenden Anbindung an die Klinik-ambulanz erwogen.

Die Stationäre Therapie

Stellt sich schon beim telefonischen Erstkontakt oder bei der ambulanten Erstuntersuchung heraus, daß die Probleme akut und schwerwiegend oder gar bedrohlich und auf ambulantem Wege offensichtlich zunächst nicht zu lösen sind, so wird der untersuchende Arzt gegebenenfalls eine sofortige oder zumin-dest baldige stationäre Aufnahme vorschlagen. Gründe hierfür können z. B. eine schwer einschätzbare suizidale Gefährdung oder der dringende Verdacht auf das Vorliegen einer schizophre-nen Psychose sein.

Als Betroffener oder auch als Elternteil muß man allerdings keine Angst vor vorschnellen diesbezüglichen Empfehlungen haben – der Bedarf an Behandlungsplätzen ist meist größer als das vorhandene Angebot, so daß auch hier, wie in der Ambulanz, oft mit erheblichen Wartezeiten gerechnet werden muß. Zudem wird immer angestrebt, so bald wie möglich von der stationären in die ambulante Behandlung überzugehen. Schließlich sollen Kind und Familie ja auch lernen, in der gewohnten Situation mit ihren Problemen umzugehen und miteinander auszukommen!

Ist eine stationäre Behandlung unumgänglich, so werden Kind und Eltern bzw. die Bezugspersonen im Regelfall zu einem gesonderten Vorstellungstermin bei dem zuständigen Stationsarzt oder Stationspsychologen gebeten, um Problematik und Behandlungsziel zu besprechen, die Rahmenbedingungen zu vereinbaren und sich die Station überhaupt einmal anzuschauen.

Da die Therapie psychiatrischer Erkrankungen oft vielschichtig, mühsam und zeitaufwendig ist und gerade bei Kindern auch die Beteiligung der Familienmitglieder und Bezugspersonen erfordert, ist es sehr wichtig, daß alle Betroffenen wissen, was auf sie zukommt und welche Ziele man gemeinsam verfolgt.

Je nach Mitarbeit der Beteiligten und Ausprägung der Symptomatik kann die stationäre Therapiedauer zwischen Wochen und Monaten liegen – wobei es durchaus passieren kann, daß dem Kind zwischendurch die Motivation ausgeht und man eine vorzeitige Entlassung vereinbart. In diesem Fall wird aber häufig über die Möglichkeit einer Wiederaufnahme gesprochen, falls sich die Problematik verschlimmern sollte oder zu einem späteren Zeitpunkt ein Behandlungswunsch oder -bedarf entsteht!

Welche therapeutischen Maßnahmen im einzelnen während einer stationären Behandlung durchgeführt werden, ist vorab oft nur begrenzt festlegbar. Es empfiehlt sich, den Patienten erst einmal einige Tage kennenzulernen, um einschätzen zu können, von welcher Therapieform er besonders profitieren könnte, und ob es passender ist, an dieser Therapie dann einzeln oder in der Gruppe teilzunehmen. Auch kann das Kind oder der Jugendliche während dieser »Kennenlern-Tage« erste Eindrücke sammeln und vielleicht sogar selber Wünsche und Interessen kundtun.

Die Tagklinik

Die dritte mögliche Behandlungsform, die sogenannte tagklinische Therapie, ist nur für Kinder geeignet, die in nicht allzu weiter Entfernung von der Klinik leben. Zur Tagklinik werden die kleinen und größeren Patienten bei Bedarf in Kleinbussen oder Taxis am Morgen geholt und am späteren Nachmittag dann wieder nach Hause gebracht. Angemessen ist dieses therapeutische Angebot für Kinder, die in mehreren Bereichen maßgebliche Probleme haben, z. B. in der Schule und in der Familie: Denn hier ist der Besuch der klinikinternen und sehr speziell ausgestatteten Schule am Vormittag mit eingeschlossen, und es wird auf die Arbeit mit der zugehörigen Familie viel Gewicht gelegt, um vor einer Rückkehr in den normalen häuslichen Rahmen so gute Bedingungen wie nur möglich schaffen zu können.

Nach dem vormittäglichen Besuch der Klinikschule oder der Ergotherapie gehen die Kinder und Jugendlichen zum Mittagessen in ihre jeweilige heilpädagogische kleine Gruppe, wo neben Hausaufgabenbetreuung und verschiedenen Gruppenaktivitäten auch die dem Kind verordneten Einzel- oder Gruppentherapien und Elterngespräche stattfinden.

Der Verbleib in der Tagklinik ist tendenziell von längerer Dauer als im vollstationären Bereich, unter anderem deswegen, weil es sich nicht empfiehlt, Kinder während eines Schulhalbjahres die Schule wechseln zu lassen, insbesondere, wenn ein Kind ohnehin mit den verschiedensten Problemen zu kämpfen hat oder gar unter einer schwereren psychiatrischen Erkrankung leidet. Allerdings wird die Aufenthaltsdauer in der Tagklinik dennoch meist nur ein halbes oder maximal ein Jahr betragen können, da die Kosten für die Krankenkassen sonst sehr hoch werden und zudem meist schon viele andere Patienten auf einen frei werdenden Platz warten.

Die Akutaufnahmestation

Gesondert angeführt werden soll an dieser Stelle – auch wenn es sich erschreckend anhört und jeder hofft, nie damit konfrontiert zu werden – die geschlossene stationäre Unterbringung.

Hierbei handelt es sich um eine Intensivstation mit ganz besonderen Bedingungen, die vor allem der Sicherheit schwerer psychisch Kranker dienen. Die Gegebenheiten der geschlossenen Abteilung sind zur Behandlung selbstmordgefährdeter oder z. B. orientierungsloser, verwirrter Patienten manchmal notwendig und sehr hilfreich. Auch diese Station mit ihren regulär zehn Behandlungsplätzen ist klein, verfügt aber über einen besseren Mitarbeiterschlüssel. Das bedeutet, es sind für die dort zu betreuenden Patienten mehr Sozialpädagogen, Krankenschwestern und -pfleger wie auch Ärzte und Psychologen im Einsatz. Die baulichen Gegebenheiten sind dahingehend besonders, daß es vom Stationszimmer aus einsehbare größere und kleinere Überwachungsräume gibt. Zudem sind verschiedenste andere Sicherheitsvorkehrungen »eingebaut«: Die Fenster sind aus Kunststoff, die Spiegel aus Metall, das Geschirr bei Bedarf ebenfalls aus Kunststoff, die Steckdosen sind gesichert und derartiges mehr. Auch wird jeder neue Patient und natürlich das mitgebrachte Gepäck auf gefährliche Gegenstände hin durchgesehen. Das mag dem einzelnen manchmal als Schikane vorkommen, dient jedoch der Gesamtsicherheit aller Kinder und Jugendlichen auf der sogenannten Akutaufnahmestation.

Die Frage, wer auf diese Station muß, wird genauestens von verschiedenen Seiten geprüft und entschieden. Schließlich will sich keiner einer ungerechtfertigten Freiheitsberaubung beschuldigen lassen. Zudem gibt es z. B. im Raum Oberbayern nur zehn dieser Behandlungsplätze. Somit stellt sich den Aufnahmeärzten fast täglich das leidige Problem, daß es dringende Anfragen, aber keine freien Plätze gibt. Schon aus diesem Grund ist es nicht vorstellbar, daß ein Patient länger als unbedingt notwendig auf der geschlossenen Intensivstation verbleibt. Es gibt sogar immer wieder Jugendliche, die sich dort seit langem zum ersten Mal wieder sicher und gut versorgt fühlen und deshalb nur mit viel Zureden und Unterstützung die Station überhaupt verlassen können und wollen!

Geprüft wird die Indikation zu einer zunächst geschlossenen Behandlung zum einen vom aufnehmenden Arzt, der immer mit den Sorgeberechtigten des Kindes oder Jugendlichen Kontakt aufnimmt oder dies zumindest versucht. Außerdem ist es üblich, selbst bei vorhandenem Einverständnis von Eltern und Betroffenem, binnen 24 Stunden einen zuständigen Vormundschafts- oder Bereitschaftsrichter von der Aufnahme in Kenntnis zu setzen, woraufhin der Richter meist noch am selben Tage in die Klinik kommt und den Jugendlichen persönlich befragt, um die Notwendigkeit der geschlossenen Behandlung zu prüfen. Der Richter entscheidet dann auch, für wie viele Tage oder maximal Wochen die geschlossene Behandlung genehmigt wird. Der Arzt darf den Betroffenen dann zwar in Absprache mit den Eltern jederzeit früher entlassen, ihn aber keinesfalls ohne eine erneute Einschaltung des Richters länger als genehmigt unter geschlossenen Bedingungen behandeln. Nicht einmal auf Wunsch des Kindes oder Jugendlichen selbst oder auch seiner Eltern ist das möglich, bevor nicht ein Richter erneut sein Plazet dazu gegeben hat!

Die geschlossene Behandlung wird im Einzelfall von der Schwere der psychiatrischen Erkrankung des Patienten und vor allem von dessen Fremd- oder Eigengefährdung abhängen. So ist relativ häufig eine akute Selbstmordgefährdung – z. B. im Anschluß an einen nur durch Zufall mißlungenen Suizidversuch – der Grund für eine zunächst einmal geschlossene Behandlung. Auch völlige Hilflosigkeit und Verwirrtheit im Rahmen einer schizophrenen Psychose, wodurch der Patient sich und eventuell auch seine Umgebung gefährdet, können der Grund für eine geschlossene Intensivbehandlung sein.

Im Anschluß an die meist relativ kurze geschlossene Behandlungsphase kann eine offene stationäre Weiterbetreuung sinnvoll sein, manchmal bietet sich aber auch gleich ein Wechsel in die tagklinische oder ambulante Behandlung an.

Das therapeutische Angebot

Aus dem in unserer Klinik grundsätzlich vorhandenen therapeutischen Angebot soll an dieser Stelle nur beispielhaft Ergotherapie sowie Musik-, Kunst-, Sprach-und Tanztherapie angeführt werden. Welche dieser Therapieformen für ein Kind in Frage kommen, wird in Absprache mit Patient und Eltern von dem Arzt oder Psychologen festgelegt, der für die Behandlung in erster Linie verantwortlich ist. Bei diesem finden üblicherweise auch die therapeutischen Einzel-, Eltern- und Familiengespräche in regelmäßigen Abständen statt.

Nicht vorgegeben ist eine spezielle therapeutische Ausrichtung, die institutsübergreifend gültig wäre. Gerade bei Kindern und Jugendlichen ist es oft sinnvoll, verschiedene therapeutische Ansätze zu kombinieren. Also kann es z. B. bei Kindern mit Ausscheidungsstörungen angebracht erscheinen, einerseits tiefenpsychologisch orientierte Einzelgespräche zu führen, andererseits im Stationsalltag verhaltenstherapeutische Elemente anzuwenden und zusätzlich vielleicht familientherapeutische Maßnahmen in die Elternarbeit einzuflechten.

Orientierende Darstellung des Versorgungsnetzes

Zur Versorgung und Förderung psychisch oder verhaltensauffälliger Kinder und Jugendlicher gibt es heutzutage viele verschiedene Helfersysteme, deren Zusammenarbeit aus unserer Sicht oft unerläßlich ist. Besonders intensiv ist in vielen Fällen die Verzahnung von kinder- und jugendpsychiatrischer Tätigkeit mit den Angeboten, die über das Kinder- und Jugendhilfegesetz geregelt werden. Da die in diesem Rahmen existierenden Möglichkeiten außerordentlich breit gefächert sind, möchten wir im folgenden einen orientierenden Überblick geben.

Was heißt Jugendhilfe und wie bekommt man sie?

Die gesetzlichen Regelungen, die allen Jugendhilfemaßnahmen zugrunde liegen, sind im »Kinder- und Jugendhilfegesetz« (KJHG) festgelegt, das seit dem 1. Januar 1995 bundesweit in Kraft getreten ist und einschneidende Veränderungen eingeläutet hat. Bis zu diesem Zeitpunkt galt das »Jugendwohlfahrtsgesetz« (JGG), welches weniger auf freiwilliger Basis und weniger präventiv angewendet wurde. Das jetzt geltende KJHG ist im Unterschied zum JGG mehr an den Bedürfnissen von Eltern und Kindern orientiert, wobei diese auch deutlicher und aktiver eingefordert werden müssen. Aufsicht und Kontrolle werden weniger ausgeübt als in früheren Jahren. Zugrundeliegender Anspruch ist, Kindern die für ihre Entwicklung notwendigen Unterstützungs- und Fördermaßnahmen zu gewährleisten, wenn diese im familiären Umfeld nicht ausreichend vorhanden sind. Nachdrücklich wird betont, daß die Hilfsmaßnahmen so rechtzeitig einsetzen sollten, daß eine Herausnahme der betroffenen Kinder aus ihrer gewohnten Umgebung vermieden werden kann. Das heißt, ambulanten und dem jeweiligen Wohnort nahen Angeboten wird eindeutig Vorrang eingeräumt.

Unsere Aufgabe als Klinikärztin und Psychologin besteht unter anderem darin, nach eingehender kinder- und jugendpsychiatrischer Diagnostik festzulegen, wo Probleme und Defizite der Kinder und ihrer Bezugspersonen liegen und welche Unterstützungsmaßnahmen somit notwendig erscheinen, und dies gutachterlich oder auch im Rahmen sogenannter »Hilfeplangespräche« zu vertreten. In vielen Fällen ist es ratsam, hier mehrgleisig vorzugehen: also Jugendhilfemaßnahmen und ärztliche oder therapeutische Betreuung zu verbinden. Z. B. kann es notwendig sein, neben der heilpädagogischen Betreuung eines hyperkinetischen Kindes die gegebenenfalls erforderliche medikamentöse Behandlung über eine Anbindung an einen Kinderpsychiater zu gewährleisten.

Einige wichtige Angebote der Jugendhilfe finden sich in der folgenden Liste, die wir anschließend im einzelnen näher erläutern:

- Erziehungsberatung (§ 28)
- Soziale Gruppenarbeit (§ 29)
- Erziehungsbeistand (§ 30)
- Sozialpädagogische Familienhilfe (§ 31)
- Erziehung in einer Tagesgruppe (§ 32) und Eingliederungshilfe für seelisch Behinderte (§ 35)
- Vollzeitpflege (§ 33)
- Heimerziehung (§ 34)
- Hilfe für junge Volljährige (§ 37) und intensive sozialpädagogische Einzelbetreuung

Erziehungsberatung sollte gemäß den gesetzlichen Bestimmungen zum einen kostenlos, zum anderen in den verschiedenen Stadt- und Landregionen Deutschlands in ausreichendem Maße zur Verfügung stehen. Die entsprechende Anlaufstelle kann man über das Stadt- oder Kreisjugendamt erfragen. In einer sogenannten »EB« arbeiten meist verschiedene Berufsgruppen unter einem Dach: Psychologen, Sozialpädagogen und manchmal auch Kinder- und Jugendpsychiater. Termine bekommt man auf formlose Anfrage hin, und die Daten der Hilfesuchenden werden selbstverständlich vertraulich gehandhabt, also nicht ungefragt an Dritte oder auch Ämter weitergegeben.

Angebote der *sozialen Gruppenarbeit* sollen vor allem dem Erlernen sozialer Kompetenzen in der Gruppe dienen. Oft sind diese Maßnahmen auf ältere Kinder und Jugendliche ausgerichtet, die sich beispielsweise einmal pro Woche mit Unterstützung ausgebildeter Pädagogen zu gemeinsamen Aktivitäten zusammenfinden können. Die soziale Gruppenarbeit setzt verständlicherweise Freiwilligkeit sowie ein gewisses Engagement und Interesse der Teilnehmer voraus.

Erziehungsbeistandschaft dient der Unterstützung der Eltern bzw. der Beratung ihrer meist schon älteren Kinder. Sowohl Eltern als auch Vormundschaftsgerichte können diese Maßnahme beantragen. Im Vergleich zur Erziehungsberatung ist die Erziehungsbeistandschaft längerfristig angelegt und dient der Klärung von Beziehungsproblemen zwischen den Jugendlichen und ihren Eltern sowie der Unterstützung in schulischen Belangen und auch im Umgang mit Gleichaltrigen.

Intensiver und auch enger im Kontakt mit den betroffenen Familien ist die *sozialpädagogische Familienhilfe* angelegt. Nicht nur bei erzieherischen Fragen, sondern auch in anderweitigen Alltagsbelangen, im Haushalt, bei Ämtergängen und finanziellen Problemen oder Konflikten in und außerhalb der Familie, kann in diesem Rahmen längerfristig Unterstützung in Anspruch genommen werden. Ziel der recht aufwendigen Maßnahme der Familienhilfe ist letztendlich, daß ein Verbleib eines oder mehrerer Kinder in der Familie gewährleistet wird und somit eine Fremdunterbringung vermieden werden kann. Daß derartige Hilfen nur sinnvoll zu gestalten sind, wenn die jeweilige Familie mitarbeitet und der zugeordneten Bezugsperson einigermaßen offen gegenübersteht, ist leicht einsichtig:

Fallbeispiel:

Eine ausgeprägt schwerhörige 16jährige war bereits mehrfach wegen suizidaler Gefährdung im Rahmen einer deutlichen emotionalen Instabilität (vgl. u. Kapitel 4 zu »Persönlichkeitsstörungen«) stationär jugendpsychiatrisch behandelt worden. Wegen der umfassenden Gesamtproblematik erfolgte eine Fremdunterbringung in einer Schwerhörigeneinrichtung mit entsprechender Beschulung und engmaschiger therapeutischer Anbindung. Mit viel Mühe und auch medikamentöser Unterstützung stabilisierte sich die Jugendliche dort so weit, daß sie den Hauptschulabschluß schaffte.

Da sie trotz des dringenden Verdachtes auf sexuelle Übergriffe in der Familie auf einer Rückkehr nach Hause bestand, wurde ein aufwendiges ambulantes Betreuungsnetz mit der Jugendlichen und ihrer Familie vereinbart. Ein tragender

Pfeiler dieses Netzes sollte die Anbindung an eine sozial-pädagogische Familienhelferin werden. Allerdings wurde dieser fortwährend der Eintritt in die Wohnung der Familie verweigert, und die Jugendliche erschien zunehmend nicht zu vereinbarten Terminen außer Haus. Obwohl die Jugendliche und ihre Mutter immer wieder versicherten, die Familienhilfe in Anspruch nehmen zu wollen, scheiterte die Maßnahme an der unzulänglichen Mitarbeit der Betroffenen.

Mit der Maßnahme der *Erziehung in Tagesgruppen* werden heilpädagogische Tagesstätten oder Kinderhorte angesprochen. Insbesondere Kinder aus Familien, in denen eine ausreichende Beaufsichtigung, Führung und Erfahrungsvermittlung nicht gegeben ist, können hier halb- oder ganztägig betreut werden. Bei Kindern, die bereits massivere Verhaltensauffälligkeiten zeigen und in der Schule, in der Familie wie auch im sonstigen sozialen Umgang deutliche Anpassungsprobleme haben, empfiehlt sich die Integration in eine heilpädagogische Tageseinrichtung mit aufwendig gestalteter Betreuung: Die Kinderzahl in den einzelnen Gruppen ist limitiert, die Mitarbeiter sind entsprechend ausgebildet, und zudem ist ein Psychologe mit für die jeweiligen Gruppenmitglieder verantwortlich. Teilweise werden sogar intern spezielle Fördermaßnahmen angeboten wie z. B. Sprach- oder Ergotherapie. Da die Betreuung in heilpädagogischen Tageseinrichtungen aufwendig und also kostenintensiv ist, muß die Notwendigkeit, ein Kind dort unterzubringen, durch entsprechende Fachleute wie beispielsweise Kinder- und Jugendpsychiater bescheinigt werden.

An dieser Stelle soll bezüglich der Zuständigkeiten und Kostenträgerschaften eine mit dem KJHG eingeführte Neuregelung kurz erläutert werden, da diese in vielen Fällen immer wieder für Verwirrung oder auch Streitigkeiten gesorgt hat. Diese gesetzliche Neuregelung betrifft die sogenannten *seelisch Behinderten*, die nämlich im Unterschied zu Körper- und Geistigbehinderten gemäß § 35 a KJHG über die Jugendhilfe zu versorgen und betreuen sind. Bezüglich Kostenübernahmefrage können z. B. bei autistischen Kindern, die oft seelisch, geistig und teilweise zusätzlich körperbehindert sind, heftige Diskussionen entbrennen.

Gerade in derartigen Fällen ist dringend anzuraten, das betroffene Kind sorgfältig untersuchen und einschätzen zu lassen, um dem Jugendamt ein ausführliches und fachlich korrektes Gutachten vorlegen zu können. Über die in diesen Gutachten gebräuchlichen Formulierungen darf man nicht unnötig erschrecken; Formulierungen wie »zur Abwendung einer drohenden bleibenden seelischen Behinderung« müssen in dieser Weise erfolgen, um entsprechende Bedürftigkeiten eindeutig festzuschreiben.

So geht es beispielsweise bei *hyperkinetischen* Kindern mit massiven Sozialverhaltensauffälligkeiten manchmal darum, einen Platz in einem heilpädagogischen Hort finanziert zu bekommen. Da die hyperkinetische Störung nicht einfach »anerzogen«, sondern eher eine besondere Veranlagung ist, geht es also nicht einfach um unzulängliche pädagogische Fähigkeiten der Eltern, die mit Erziehungshilfemaßnahmen aufzufangen wären. Es handelt sich vielmehr um maßgebliche Probleme in Schule und Familie, die durch die spezifischen Symptome begründet sind und die derart schwerwiegend werden können, daß das Kind in verschiedenen Bereichen nicht mehr ausreichend »funktioniert«. Hier müssen unbedingt entsprechende Fördermaßnahmen in die Wege geleitet werden. Meist werden die hilfesuchenden Eltern von den zuständigen Mitarbeitern des Jugendamts auf die Notwendigkeit fachärztlicher und psychologischer Untersuchungen rechtzeitig hingewiesen und auch passende Anlaufstellen benannt.

Bei der sogenannten *Vollzeitpflege* muß man zunächst einmal unterscheiden, ob es sich um eine zeitlich begrenzte Maßnahme handeln soll – eine Kurzzeit- oder Wochenpflege –, oder ob es um eine Dauerpflege geht, ob eine »Ersatzfamilie« gebraucht wird. Diese Entscheidung hängt letztendlich davon ab, wie schwerwiegend und gefährdend die erzieherischen Probleme in der Ursprungsfamilie eingeschätzt werden und ob abzusehen ist, daß sich ungünstige Faktoren oder Verhaltensweisen verändern lassen. Eltern, Pflegeeltern und natürlich auch die Pflegekinder werden vom zuständigen Jugendamt unterstützt und sollten auf eine Zusammenarbeit mit allen Beteiligten eingestellt sein.

Für Kinder, die in der Betreuung eher aufwendig eingeschätzt werden und eine »normale« Pflegefamilie überfordern könnten, gibt es auch die Möglichkeit einer *heilpädagogischen Pflege-* oder *Erziehungsstelle.* Dies bedeutet, daß die betreffenden Pflegeeltern spezielle Ausbildungen absolviert haben und beispielsweise Sozialpädagogen oder Erzieher von Beruf sind.

Heimerziehung ist als Begriff geläufig, aber nach wie vor oft mit einem sehr negativen Beigeschmack behaftet. Das hat sicherlich mit der früher zum Teil unzureichenden Ausstattung der entsprechenden Einrichtungen zu tun, aber auch damit, daß in vorangegangenen Jahrzehnten häufiger Kinder ohne den ausdrücklichen Wunsch ihrer Eltern in Heime gegeben wurden – gar nicht zu reden außerdem von den Familien, denen in der Nazizeit aus diversen anderen als erzieherischen Gründen die Kinder weggenommen wurden. Die hieraus entstandenen Ängste sind verständlicherweise bei bestimmten ethnischen Gruppen noch immer sehr gegenwärtig.

Heutzutage sind die uns bekannten Heimeinrichtungen vor allem räumlich teilweise sogar besser ausgestattet als beispielsweise unser derzeitiges Klinikgebäude. Auch ist der Personalschlüssel mehr und mehr verbessert worden, und somit ist in vielen Einrichtungen eine wirklich intensive Betreuung gewährleistet. Zudem wird seitens der zuständigen Fachkräfte eigentlich immer klargestellt, daß es bei der Heimunterbringung zunächst einmal um eine vorübergehende Maßnahme gehen soll und daß eine Rückführung in die Familie Ziel aller Beteiligten ist. Übrigens sind Heimunterbringungen außerordentlich kostspielig, sie belaufen sich im Regelfall auf einige tausend Mark pro Monat!

Bei älteren Jugendlichen, deren Heimunterbringung ausläuft und die beispielsweise aus ausbildungsbedingten Gründen nicht mehr in ihre Familie zurückkehren wollen oder auch anderweitige nachvollziehbare Gründe für eine derartige Entscheidung haben, kann in Einzelfällen auch auf andere Wohnformen übergegangen werden. Manche Heimeinrichtungen verfügen über *Außenwohngruppen*, in denen Jugendliche mit reduzierter Betreuung ihren Alltag meistern können. Zudem gibt es die Möglichkeit des »*Betreuten Wohnens*«, bei der Jugendliche in einer vom Jugendamt angemieteten Wohnung selbständig leben, einer Ausbildung nachgehen und regelmäßigen Kontakt zu den ihnen zugeordneten Betreuern haben, ihnen also je nach Bedarf eine bestimmte Stundenzahl pro Woche an professioneller Hilfe zusteht.

Bei der *intensiven sozialpädagogischen Einzelbetreuung* werden meist ältere Jugendliche in ihrer momentanen Lebenssituation zeitaufwendig, d. h. im Verhältnis 1:1, begleitet. Hierbei handelt es sich um ein eher niederschwelliges Angebot ohne hohe Erfordernisse an die Stabilität der Betreuten. Gerade Jugendliche, die durch Drogenkonsum, Nichtseßhaftigkeit oder auch Delinquenz gefährdet sind, können auf diesem Wege manchmal noch erreicht werden. Der Betreuer kann Schritt für Schritt versuchen, den Jugendlichen zu einer eigenverantwortlichen Lebensführung zu motivieren, ihm beispielsweise bei der Erarbeitung beruflicher Perspektiven helfen oder ihm eine geeignete Wohnmöglichkeit vermitteln.

In diese Rubrik der Einzelbetreuung fallen auch die in den Medien immer wieder sehr kontrovers diskutierten *erlebnispädagogischen Projekte*. Da diese Maßnahmen meist im Ausland stattfinden, teilweise als Segel- oder andere Reiseprojekte, gibt es immer wieder Stimmen, die sich über scheinbar dem Vergnügen dienende Unternehmungen auf Kosten der Allgemeinheit echauffieren. Oft werden dann mißlungene Projektmaßnahmen, die beispielsweise wegen Delinquenz oder Drogenmißbrauch abgebrochen werden mußten, als Gegenargument herangezogen.

Mißbräuchlicher Umgang mit öffentlichen Geldern in einzelnen Fällen hat sicherlich zu Recht Unmut erzeugt. Dennoch kann sich die zugrundeliegende Idee für manch einen schwierigen Jugendlichen als ausgesprochen hilfreich erweisen.

Zwei Fallbeispiele möchten wir an dieser Stelle wiedergeben:

Eine 16jährige Jugendliche konnte über Monate nicht von der geschlossenen Station entlassen werden. Die durch langjährigen sexuellen Mißbrauch in der Familie in ihrer Persönlichkeitsentwicklung schwerst gestörte emotional instabile junge Frau zeigte sich immer wieder suizidal, schnitt sich mit scharfen Gegenständen tief in die Haut oder schlug sich die Stirn an der Wand blutig. Sie litt unter gräßlichen Angstträumen und zudem auch unter massiven Minderwertigkeits- und Schuldgefühlen. Erschwert wurde die Situation durch die Tatsache, daß sich die Mutter der Patientin von dieser abkehrte, als die Tochter gegen den mißbrauchenden Vater Anzeige erstattet hatte. Nur mit viel Mühe konnte über die zuständige Therapeutin eine ausreichende Vertrauensbasis geschaffen werden, um sich auf den Versuch eines Auslandprojektes einzulassen. Mit Hilfe der hinzugezogenen Einzelbetreuerin gelangt es der Jugendlichen neun Monate lang, nicht mehr in ausgeprägtere Suizidalität oder selbstschädigendes Verhalten abzugleiten und sich stimmungsmäßig zunehmend zu stabilisieren. So konnte sie nach Beendigung des gemeinsamen Auslandsaufenthaltes in einer offenen therapeutischen Wohngruppe Fuß fassen und eine Berufsausbildung beginnen.

Eine andere Patientin mit ähnlicher Vorgeschichte und Symptomatik mußte ebenfalls mehrere Monate auf der geschlossenen Station behandelt werden. Vor allem wegen ihrer Alpträume und autoaggressiven Tendenzen mußte sie immer wieder mit starken Medikamenten sediert oder auch an Armen und Beinen fixiert werden, da man sie anders nicht

23

von selbstzerstörerischen Handlungen abhalten konnte. Manchmal bat die 17jährige regelrecht um derartige Maßnahmen, da sie unter ihren Impulsen selber sehr stark litt.

Nach längerer intensiver Vorbereitung wurde eine Projektmaßnahme in Andalusien in die Wege geleitet. Die junge Frau wurde dort von der Witwe eines Nervenarztes betreut – im Verhältnis 1:1 – und half dieser, einen privaten Zoo zu versorgen. Als die Jugendliche ihre Betreuerin mit dem Messer bedrohte, Tiere ertränkte und ihre Arme in einen Käfig mit wilden Tieren gehalten hatte, wurde für einen Zeitraum von mehreren Monaten eine zusätzliche Sozialpädagogin zur Betreuung der Patientin eingestellt. Mit vereinten Bemühungen gelang es den Beteiligten, die Jugendliche zu tragen und letztendlich so weit zu stabilisieren, daß eine erneute geschlossen stationäre Behandlung umgangen werden konnte. Nach dem Auslandsprojekt wurde die junge Frau intensiv einzelbetreut und konnte von einer für sie angemieteten Wohnung aus einer Ausbildung nachgehen.

Beide Fallbeispiele zeigen deutlich, wie wichtig das Zusammenspiel der verschiedenen Helfersysteme bzw. Institutionen ist. Nur psychiatrische Behandlung allein wäre nicht weitreichend genug gewesen. Andererseits erklärt sich die Jugendhilfe mit der Versorgung schwer suizidaler Patienten zu Recht überfordert, so daß Hilfsmaßnahmen nur in wechselseitiger Zusammenarbeit ausreichend greifen können.

Meilensteine der frühkindlichen Entwicklung

Bevor wir in diesem Buch auf die verschiedenen psychischen Störungen, die im Kindes- und Jugendalter auftreten können, im einzelnen eingehen, möchten wir eine allgemeine Übersicht über die frühkindlichen Entwicklungsschritte geben. Die Meilensteine der weiteren Entwicklung bis zur Adoleszenz bzw. Pubertät haben wir jeweils zum Einstieg in die drei Hauptaltersklassen – die Kinder im Vorschulalter, die im Grundschulalter und die älteren Schulkinder (Kapitel 2, 3 und 4) – dargestellt. Dies erscheint uns für das Verständnis der Störungen wichtig, denn das erstmalige Auftreten und damit auch die Diagnostizierbarkeit der einzelnen Störungen oder Erkrankungen fällt meistens in einen bestimmten dazugehörigen Entwicklungsabschnitt der Kinder und Jugendlichen.

Allgemeines zur frühkindlichen Entwicklung

Neugeborene bringen über ihre Erbanlagen, neben Auswirkungen von Geburtsbedingungen (ungünstige Geburtsbedingungen können beispielsweise Sauerstoffmangel verursachen, der je nach Ausprägung Entwicklungsverzögerungen bis hin zu schweren Behinderungen für das Kind bedeuten kann) und eventuellen Krankheitseinflüssen, bestimmte biologische Voraussetzungen für ihre spätere Entwicklung mit. Jedes Kind verfügt am Beginn seines Lebens über ein Entwicklungspotential, das es unter optimalen Bedingungen voll ausschöpfen und entfalten kann.

Untersuchungen haben gezeigt, daß eine enge Wechselwirkung zwischen den biologisch determinierten Entwicklungsprozessen und Umweltbedingungen besteht. Biologische Reifungsprozesse bilden die Basis für psychische Funktionen (wie Wahrnehmungsfunktionen, Aufnehmen und Verarbeiten von Reizen und entsprechendes Reagieren, Gefühlserleben, Kontaktverhalten zu anderen

Menschen, Entwickeln von Problemlösefähigkeiten). Diese biologisch angelegte Reifung kommt aber erst zum Tragen, wenn aus der Umgebung die hierfür nötigen Voraussetzungen und adäquate Anreize gegeben werden. Solche Anreize sind in liebevoller Fürsorge und Zuwendung zahlreich enthalten; sie werden über Ansprechen, Blickkontakt, Berührungen und Gehaltenwerden vermittelt. Alle diese natürlichen Verhaltensweisen von (nicht psychisch gestörten) Eltern stimulieren die Entwicklung des Kindes und tragen so dazu bei, daß das Kind seine biologisch angelegten Fähigkeiten entfalten kann. Dies bedeutet, daß anhaltende psychische Erfahrungen die Entwicklung von biologischen Strukturen nachhaltig mitbestimmen. Und umgekehrt: Wenn die nötigen Anreize fehlen, wird die physiologische Entwicklung behindert und die Funktionstüchtigkeit und Anpassungsfähigkeit des zentralen Nervensystems in der Folge deutlich beeinträchtigt.

Innerhalb der ersten vier Lebensjahre finden 80 Prozent der Hirndifferenzierung statt, und am schnellsten läuft dieser Prozess während der ersten zwei Jahre ab, weshalb auch Infektionen oder Hirnverletzungen in diesem Alter gefährlicher sind als in späteren Jahren. Die Folge können Entwicklungsverzögerungen und Behinderungen in unterschiedlichem Ausmaß sein. Allerdings kann ein ein- bis zweijähriges Kind lokale Hirnverletzungen auch besser kompensieren als ein älteres, eben weil die Gehirn- und Nervenzellen sich noch nicht so stark spezialisiert haben.

Das erste Lebensjahr

Das Säuglingsalter ist vor allem geprägt durch die enge Bindung zwischen Mutter und Kind. Beide sind in ihren Aktivitäten aufeinander bezogen, wobei die Aufmerksamkeit der Mutter – neben dem gefüttert und versorgt werden – eine zentrale Rolle spielt. Die Mutter gibt dem Kind spielerisch Anregungen, und über die Ansprache, die Reaktion auf die Laute des Kindes und den Blickkontakt, den das Kind bald halten kann, entsteht eine Art Dialog, in dem beide wechselseitig aufeinander reagieren. Diese ersten wechselseitigen Aktivitäten regen die Ausbildung von Nervenbahnen an, und sie bilden die Basis für die spätere soziale Beziehungsfähigkeit. Wird diese Basis nicht geschaffen, sind schwere psychische Störungen vorprogrammiert.

Im folgenden stellen wir einige Entwicklungsschritte in der frühen Kindheit heraus, die als »Meilensteine« einer normalen gesunden Entwicklung gelten. Natürlich werden diese Schritte nicht von allen Kindern im genau gleichen Alter gemacht – es gibt große individuelle Unterschiede, wann ein Kind eine bestimmte Fähigkeit erwirbt. Aber zur allgemeinen Orientierung haben sich dennoch gewisse Eckdaten bewährt, bis wann etwa bei einem Kind das Erreichen bestimmter Entwicklungsschritte zu erwarten ist.

Wahrnehmungsfunktionen, soziale Funktionen:
Ein Neugeborenes kann bereits Hell und Dunkel unterscheiden und Farbunterschiede und Umrisse erkennen. Mit etwa 6 Wochen kann das Kind einen Gegenstand fixieren und ihm kurze Zeit mit den Augen folgen. Dinge oder Gesichter in einem Abstand von 20 bis 30 Zentimetern kann es am besten sehen – dies ist genau der Abstand zwischen dem Kind und dem Gesicht der Mutter, wenn es auf dem Arm gehalten wird. Auch auf akustische Reize reagiert es.

Mit etwa 6 Wochen zeigt sich auch ein erstes Lächeln in Reaktion auf das Gesicht des Erwachsenen – was zunächst eher als Reflex wirkt. Mit drei Monaten dann lächelt das Kind ausdrucksvoll, als nicht mehr reflexhafte Reaktion auf Ansprache und Zuwendung. Bis zum 6. Monat kann das Kind laut lachen und sichtbar Freude zeigen, z. B. wenn man mit ihm spielt. Jetzt streckt es auch die Arme nach der Mutter aus, um auf den Arm genommen zu werden.

Vom 3. Monat an lernt das Kind zu greifen. In der Folgezeit wird es erreichbare Gegenstände sehr oft in den Mund nehmen, auf diese Weise deren Beschaffenheit und Funktion prüfen und gleichzeitig seinen Tastsinn weiterentwickeln. An der Funktion von Gebrauchsgegenständen ist das Kind im zweiten Lebenshalbjahr besonders interessiert, und es beginnt nachzuahmen.

Ab dem 5. Monat kann das Kind einer Person oder einem Gegenstand nachschauen, und es wendet den Kopf nach einer Geräuschquelle. Etwa ab dem 7. Monat kann es vertraute Personen von fremden deutlich unterscheiden. Dies äußert sich auch darin, daß das Kind zu »fremdeln« beginnt.

Am Ende des ersten Lebensjahres ist das Kind in der Lage, Gegenstände wiederzufinden, die vor seinen Augen versteckt wurden.

Motorische Entwicklung:

Im 1. Monat lernt das Kind, kurze Zeit den Kopf zu heben und ihn im abgestützten Sitzen zu halten. Ab dem 5. Lebensmonat sollte der Kopf vom Kind gut gehalten werden können. Diese Kopfkontrolle ist Voraussetzung für die weitere motorische Entwicklung. Etwa zur gleichen Zeit lernt das Kind auch, sich in Bauchlage hochzustützen. Im 8. Monat kann es für Momente frei sitzen, mit etwas Unterstützung auch stehen. Das Sitzen wird ab dem 9. Monat stabiler, und das Kind wird einige Minuten lang sitzen können, ohne das Gleichgewicht zu verlieren. In diesem Alter zieht es sich manchmal auch schon an Möbeln hoch in den Stand.

Mit 12 Monaten kann ein gesundes Kind mit Festhalten gut stehen. Viele Kinder beginnen mit etwa 11 Monaten zu krabbeln, einige lassen diese Phase jedoch aus, ohne daß sich das auf die weitere motorische Entwicklung auswirkt. Und es gibt große individuelle Unterschiede, wann ein Kind lernt, selbständig zu gehen. Manche Kinder beginnen mit zehn Monaten zu gehen, manche brauchen 16 Monate dafür. Mit 15 Monaten sollte ein gesundes Kind jedoch mit Festhalten an den Händen der Erwachsenen oder an Möbeln gehen können, mit 18 Monaten sollte es frei gehen und das Gleichgewicht gut halten können.

Sprachentwicklung:

Ab dem 2. Monat können beim Säugling neben dem Schreien Laut-
bildungen beobachtet werden. Ab dem 3. Monat probiert das Kind
einfache Silben in Wiederholung aus; und ab dem 4. bis 5. Monat
kommen zunehmend mehr Konsonanten in seine Stimmübungen.
Um den 8. Monat herum variiert es die Tonhöhen, horcht auf die
eigenen Laute und ahmt sich selbst nach. Nun beginnt es auch zu
rufen, um auf sich aufmerksam zu machen, und bildet Doppelsil-
ben: dada, mama, papa, jedoch noch ohne Sinnzuordnung. Ab dem
10. Monat beginnt das Kind zunehmend, Laute nachzuahmen, und
um den 12. Monat herum lernen manche Kinder einzelne Wörter
bewußt zu gebrauchen. Auch ohne viele Worte kann das Kind nun
recht gut ausdrücken, was es möchte.

Das zweite Lebensjahr

Zu Beginn des zweiten Lebensjahres hat das Kind durch die
Fähigkeit, sich fortzubewegen, viel neuen Freiraum gewonnen.
Dies bringt ihm zunehmend Zufriedenheit, weil es Dinge, die es
interessieren, nun besser erreicht. Es beginnt, vieles auszuprobieren, und hantiert mit Gegenständen auf verschiedene Weise, um
die Wirkung seiner Aktivitäten zu testen. Lösungswege werden
gesucht, um ans Ziel zu gelangen, z. B. werden Gegenstände beiseite geräumt, um ein gewünschtes Spielzeug zu erreichen. Das
Kind kann zwei bis vier Klötzchen aufeinander setzen.

Nun beginnt es mit einfachen Rollenspielen: Es spielt z. B. mit
Puppengeschirr und tut so, als ob es davon ißt oder trinkt; oder es
wiegt ein Stofftier oder eine Puppe auf dem Arm.

Mit dem Laufenlernen geht die Erfahrung für das Kind einher,
daß es sich von der Mutter entfernen kann – allerdings bringt die
Entfernung von der Mutter auch Unsicherheit mit sich, so daß
viele Kinder die Nähe der Mutter nun besonders suchen. Gleichzeitig entwickeln sie aber zunehmend das Bedürfnis nach Unabhängigkeit und möchten vieles selber machen.

Ab der Mitte des zweiten Jahres können Kinder heftige Affekte zeigen. Typisch sind teilweise massive Dominanzkämpfe mit den Eltern, die in diesem Alter, dem »Trotzalter«, ihren Anfang nehmen.

Sprachentwicklung:

Mit etwa eineinviertel Jahr bildet das Kind eigene Wörter in Nachahmung der Erwachsenen – die »Babysprache« –, die enge Bezugspersonen recht gut verstehen. Das Kind kann einfachen Aufforderungen nachkommen wie: »Gib mir den Ball!«, und es kann einzelne Gegenstände benennen.

Die Sprachentwicklung verläuft unterschiedlich schnell, und erfahrungsgemäß erlernen Mädchen das Sprechen häufig früher als Jungen. Ab dem 16. Lebensmonat beherrscht das Kind mindestens fünf Wörter, manchmal auch schon sehr viel mehr. Zum Ende des zweiten Lebensjahres, gelegentlich um einiges früher, beginnt es, Zweiwortsätze zu bilden. Wünsche werden deutlich ausgedrückt. Das Kind fragt auch danach, wie Dinge benannt werden. Die Sprachentwicklung schreitet nun rasch voran und ist mit der sozialen Entwicklung eng verknüpft.

Soziale Entwicklung:

Die Aktivitäten des Kindes im zweiten Lebensjahr werden von Nachahmung bestimmt. Das Interesse an anderen Kindern nimmt zu, wenn auch ein gemeinsames Spielen noch wenig möglich ist. Die Kinder beschäftigen sich eher nebeneinander. Häufig weckt genau der Gegenstand, den ein anderes Kind gerade in der Hand hat, das Interesse. Es ist dem Kind in diesem Alter noch nicht möglich, mit anderen zu teilen.

Viele Kinder können sich mit zwei Jahren schon recht gut orientieren, sie kennen sich in der Wohnung aus und lernen auch, sich in einer neuen Umgebung zurechtzufinden.

Ein gewisser Sinn für Ordnung wird nun entwickelt. Viele Kinder mögen beispielsweise Einschlafrituale und bestehen auf der ihnen vertrauten Abfolge der Aktivitäten beim Zubettgehen.

Die Bindung an die Eltern ist noch sehr stark; es fällt Kindern unter drei Jahren gemeinhin noch schwer, sich von den Eltern oder vertrauten Bezugspersonen zu trennen.

Gegen Ende des zweiten Lebensjahres können Kinder lernen, Blase und Darm zu kontrollieren. Gleichwohl lassen sich Kinder unterschiedlich lang Zeit, bis sie »sauber« werden.

Motorische Entwicklung:
Das Gehen wirkt im zweiten Lebensjahr noch etwas unbeholfen, aber die Bewegungssicherheit nimmt zu. Zwischen 16 und 18 Monaten lernt das Kind, Treppen in beide Richtungen zu gehen, wenn es sich dabei festhalten kann. Bis zum Ende des zweiten Jahres kann es gut rennen und dabei auch Hindernissen ausweichen. Es kann auf Sessel klettern. Der Gleichgewichtssinn wird besser: Das Kind kann aus dem Stand Gegenstände vom Boden aufheben, ohne hinzufallen.

In diesen ersten beiden Jahren verändert sich der kleine Mensch mit rasanter Geschwindigkeit, wobei er sich auch in der Gestalt sichtbar vom Baby zum kleinen Kind hin wandelt. Diese frühe Zeit ist geprägt vom völlig neuen Aufbau von Fähigkeiten – wie das Laufenlernen und das Entdecken der Sprache.

In der nun folgenden Zeit baut das Kind auf den bisher gelernten Fertigkeiten auf. Es koordiniert seine Bewegungen zunehmend besser und gewinnt an Sicherheit; die sprachlichen Verständigungsmöglichkeiten entwickeln sich rasch weiter.

Das Kind hat mit zwei Jahren bereits ein ausgeprägtes Gefühl dafür, daß es zur Familie gehört und dort seinen Platz beanspruchen kann.

2. Probleme und Fragestellungen im Vorschulalter

Die normale Entwicklung im Überblick

Im Alter zwischen 2 und 5 Jahren, der Kindergartenzeit bis zum Vorschulalter, entwickelt sich die *Fähigkeit zu spielen* intensiv weiter. Dies ist auch die Zeit der *Sprachentwicklung* und der Ausformung vor allem der *Grobmotorik* – die Entwicklung der Feinmotorik dauert über das Kleinkindalter hinaus an.

Kinder in diesem Alter identifizieren sich sehr mit den erwachsenen Bezugspersonen und orientieren sich besonders am gleichgeschlechtlichen Elternteil. Sie entwickeln so auch ihre *Geschlechtsidentität.*

Regeln und Normen spielen eine zunehmende Rolle; das Gewissen und das Gefühl für Schuld formen sich in diesem Alter aus und bilden die Basis für späteres soziales Handeln. Entsprechend bedeutsam ist das Vorbild der Eltern und ihr eigener Umgang mit Werten bereits in den ersten Lebensjahren ihres Kindes!

Zwischen 2 und 4 Jahren lernen die Kinder, ihre Ausscheidungen zu kontrollieren. In der Nacht ist meistens länger eine Windel nötig als tagsüber; bis zum Alter von 6 Jahren ist *Einnässen* in der Nacht nicht ungewöhnlich.

Motorische Entwicklung:
Die im 2. Lebensjahr entwickelten Fertigkeiten werden zunehmend verfeinert. Im 3. Lebensjahr lernt das Kind, auf Zehenspitzen zu gehen, beidbeinig von einer Erhöhung, z. B. von einer Treppenstufe, abzuspringen und seine Bewegungen zu koordinieren, beim Dreiradfahren beispielsweise in die Pedale zu treten und dabei zu lenken.

Bis zum 5. Lebensjahr sollte das Kind freihändig und mit Beinwechsel eine Treppe hinauf und hinunter gehen können. Allgemein ist der Bewegungsdrang: Hüpfen, Springen, Herumtoben, groß.

Feinmotorisch wird das Kind jetzt geschickter, mit 3 Jahren kann es kleine Gegenstände mit den vorderen Fingergliedern präzise greifen. Mit 4 Jahren hält es einen Malstift richtig mit Daumen, Zeige- und Mittelfinger. Nun sollte es auch mit einer Schere schneiden können.

Sprachentwicklung:

Die Kleinkindphase ist die Zeit der intensivsten Weiterentwicklung der Sprache.

Ab dem 3. Jahr spricht das Kind in Sätzen mit drei und mehr Wörtern. Es verwendet »ich«, »du«, »wir« richtig und kennt den Plural. Es redet zunehmend mehr und versucht auch schon, über Erlebtes zu berichten. Das Vokabular erweitert sich sehr, und grammatikalische Strukturen werden gelernt. Das Kind kann sich nun mit den Eltern gut verständigen und nimmt über die Sprache auch Kontakt zu anderen Kindern auf.

Kinder in diesem Alter reden viel und über alles. Sie testen die Wirkung von gehörten Schimpfwörtern, ohne deren Bedeutung richtig erfassen zu können. Erst mit 4 bis 5 Jahren können Kinder ihre Äußerungen kontrollieren und sie sozialen Normen anpassen.

Zuvor fehlerhaft ausgesprochene Wörter können bis zum 5. Lebensjahr richtig artikuliert werden. Bis zum Schulalter können Kinder Erlebtes in der richtigen zeitlichen Reihenfolge und logisch korrekt berichten. Oft verbinden sie bei Erzählungen Sätze mit »und dann …, und dann …«. Die grammatikalischen Satzstrukturen sind noch einfach, werden aber richtig verwendet.

Soziale und kognitive Entwicklung:

Mit 3 Jahren spielen Kinder intensive »als ob« - Spiele (ein Feuerwehrauto mit nachgeahmter Sirene), sie spielen gesehene Handlungen nach (Kartoffelschälen mit einem Stöckchen als Messer und einem Stein als Kartoffel) und stellen sich Fehlendes (Kuchen auf dem Spielzeugteller) vor. Sie helfen gern bei alltäglichen Tätigkeiten.

Ab dem 4. Jahr werden Rollenspiele komplexer, z. B. werden »Mutter und Kind« gespielt oder Polizist sein oder Einkaufen gehen.

Geschwisterrivalitäten haben im Alter zwischen 2 und 4 Jahren ihren Höhepunkt.

Mit 3 bis 4 Jahren hören Kinder beim Vorlesen oder bei Erklärungen genau zu und fragen detailliert nach; dies ist das »Fragealter«: warum? was? wann? wie? woher?

Es entwickeln sich die ersten Freundschaftsbeziehungen und Gruppenbildungen, und die Kinder lernen, miteinander zu spielen. Sie verstehen nun, daß beim gemeinsamen Spielen auch andere Kinder »an der Reihe« sind, und können auch mit anderen teilen. Ältere Kleinkinder verstehen Gefühlsäußerungen von anderen und können darauf eingehen, z. B. mit Trösten oder Helfen. Allgemein nimmt das Interesse an anderen Kindern bis zum Schulalter hin stark zu. Die Kinder werden auch unabhängiger von den Eltern, was eine wichtige Voraussetzung für den Erwerb der Schulreife darstellt.

Im Spiel wird viel Phantasie eingesetzt. Erlebnisse werden nachgespielt und imaginäre Spielgefährten einbezogen. Das Kind beschäftigt sich im Spiel mit Gefühlen und vorgestellten Problemlösungen. Häufig spiegeln sich in den Spielen Äußerungen der Eltern wider, die sogar im Tonfall genau nachgeahmt werden. Die Neugier ist beim gesunden Kind ausgeprägt.

Zwischen 4 und 6 Jahren nimmt das Interesse an den Unterschieden zwischen Mädchen und Junge, Mann und Frau zu. Die Kinder nehmen nun sich selbst und andere im Hinblick auf ihr Geschlecht deutlich wahr.

Das Kleinkind erlebt Gefühle intensiv und oft heftig, wobei die Stimmung rasch wechseln kann. Affekten wird ungehemmt Ausdruck gegeben; die Kinder sind noch nicht in der Lage, sie zu kontrollieren. Es gibt heftige Streitereien zwischen Kindern, vor allem bei Jungen zeigt sich vermehrt körperliche Aggressivität.

Alle im Kleinkindalter gemachten Fortschritte sind einerseits auf biologische Reifungsprozesse zurückzuführen, andererseits aber auch stark lern- und erfahrungsabhängig.

Am stärksten wird dieser Erfahrungshintergrund von den Eltern beeinflußt. Ihr Erziehungsstil bestimmt wesentlich das Sozialverhalten, die Emotionalität, die Einstellung zu Schule und Leistung sowie das Verantwortungsbewußtsein. Bevor wir nun zu den Problemen und Fragestellungen, die Entwicklung des Klein-kindes betreffend, kommen, möchten wir kurz darauf eingehen:

Erziehungsstile:
Das Elternverhalten wird in den Dimensionen »Warmherzigkeit vs. Feindseligkeit« und »Kontrolle vs. Autonomie« beschrieben:
- Warmherzige Eltern, die die Autonomie ihres Kindes fördern, tragen wesentlich dazu bei, daß ihr Kind sich aktiv entwickelt und selbständig wird. Kinder solcher Eltern sind in der Regel freundlich im Umgang mit anderen und verhalten sich sozial. Adäquate, d. h. altersgerechte, einsehbare Verhaltensregeln, die die Eltern setzen, und Konsequenz und Eindeutigkeit in einem insgesamt von Freundlichkeit und Akzeptanz geprägten Erziehungsstil fördern das Selbstvertrauen und das Verantwor-tungsbewußtsein der Kinder.
- Wenn Eltern zwar warmherzig sind, aber enge Regeln setzen und ihre Kinder übermäßig kontrollieren, so zeigen die Kinder eher ein (über)angepaßtes Verhalten, und sie können weniger Kreativität entwickeln als zu Selbstverantwortung erzogene Kinder.
- Feindselige Haltungen bei den Eltern werden zum Modell für feindseliges Verhalten bei den Kindern, die dann weniger in der Lage sind, sich einzufügen und in positivem Sinne anzupas-sen. Feindselig agierende Eltern, die den Freiraum des Kindes übermäßig kontrollieren, fördern mit ihrer Erziehung auto-

aggressive Tendenzen und sozialen Rückzug sowie innerpsychische Konflikte beim Kind.

Feindseligkeit, uneindeutig normierendes Erziehungsverhalten in Verbindung mit Permissivität bzw. Vernachlässigung ist häufig bei Eltern von dissozialen und delinquenten Kindern anzutreffen

Auffälligkeiten in der Sprachentwicklung

Die Sprache ist für die zwischenmenschliche Verständigung wie auch insgesamt für die Entwicklung des Individuums von immenser Bedeutung. Störungen in der Sprachentwicklung können mit einer allgemeinen Entwicklungsverzögerung z. B. im Rahmen einer geistigen Behinderung einhergehen.

Es gibt aber auch Kinder, die an sich altersgemäß entwickelt sind, jedoch im Bereich der sprachlichen Fähigkeiten hinter der Altersnorm zurückliegen. Gerade in solchen Fällen kann eine *Sprachentwicklungsstörung* über einen langen Zeitraum unentdeckt bleiben und das Kind nicht nur in seiner Gesamtentwicklung beeinträchtigen, sondern aufgrund der Verständigungsprobleme mit der Umwelt zu vielen Mißverständnissen oder gar zu sekundären Verhaltensproblemen führen.

Mit diesen quasi »abgeleiteten« Verhaltensproblemen ist vermutlich auch zu erklären, warum die statistische Häufigkeit von schweren Sprachentwicklungsstörungen zwar nur bei etwa 1:1000 Kindern liegt, aber die in der Kinder- und Jugendpsychiatrie vorgestellte Klientel etwa zwei bis drei mal so häufig davon betroffen ist.

Worauf sollte man als Eltern oder Bezugsperson achten?

Schon im Säuglingsalter, also bereits in den ersten Lebensmonaten, kann ein eingeschränktes Hörvermögen vorhanden sein und sich z. B. durch fehlende oder sehr geringe Reaktion des Kindes auf Geräusche bemerkbar machen. Wenn also ein Säugling auch bei lauter Ansprache nicht nach der entsprechenden Person schaut oder sich bei plötzlichen lauten Geräuschen weder der Geräuschquelle zuwendet noch erschrickt, dann empfiehlt es sich, eine hals-, nasen-, ohrenärztliche Untersuchung durchführen zu lassen.

Zeigt sich ein ansonsten altersentsprechend entwickeltes Kind im 3. Lebensjahr noch nicht in der Lage, mehr als »Mama« oder »Papa« zu äußern, oder sind auch nach dem 3. Geburtstag noch keinerlei Ansätze von Zweiwortsätzen zu hören, so ist eine *Sprachdiagnostik* zu erwägen. Auch wenn in diesem Alter fast alle Buchstaben bzw. Laute falsch oder unverständlich ausgesprochen werden, sollte man das Kind vorsichtshalber einem Fachmann vorstellen. Erfahrungsgemäß ist es ratsam, einen auf Kinderaudiologie spezialisierten Hals-, Nasen-, Ohrenarzt und einen Logopäden bzw. Sprachtherapeuten aufzusuchen.

Da gerade die ersten drei Lebensjahre ausgesprochen wichtig bezüglich des Spracherwerbs sind, sollte man in dieser Hinsicht nicht nachlässig sein. Zudem empfiehlt es sich, die sprachlichen Fertigkeiten nicht unabhängig von den sonstigen Fähigkeiten eines Kindes zu betrachten, also gegebenenfalls eine Einschätzung des globalen Entwicklungsstandes z. B. in einer Kinderklinik oder einer Abteilung für Kinder- und Jugendpsychiatrie vornehmen zu lassen.

Allgemein kann man sagen, daß Mädchen und Einzelkinder in ihrer sprachlichen Entwicklung tendenziell raschere Fortschritte machen und daß bei allen Kindern das Sprach*verständnis* üblicherweise dem aktiven Gebrauch der Sprache um etwa drei Monate vorauseilt.

Mögliche Ursachen

Genauso wie die normale Sprachentwicklung von einer Vielzahl von Faktoren abhängt, spielen unterschiedliche Gründe bei der Verursachung von Sprachentwicklungsproblemen eine Rolle. Beispielhaft sollen in diesem Zusammenhang

- Hörminderungen,
- globale Entwicklungsverzögerungen,
- familiäre Sprachschwäche,
- mangelnde sprachliche Anregung

genannt sein. Es kommen also organische, erbliche, soziale und psychische Faktoren in unterschiedlicher Zusammensetzung zum Tragen.

Bei sehr sensiblen Kindern kann sogar Zweisprachigkeit zu Komplikationen führen, was normalerweise keine nennenswerten Beeinträchtigungen mit sich bringt.

Fallbeispiel:

Ein 5jähriger Junge wurde von seinen Eltern vorgestellt, da inzwischen mehrere Bezugspersonen den dringenden Verdacht auf ein hyperkinetisches Syndrom geäußert hatten.

Tatsächlich zeigte sich der Junge in der ambulanten Untersuchungssituation sogar als besonders ausgeprägt unruhig und ablenkbar. Keine Minute konnte er einem Gesprächsversuch folgen, er beachtete kaum eine Aufforderung und tobte ohne Unterbrechung über Tische und Stühle.

In der routinemäßig durchgeführten internistisch-neurologischen Untersuchung fiel eine deutliche Hörminderung auf. So wurde der Junge zunächst in der Hals-, Nasen-, Ohrenabteilung vorstellig, wo ihm kurz darauf Mandeln und Polypen operativ entfernt und wegen der völlig vereiterten Mittelohren Ventile in die Trommelfelle eingesetzt wurden. Als der Junge einige Wochen nach den operativen Eingriffen wieder in die Klinikambulanz kam, ließ sich zwar eine Verzögerung bezüglich der sprachlichen Entwicklung feststellen, die hyperkinetisch wirkende Symptomatik jedoch war nicht mehr vorhanden. Der kleine Patient wurde schließlich über einen längeren Zeitraum logopädisch – also sprachtherapeutisch – behandelt, da sich eine Verhaltens- oder medikamentöse Therapie bezüglich des nur vermeintlichen hyperkinetischen Syndroms nun erübrigt hatten.

Formen von Sprachstörungen

Betrachtet man die in der Kinder- und Jugendpsychiatrie relevanten Sprachstörungen im Detail, so soll zunächst einmal auf die *Defizite im Bereich der expressiven Sprache und der Artikulation* – den Sprachäußerungen und der Lautproduktion – eingegangen werden.

Stammeln

Den meisten bekannt sein dürfte das Stammeln, die sogenannte *Dyslalie.* Hierbei handelt es sich um die Unfähigkeit, bestimmte Laute korrekt auszusprechen, also um eine Artikulationsstörung. Hierzu gehört auch – was vermutlich am geläufigsten ist – das Lispeln, der *Sigmatismus.*

Im Kindergartenalter können viele Kinder einzelne Buchstaben nicht richtig aussprechen. Betrifft dies jedoch im Alter von 4 bis 5 Jahren immer noch eine größere Zahl von Buchstaben, so spricht man von einer Dyslalie und nicht mehr von vorübergehendem »Entwicklungsstammeln«.

Dysgrammatismus

Ebenfalls relativ häufig im Rahmen der Sprachentwicklungsauffälligkeiten sind Einschränkungen in der Verwendung grammatikalischer Elemente wie Konjugation und Deklination zu beobachten. Dieser sogenannte Dysgrammatismus kann sich auf die expressive Sprache, aber auch auf das Sprachverständnis beziehen. Das Gleiche gilt für den jeweiligen zur Verfügung stehenden Wortschatz eines Kindes.

In allen diesen Fällen sollten eine *diagnostische Abklärung und Therapie* vor Eintritt in die Schule erfolgen und gegebenenfalls sogar eine Rückstellung von der Schule oder eine Integration in eine Sprachheilschule überlegt werden. Allerdings hängen derartige Entscheidungen natürlich sehr von Ursache und Ausprägung der Sprachstörung ab und sollten erst nach gründlicher Abwägung mit den zuständigen Spezialisten getroffen werden. Auch das therapeutische Vorgehen ist natürlich davon abhängig, worin das Stammeln bzw. der Dysgrammatismus begründet sind, weshalb wir an dieser Stelle nicht näher auf die unterschiedlichen Behandlungsmöglichkeiten eingehen können. Dies würde auch in Anbetracht der Tatsache, daß beispielsweise allein beim Lispeln mehr als zehn verschiedene Unterformen existieren können, eindeutig den Rahmen sprengen. Allerdings ist grundsätzlich erwähnenswert, daß *Sprachtherapieplätze* echte Mangelware sind: Man muß teilweise bis zu einem Jahr vorgemerkt sein, bis man endlich regelmäßige Therapieeinheiten bekommt!

Die Prognose ist bei normaler sonstiger Entwicklung eines Kindes allerdings durchaus gut. Es lohnt sich also, sich um Fördermaßnahmen zu bemühen. (Nur das Zungenspitzen-R kann auch von Menschen ohne Sprachstörung teilweise zeitlebens nicht erlernt werden, wie sicherlich der eine oder andere aus eigener Erfahrung gelernt hat.)

Insbesondere die *Störungen auf der rezeptiven Ebene* – also dem Verständnis der sprachlichen Äußerungen anderer – sind oft nicht leicht festzustellen, so daß die diesbezügliche Diagnostik sehr komplexe und zeitaufwendige Untersuchungen beinhaltet. Zudem lernen die betroffenen Kinder oft notgedrungen, sprachliche Defizite durch sehr genaues Hinschauen auszugleichen und auch zu kaschieren. Die letztendlich dennoch unausweichliche Verunsicherung und Anspannung kann zu massiver emotionaler Belastung und schweren Verhaltensauffälligkeiten führen.

Die Therapie kann sich gerade bei schwererwiegenden Sprachentwicklungsstörungen über längere Zeit hinziehen, manchmal Jahre in Anspruch nehmen, in denen mindestens einmal wöchentlich eine Übungsbehandlung durchgeführt werden muß. Die Kosten hierfür erstatten die Krankenkassen, wenn die Therapiestunden ärztlich verordnet sind.

Bei sehr gravierenden sprachlichen Rückständen kann es empfehlenswert sein, das betroffene Kind zusätzlich zu etwaigen Übungsbehandlungen beim Logopäden in einen *Sprachheilkindergarten* oder eine *Sprachheilschule* zu integrieren. In den Sprachheilschulen wird sich zwar am Regelschulstoff orientiert, aber das Tempo ist tendenziell etwas vermindert, die Klassengröße ist deutlich geringer, und die Lehrkräfte sind speziell ausgebildet.

Stottern

Beim Stottern – wie auch beim Poltern (s. u.) – handelt es sich um eine *Redeflußstörung*, die es dem Betroffenen trotz Willensanstrengung unmöglich macht, ein Wort ohne Wiederholungen der Anfangssilbe oder gar überhaupt über die Lippen zu bringen.

Von diesem oft sehr peinlichen und beschämenden Problem sind insgesamt 1 Prozent der Bevölkerung geplagt. Unter den Kindern sind es sogar etwa 4 Prozent. Anteilig handelt es sich dabei zu 75 Prozent um Jungen.

Und: Beim Stottern geht es wirklich um ein Leiden, nicht etwa um eine dumme Angewohnheit! Es ist im Gegensatz zum Poltern sogar so, daß ein Stotterer meist um so heftiger stottert, je mehr er sich bemüht oder je mehr Aufmerksamkeit man ihm zuteil werden läßt oder ihn gar unter Druck setzt. Man kann sich vorstellen, wie quälend das für denjenigen sein kann!

Die *Stottersymptomatik* beginnt meist schon im Vorschulalter, ganz selten erst bei Erwachsenen. Als ursächlich werden unter anderem familiäre Veranlagung, psychische Labilität mit entsprechender Belastung und auch Kombinationen mit anderweitigen Beeinträchtigungen und Entwicklungsstörungen angesehen.

Man unterscheidet *klonisches* und *tonisches* Stottern. Bei ersterem werden unwillkürlich immer wieder Silben einzelner Wörter wiederholt. Beim tonischen Stottern treten komplette Blockaden auf, so daß einzelne Wörter erst nach großer Anstrengung und zeitlich verzögert über die Lippen gelangen.

Bezüglich der *therapeutischen Maßnahmen* unterscheidet man direkte und indirekte Ansätze. »Direkt« heißt in diesem Fall, daß man auf die Sprechabläufe selber einwirkt, also beispielsweise Tempo, Melodie oder Atmung zu verändern versucht. Indirekte Ansätze zielen mehr auf die psychosozialen Belastungfaktoren ab: Sie können Familienarbeit, Elternberatung oder Psychotherapie des betroffenen Kindes beinhalten.

Da man tendenziell bezüglich der Persönlichkeit von Stotterern eher von Selbstunsicherheit und Zurückgezogenheit ausgeht, können die indirekten Vorgehensweisen ausgesprochen wichtig und hilfreich sein.

In manchen Fällen wird man unterstützend zu anderen Maßnahmen auch an eine medikamentöse Behandlung denken, die selbstverständlich mit Eltern und Kind abgesprochen werden muß.

Da die Prognose des Stotterns gerade bei älteren Jugendlichen oder gar Erwachsenen nicht sehr günstig ist, sollte man nicht nur möglichst früh mit den therapeutischen Maßnahmen beginnen, sondern diese nach sorgfältiger Diagnostik mit dem Betroffenen und seiner Familie auch immer wieder absprechen und abwägen.

Poltern

Ebenfalls unter die Störungen im Redefluß fällt das Poltern. Hierunter versteht man eine überstürzte, teilweise undeutlich-verwaschene Redeweise, die wiederum bis zu viermal häufiger bei Jungen als bei Mädchen zu beobachten ist und manchmal in Kombination mit einem hyperkinetischen Syndrom auftreten kann.

Ursächlich für die Entstehung des Polterns werden im Vergleich zum Stottern vor allem *Anlagefaktoren*, also erbliche Komponenten gesehen. Häufiger als beim Stottern treten zusätzliche Auffälligkeiten der Sprachentwicklung in Kombination mit dem Poltern auf.

Der Persönlichkeit des Polterers werden im Gegensatz zum Stotterer eher Eigenschaften wie Impulsivität, Unruhe und Extrovertiertheit zugeschrieben. Ein ausgeprägtes Störungsbewußtsein besteht meist nicht. Weist man den Polterer auf seine Störung hin und schenkt ihm besonderes Augenmerk oder läßt ihn Äußerungen wiederholen, so spricht er typischerweise verständlicher, während sich beim Stotterer durch Korrigieren und Ermahnungen die Symptomatik verschlimmern würde. Unter Alkoholgenuß allerdings tritt das Poltern tendenziell stärker zutage, während der Stotterer entspannter und flüssiger sprechen kann.

Therapeutisches Ziel ist vor allem die Verlangsamung des Redeflusses sowie gesteigerte Konzentration und Aufmerksamkeit. Allerdings hängt der Behandlungserfolg zum einen davon ab, inwieweit zusätzlich andere Sprachentwicklungsauffälligkeiten vorliegen, und zum anderen sehr stark von dem Grad der Motivation des Betroffenen.

Autismus, Mutismus und Schizophrenie

In der Kinder- und Jugendpsychiatrie von besonderer Relevanz sind Sprachstörungen bei schizophrenen Erkrankungen, autistischen Syndromen und der sogenannte Mutismus.

Vor allem bei den glücklicherweise sehr seltenen kindlichen Psychosen kann man unter anderem oft einen regelrechten Rückgang oder Zerfall der bereits erworbenen Fähigkeiten beobachten, der auch den Bereich der Sprache betreffen kann. Bei den verschiedenen Unterformen der Schizophrenie sind zudem teilweise sprachliche Auffälligkeiten wie *Neologismen* (Wortneubildungen), *Echolalie* (papageienartiges Wiederholen der Äußerungen des Gegenübers), *temporäres Verstummen* oder ausgesprochene *Manierismen* (Verschrobenheiten) zu beobachten.

Da Veränderungen im Sprachgebrauch im Rahmen einer Schizophrenie in erster Linie vom Verlauf der psychischen Erkrankung abhängig sind, werden die *Behandlungsschwerpunkte* selten im Bereich der Sprachtherapie liegen, sondern in der Verbesserung der schizophrenen Symptomatik an sich (vgl. hierzu »Realitätsverlust und schizophrene Psychosen«, S. 193–201).

Beim *autistischen Syndrom* bei Kindern und Jugendlichen fällt hingegen besonders häufig eine sehr monotone Sprechweise mit eintöniger Sprachmelodie und wenig Anpassung an den Zuhörer ins Auge. Auch hier können sich die therapeutischen Bemühungen nicht allein auf den Bereich der Sprache fokussieren, da zum einen das Kontaktverhalten insgesamt typischerweise schwer gestört ist und zum anderen oft die Gesamtentwicklung des Betroffenen retardiert ist. Somit besteht auch hier ein umfassender Förderungsbedarf.

Unter *Mutismus* versteht man ein vor allem durch psychische Faktoren ausgelöstes Verstummen bzw. eine Sprechverweigerung bei intakten sprachlichen Fähigkeiten.

Meist handelt es sich hierbei um einen *elektiven Mutismus*, einen nur auf den verbalen Kontakt zu bestimmten Menschen bezogenen Mutismus.

Die Störung beginnt meist im Vorschul- oder Grundschulalter und tritt bei Mädchen und Jungen in gleicher Häufigkeit auf.

Typischerweise nimmt das betroffene Kind zu ihm vertrauten Personen – also vor allem im familiären Umfeld – ganz normalen verbalen Kontakt auf, verstummt jedoch in Anwesenheit Fremder vollständig. Das bedeutet, daß Sprachentwicklung und Hörvermögen weitgehend unauffällig sind, wenngleich hier vorsichtshalber doch eine eingehende diagnostische Abklärung erfolgen sollte.

Als *Ursache* werden beim Kind Persönlichkeitselemente wie Angst, Scheu und ausgeprägte Sensibilität verantwortlich gemacht. Bei den Eltern lassen sich teilweise überfürsorgliche Erziehungshaltung, aber auch Partnerkonflikte oder gar Gewalt und Mißhandlung in der Familie beobachten. Oft entsteht im Umgang mit der Familie der Eindruck, daß das mutistische Kind durch seine Weigerung zur verbalen Kontaktaufnahme letztendlich sehr viel Macht und Einfluß auf Familie und Umwelt ausübt.

Fallbeispiel:

Ein 10jähriger Junge wird im Rahmen eines kinderpsychiatrischen Gutachtens vorgestellt: Schon als Kleinkind habe er nur im Kreis der Familie gesprochen, was sich trotz aller Bemühungen der zuständigen Therapeuten des von ihm besuchten Kindergartens und der Lehrkräfte bislang nicht geändert habe. Die Eltern seien nach jahrelangen heftigen Konflikten geschieden, der Junge werde nun vom Vater allein versorgt und erzogen. Die drei Geschwister des Jungen lebten bei der Mutter und entwickelten sich weitgehend unauffällig. Der betroffene Junge sei schon immer zurückgezogen und eher eigenwillig gewesen und habe seit jeher eine besonders enge Beziehung zum Vater.

Im Rahmen der Begutachtung stellt sich heraus, daß der Vater den Jungen zu seinem Lebensmittelpunkt gemacht hat, sich um der möglichst intensiven Versorgung seines Kindes willen sogar als Frührentner aus dem Berufsleben hat entlassen lassen. Im Gespräch nimmt er dem Sohn jegliche Antwort ab und verweigert Maßnahmen, die der Förderung des Jungen dienen sollen, wenn diese zu viel Zeit beanspruchen. So beendete er die nachmittägliche Betreuung seines Sohnes in einem heilpädagogischen Hort, da dieser dadurch zu wenig zu Hause gewesen sei. Auch Kontakte zu den Geschwistern kamen letztendlich durch die Eigenwilligkeit des Vaters seit über einem Jahr nicht mehr zustande.

Der geschilderte Fall zeigt in extremer Form die häufig übermäßig enge Beziehung eines elektiv mutistischen Kindes zu einem Elternteil. Der krankhaft mißtrauische und extrem empfindliche Vater verhindert letztendlich sogar, daß sich in ausreichendem Maße um die Kontaktfähigkeit seines mutistischen Sohnes gekümmert werden kann.

Gerade auch wegen der oftmals derart engen Beziehung zwischen den elektiv mutistischen Kindern und ihren nächsten Bezugspersonen kann es notwendig sein, einen Umgebungswechsel herbeizuführen, um überhaupt ausreichende Kontaktangebote zu anderen Personen etablieren zu können. Im klinischen oder tagklinischen Setting – in einigen Fällen auch im Rahmen ambulanter Therapiestunden – kann es dann gelingen, z. B. über nicht-sprachliche therapeutische Angebote wie die Musiktherapie, eine vertrauensvolle Beziehung zu erarbeiten. Unter zusätzlichem Einsatz verhaltenstherapeutischer Methoden wie etwa Verstärkung erwünschter Verhaltensweisen durch Belohnungssysteme oder deren Einübung mittels Rollenspielen etc. erreicht man in vielen Fällen mit ausreichender Geduld, daß sich das mutistische Kind mehr und mehr sprachlich äußert.

Entsprechenden Verlaufsuntersuchungen zufolge ist in bis zu 80 Prozent der beschriebenen mutistischen Syndrome mit einer Heilung zu rechnen.

Zusammenfassend möchten wir betonen, daß die Sprachentwicklung und damit auch diesbezügliche Störungen ein vielschichtiges und kompliziertes Gebiet sind. Deshalb empfiehlt es sich, bei Unsicherheiten z. B. über den zuständigen HNO- oder Kinderarzt beizeiten eine diagnostische Abklärung in die Wege zu leiten, da die therapeutischen Erfolgschancen mit zunehmendem Alter der Patienten deutlich abnehmen. Da gerade auch die sogenannten rezeptiven Sprachentwicklungsstörungen oft sehr schwer erkennbar und einschätzbar sind, sollte man sich immer überlegen, zusätzlich zur medizinischen und logopädischen Untersuchung eine Abklärung in einer kinderaudiologischen Abteilung durchführen zu lassen.

Sauberkeitsentwicklung

Das Einnässen

Von »Einnässen« spricht man, wenn ein Kind auch nach seinem 5. Geburtstag nicht in der Lage ist, seine Blase zu kontrollieren.

Natürlich kann das ab und zu auch einem älteren Kind noch passieren: geschieht es jedoch mehrmals im Monat oder gar pro Woche, so kann man von einer Ausscheidungsstörung sprechen. Zusätzlich unterscheidet man zwischen nächtlichem Einnässen *(Enuresis nocturna)* und dem tagsüber stattfindenden *(Enuresis diurna)*.

Wie man sich gut vorstellen kann, ist es viel schwieriger, während des Schlafens die Kontrolle über seine Blase zu behalten als tagsüber im Wachzustand. Deshalb gehören auch 80 von 100 einnässenden Kindern in die Gruppe der Bettnässer, die vor allem nachts immer wieder naß sind. Kinder, die ausschließlich tagsüber nicht trocken werden, sind mit 5 von 100 Betroffenen deutlich seltener.

Jungen und Mädchen sind im Vorschulalter noch gleich häufig mit diesem Problem belastet, während ab dem Schulalter die Jungen mehr als doppelt so oft betroffen sind.

Ganz wichtig ist zu wissen, daß die erst verspätet einsetzende Blasenkontrolle ein überaus häufiges – wenn auch für alle sehr lästiges – Problem darstellt. Es sind nämlich im Alter von fünf Jahren mindestens 10 Prozent der Kinder und Eltern damit geplagt! Außerdem möchten wir betonen, wird bei dieser Problematik ein wenig Geduld recht oft belohnt: Ohne irgendwelche speziellen Maßnahmen lernen 15 Prozent der einnässenden Kinder pro Jahr von ganz allein, ihre Blase in den Griff zu bekommen.

Besteht das Problem jedoch noch bis in die Schulzeit hinein, so wird es für viele Kinder zunehmend unangenehm und peinlich, und für den, der den Haushalt versorgt, immer mühsamer.

Was man tun kann:

Es ist an dieser Stelle nötig, etwas über die *Ursachen des Einnässens* zu erfahren: In den meisten Fällen handelt es sich um eine *Reifungsverzögerung.* Das bedeutet, daß die Kinder einfach länger brauchen, um den sehr komplizierten Vorgang der Blasenkontrolle wirklich zu beherrschen. Manchmal sind solche Verzögerungen in mehreren Generationen einer Familie zu beobachten, sie sind also erblich mitbedingt.

Es gibt aber auch *organische Ursachen,* die man nicht übersehen darf.

Deshalb ist es wichtig, zunächst den Kinderarzt aufzusuchen, der z. B. durch eine Blut- und Urinuntersuchung ausschließen kann, daß eine Infektion, eine Blasen- oder auch Nierenentzündung vorliegt. Zusätzlich kann man durch eine Ultraschalluntersuchung, die weder schmerzhaft noch gefährlich ist, Fehlbildungen ausschließen.

Bevor man also andere, z. B. verhaltenstherapeutische Maßnahmen beginnt, sollten diese Untersuchungen abgeschlossen sein, da erstens Infektionen nicht unbehandelt bleiben sollten, und zweitens ein Kind, das seine Blase aus solcherlei Gründen trotz aller Anstrengungen gar nicht kontrollieren kann, durch die entstehenden Mißerfolge emotional zusätzlich belastet wird.

Hat der Kinderarzt körperliche Ursachen ausgeschlossen, so hängt das weitere Vorgehen unter anderem davon ab, ob das Kind schon deutlich über 5 Jahre alt ist und ob Kind oder Eltern sehr unter der Problematik leiden.

Sollte dies der Fall sein, so gibt es mehrere *Behandlungsmöglichkeiten*:

Man kann sich gleich an eine kinderpsychiatrische Ambulanz oder einen niedergelassenen Kinderpsychiater wenden, kann aber auch zunächst zu einer Erziehungsberatungsstelle Kontakt aufnehmen oder – wenn das Kind einen Hort besucht – die zuständigen Mitarbeiter um Rat bitten. Manchmal ergeben sich auf diese Weise sehr hilfreiche Verbindungen, die außerdem nah am Wohnort sind.

Therapeutisch bewähren sich manchmal schon wenig aufwendige übende Verfahren mit verhaltenstherapeutischen Elementen – wenn man die jeweiligen Maßnahmen konsequent durchhält.

So kann man mit dem Kind einen *Kalender* führen, in welchem täglich vermerkt wird, ob Bett oder Kleider trocken waren: Je nach Entwicklungsstand und Alter des Kindes können verstärkende Belohnungen – ein Zoobesuch, ein kleiner Ausflug etc. – angewendet werden, z. B. nach drei aufeinanderfolgenden trockenen Nächten.

Zusätzlich kann man die für das kontrollierte, bewußte Wasserlassen notwendigen Abläufe mittels *Blasentraining* üben. Hierbei sollte das Kind – am besten mit Wecker oder Stoppuhr – lernen, den Urin bei aufkommendem Harndrang einige Minuten zurückzuhalten. Oder es kann versuchen, beim Wasserlassen den Urinstrahl willentlich zu unterbrechen.

Immer wieder wird auch versucht, das Kind in der Nacht zum Toilettengang zu *wecken*. Allerdings ist es oft schwierig, den richtigen Moment abzupassen, und zudem ist es natürlich nicht angenehm, nachts regelmäßig aufzustehen.

Als sehr erfolgreich – und oft etwas gefürchtet – können sich *Klingelapparate* erweisen. Sobald das Kind mit dem Wasserlassen beginnt, wird ein elektrischer Kontakt an einer entsprechend konstruierten Hose oder Matte geschlossen, welche dann einen lauten Ton erzeugt. Das Kind kann auf diese Art lernen, Blasendruck, Wasserlassen und Wachwerden zu verknüpfen und entsprechend zu koordinieren. Nachteilig erweist sich allerdings bei dieser Methode oft, daß manche Kinder ausgesprochen fest zu schlafen scheinen. Oft beklagen die anderen Familienmitglieder in diesen Fällen, »daß alle aufwachen, nur das bettnässende Kind nicht«.

In solchen Fällen kann es auch einmal sein, daß der Kinderarzt oder Kinderpsychiater *Medikamente* verordnet, welche bewirken sollen, daß das Kind weniger tief schläft. Hierbei handelt es sich typischerweise um eine außerordentlich niedrige Dosis eines *Antidepressivums,* wodurch gerade auch in Kombination mit den vorher genannten Methoden oft endlich Erfolge zu verzeichnen sind.

Nicht zu empfehlen ist aus unserer Erfahrung die Gabe des Hormons Vasopressin, welches meist per Nasenspray verabreicht wird. Es bewirkt, daß in der Nacht weniger Urin produziert wird, wodurch natürlich zunächst einmal die Wahrscheinlichkeit des Einnässens verringert wird, das Kind aber keine Möglichkeit erhält, den Umgang mit einer vollen Blase zu üben! Zudem sind z.T. erhebliche Nebenwirkungen beobachtet worden.

Ein abschließender Hinweis ist unerläßlich: Gerade auch das nur am Tage auftretende Einnässen kann Zeichen emotionaler Belastung sein, es können also vorwiegend *psychologische Faktoren* die Symptome verursachen! In diesem Falle sollte das betroffene Kind unbedingt auch entsprechende *psychotherapeutische Betreuung* erhalten, was *die zusätzliche Anwendung* der zuvor genannten Verfahren nicht ausschließt.

Fallbeispiel:

Ein 13jähriger Junge kam in Begleitung seiner ziemlich verzweifelten Eltern in unsere Ambulanz. Wie mehrere seiner Geschwister sei er immer noch Bettnässer, was vor allem die den Haushalt versorgende Mutter sehr stark belaste. Es wurde rasch deutlich, daß der Junge selbst bislang wenig unter dem Einnässen gelitten hatte, weswegen vermutlich auch bisherige Therapieversuche gescheitert waren.

Zunächst wurde über einige Wochen die Führung eines Kalenders mit dem Jungen vereinbart. Unter anderem durch eine anstehende mehrtägige Klassenreise geriet jetzt der Jugendliche selbst zunehmend unter Leidensdruck, da er befürchtete, wegen des Bettnässens nicht mitfahren zu können. So arbeitete er dann doch recht motiviert an einem über mehrere Monate ambulant betreuten Therapieprogramm mit, welches weitere Kalenderführung, Belohnungen seitens der Eltern und eine Klingelhose einschloß und letztendlich dazu führte, daß das nächtliche Einnässen nur noch sehr selten auftrat.

Das Einkoten

Definitionsgemäß geht es hierbei um das wiederholte Absetzen von Kot an nicht dafür vorgesehenen Stellen, auch *Enkopresis* genannt. Im Alltag handelt es sich um eine das betroffene Kind und seine Umgebung verständlicherweise ziemlich belastende Problematik.

Man spricht von Enkopresis erst, wenn Kinder mindestens 4 Jahre alt sind und über einen längeren Zeitraum – nämlich 3 oder mehr Monate – mindestens einmal im Monat eingekotet haben. Hierbei ist aber eine in etwa altersentsprechende Gesamtentwicklung vorauszusetzen, da schwerwiegend entwicklungsverzögerte Kinder einen so komplexen Vorgang wie die Darmentleerung leider oft sehr spät oder nie erlernen können.

Wie auch beim Einnässen wird zwischen *primärem* und *sekundärem Einkoten* unterschieden, wobei »sekundär« in diesem Falle bedeutet, daß ein Kind schon einmal über mindestens ein halbes Jahr die Stuhlkontrolle im Griff gehabt hat, bevor es erneut häufiger einkotet.

Normalerweise sind im Alter von 3 Jahren 97 Prozent der Kinder in der Lage, ihren Stuhlgang zu kontrollieren, also meist noch bevor sie die Blasenkontrolle erlernt haben. Im Grundschulalter sinkt die Rate derer, die die Stuhlkontrolle nicht beherrschen, kontinuierlich weiter auf etwa 1,5 Prozent ab. Wie auch bei der Enuresis sind Jungen häufiger betroffen, nämlich mindestens dreimal so oft wie Mädchen. In einem Viertel der Fälle liegt gleichzeitig mit der Enkopresis auch eine Enuresis vor.

Meistens tritt das Einkoten tagsüber auf, wobei manche Kinder tatsächlich große Stuhlmengen in die Hose oder an andere unpassende Orte absetzen, andere jedoch nur mit Stuhl schmieren oder leicht verschmutzte Wäsche haben.

In jedem Fall weiß jeder, daß der entstehende Geruch auch bei kleinen Stuhlmengen derart störend und unangenehm ist, daß es meist zu doch heftigen Reaktionen der Umgebung kommt und das betroffene Kind rasch eine Außenseiterrolle zugeschrieben bekommt. Viele Enkopretiker verstecken dann die beschmutzten Gegenstände und geben vor, auch von dem Geruch nicht gestört zu sein.

Ursächliche Faktoren:

Hier – wie so oft in der Kinder- und Jugendpsychiatrie – können verschiedene Faktoren zusammenspielen. Meist handelt es sich um eine Mischung aus psychologischen und auch körperlich-konstitutionellen besonderen Gegebenheiten.

Manche Kinder tun sich nämlich tatsächlich schwerer, den Füllungsdruck in ihrem Enddarm wahrzunehmen oder die daraus folgenden physiologischen Abläufe zu koordinieren. Oft allerdings lassen sich bei genauerer Befragung und Beobachtung auch maßgebliche psychische Belastungsfaktoren feststellen, wie beispielsweise Konflikte oder Trennung der Eltern, Mißhandlung, Verwahrlosung oder auch zu strenge Sauberkeitserziehung.

Deshalb ist es unerläßlich, daß der behandelnde Arzt sich genau über die Gesamtsituation des Kindes und seiner Familie informiert und sich zudem die Einkotzeitpunkte, -häufigkeiten und -mengen genau protokollieren läßt.

Außerdem ist es natürlich wichtig, ärztlicherseits körperliche Erkrankungen wie z. B. chronische Darminfektionen oder neurologische Störungen als Ursache für das Einkoten auszuschließen.

Manche Kinder halten auch ihren Stuhlgang so lange zurück, bis der Darm sozusagen überläuft und dadurch Verstopfung und Überdehnung entstehen.

Behandlungsformen:

Je nach Ausprägung der Symptomatik und auch in Abhängigkeit von der Mitarbeit der Bezugspersonen kann man bei der Behandlung der Enkopresis ambulant oder stationär vorgehen.

Sind die betreffenden Patienten und ihre Bezugspersonen motiviert und ist das Kind nicht durch zu viele Faktoren gleichzeitig belastet, so kann man z. B. mit dem zuständigen Kinderarzt,

Kinderpsychiater oder Kindertherapeuten einen ambulanten Therapieversuch absprechen.

Wichtig ist in jedem Falle, alle Beteiligten gut aufzuklären und zu versuchen, psychische Belastungsfaktoren zu identifizieren und dann abzubauen oder abzumildern. Zudem ist es hilfreich, dem Kind zunehmend Eigenverantwortlichkeit bezüglich seiner Ausscheidungsproblematik zu vermitteln, es also anzuhalten, selber an die Toilettengänge zu denken und sich auch selber um die verschmutzte Wäsche zu kümmern.

Letztendlich müssen meist medizinische, verhaltens- und psychotherapeutische Maßnahmen kombiniert werden, sei es beim ambulanten oder auch beim stationären Vorgehen.

Liegt z. B. eine Verstopfungsneigung vor, so sollten entsprechende *Abführmaßnahmen*, wie z. B. Einläufe, in regelmäßigen Abständen erfolgen, oder es sollten gegebenenfalls Substanzen verabreicht werden, die die Darmtätigkeit anregen.

Verhaltenstherapeutisch hat sich *Toilettentraining* bewährt. Das bedeutet, daß das Kind nach jeder Mahlzeit über die Dauer von mindestens fünf Minuten die Toilette aufsucht, um dort in möglichst entspannter und angenehmer Atmosphäre zu versuchen, Stuhlgang abzusetzen. Der Toilettengang selber, insbesondere aber das Absetzen von Stuhl, sollten in vorher abgesprochener Weise belohnt werden.

Sind deutlich emotional belastende Faktoren vorhanden, so ist parallel zu allen anderen Maßnahmen je nach Problematik *Einzel-* oder auch *Familienpsychotherapie* unbedingt angeraten!

Zusätzlich kann gerade in den Fällen, wo den Kindern die Koordination der physiologischen Vorgänge, die mit der Stuhlkontrolle beherrscht werden müssen, ausgesprochen schwerfällt, *Beckenbodengymnastik* unterstützend wirken oder sogar ganz spezifisches *Schließmuskeltraining,* welches in manchen Kinderkliniken angeboten werden kann.

Die Koordination der verschiedenen diagnostischen und therapeutischen Möglichkeiten kann über den Kinderarzt erfolgen, der zumindest an entsprechende Stellen weiterverweisen wird. Oder man wendet sich an Kinderkliniken und kinderpsychiatrische Ambulanzen.

Schlafstörungen

Im Rahmen dieses Buches soll auf eine besondere Art von Schlafstörungen eingegangen werden, nämlich die sogenannten *Parasomnien.*

Grundsätzlich kann man Schlafstörungen in Dyssomnien und Parasomnien unterteilen. Unter *Dyssomnien* werden Schlafstörungen subsumiert, bei denen vor allem die Dauer und der Zeitpunkt des Schlafes auffällig sind, also beispielsweise Ein- und Durchschlafstörungen.

Da zu diesem Themenbereich bereits eine Vielzahl von Ratgebern und ähnlichen Publikationen existieren, werden wir uns nur mit den Parasomnien befassen, worunter man ungewöhnliche, »abnorme« Verhaltensmuster versteht, die während des Schlafes auftreten. Jungen sind von derartigen Schlafstörungen etwa viermal häufiger betroffen als Mädchen; der Beginn der Auffälligkeiten liegt häufig im späten Vorschul- oder frühen Schulalter.

Schlafwandeln

Vielen unter uns ist aus eigener Beobachtung oder zumindest vom Hörensagen das Schlafwandeln bekannt, der *Somnambulismus.* Hierbei kommt es meist während des ersten Nachtdrittels aus dem Tiefschlaf heraus zum Umhergehen, teilweise auch zu anderen Handlungsabläufen, ohne daß der Betroffene erwacht oder sich in irgendeiner Weise daran erinnert. Die oft starre Mimik und die mangelnde Reaktion auf äußere Reize und Ansprache während des Schlafwandelns können beunruhigend und unheimlich wirken; zudem kann sich der Betroffene beim Verlassen von Schlafzimmer und Wohnung ungewollt Gefahren aussetzen.

Abgesehen davon ist das Schlafwandeln an sich keine besorgniserregende Erscheinung und nicht notwendigerweise verknüpft mit psychischen Belastungen oder gar Traumatisierungen. Dennoch sollte aber wie bei den anderen Schlafstörungen auch eine gründliche Befragung bezüglich der Symptomatik und auch der Gesamtsituation des betroffenen Kindes erfolgen, um eine gesicherte diagnostische Einschätzung treffen zu können. Zusätzlich kann zum Ausschluß bestimmter epileptischer Anfallsformen eine EEG-Ableitung erfolgen, wie auch eine Videoaufzeichnung der nächtlichen Symptomatik zur Abklärung sehr hilfreich sein kann.

Eine *spezifische Behandlung* ist meist nicht notwendig, allerdings sollte eine Aufklärung der Eltern (und des Kindes) in puncto Schlafverhalten, Umgebung, Zubettgehzeiten etc. erfolgen.

Nur in einzelnen Fällen, wenn beispielsweise die Häufigkeit des Schlafwandelns extrem ist und der Betroffene dazu neigt, sich unbewußt beim Schlafwandeln in gefährdende Situationen zu begeben, ist eine *medikamentöse Intervention* zu überlegen.

Pavor nocturnus

Bei dieser Schlafstörung, dem sogenannten *Pavor nocturnus*, handelt es sich um nächtliche Angstzustände. Diese sind gekennzeichnet durch plötzliches Aufschrecken aus dem Schlaf, zum Teil verbunden mit lautem Schreien und gleichzeitigem Aufsetzen, meist wenige Stunden nach dem Einschlafen. Das betroffene Kind wirkt massiv verängstigt, es schwitzt, hat schreckgeweitete Augen und führt zum Teil Abwehrbewegungen aus. Beruhigungsversuche lindern die Symptomatik typischerweise nicht, werden oft überhaupt nicht wahrgenommen. Meist schläft das Kind, ohne erwacht zu sein, ziemlich abrupt wieder ein und kann sich auch am nächsten Tag an das Geschehene nicht erinnern!

Obwohl die Symptomatik des Pavor nocturnus wirklich ausgesprochen beunruhigen kann, ist auch hier meist keine spezifische Belastung oder Traumatisierung zu eruieren. Allerdings sollte wie auch beim Somnambulismus eine genaue Abklärung erfolgen und ebenfalls per EEG ein epileptisches Anfallsleiden ausgeschlossen werden. Zudem kann es bei häufigem Auftreten und ausgeprägter Symptomatik notwendig werden, statt des üblicherweise empfohlenen zurückhaltenden Vorgehens eine medikamentöse Therapie durchzuführen, da manchmal die Umgebung sehr in Mitleidenschaft gezogen werden kann.

Fallbeispiel:

Ein 8jähriger Grundschüler, der von seinen Eltern in der Klinikambulanz vorgestellt wird, leidet offensichtlich unter einer ausgeprägten Form von nächtlichen Angstzuständen im Sinne eines Pavor nocturnus. So werden durch die sehr häufig auftretende Symptomatik nicht nur alle Familienmitglieder jedesmal geweckt, sondern es sind inzwischen Beschwerden und Anzeigen von anderen Hausbewohnern des Mietkomplexes eingegangen. Sogar der nächtlichen Kindesmißhandlung sei man verdächtigt, weswegen ein längerfristiges Fortbestehen der Pavor nocturnus-Symptomatik in jeder Hinsicht als unzumutbar empfunden wurde. Eine schließlich durchgeführte medikamentöse Therapie mit einem niedrig dosierten Antidepressivum führte zu einem raschen und deutlichen Rückgang der Symptomatik.

In Fällen wie diesem ist nach gründlicher Abwägung *ein medikamentöser Behandlungsversuch* durchaus zu rechtfertigen. Aus unserer Erfahrung bewährt hat sich die Gabe einer niedrigen Dosis klassischer Antidepressiva, wodurch sich auch Nebenwirkungen vermeiden lassen (s. u. Kapitel 5: »Psychopharmakologischer Überblick«).

Auch die Anwendung von *Entspannungsverfahren* wie dem autogenen Training kann Linderung bringen, erfordert aber die konsequente Zusammenarbeit von betroffenem Kind und Therapeuten. Dies kann allerdings schwierig sein, da das Kind sich der belastenden Symptome gar nicht bewußt ist.

Wenn anderweitige psychische Auffälligkeiten und Belastungsfaktoren im Rahmen der Diagnostik ins Auge fallen, so sollten diese selbstverständlich Beachtung finden, und es sollte eine entsprechende Unterstützung bzw. Behandlung angeboten werden!

Alpträume

Im Gegensatz zum Pavor nocturnus, der vor allem auf die Umgebung traumatisierend wirkt, sind Alpträume häufiger mit emotionalen Belastungsfaktoren und Streß für das Kind selbst in Verbindung zu bringen. Denn typischerweise sind die bedrohlichen und ängstigenden Inhalte nur allzu gut in Erinnerung, und der Betroffene wacht meist auf und ist relativ rasch wach und voll orientiert. Bei häufiger auftretenden Alpträumen entsteht verständlicherweise ein deutlicher Leidensdruck, oft auch entsprechende Angst vor dem Zubettgehen oder dem Wiedereinschlafen.

Wie bei den vorher aufgeführten Schlafstörungen auch ist im Notfall, vorübergehend, eine medikamentöse Hilfestellung möglich; gerade bei Alpträumen sollte aber gründlich nach äußeren Belastungsmomenten oder gar traumatischen Erlebnissen gefahndet werden und gegebenenfalls das therapeutische Augenmerk in erster Linie hierauf ausgerichtet sein.

Mißhandlung und Vernachlässigung

In der Kinder- und Jugendpsychiatrie haben wir leider häufig mit den Folgen von Mißhandlung und Vernachlässigung bei Kindern und später Jugendlichen zu tun. Die Auswirkungen solchen elterlichen Fehlverhaltens zeigen sich in verschiedenen, zum Teil sehr ernsten psychischen Problemen, die manchmal kaum behandelbar sind. Besonders wenn die Vernachlässigung und Mißhandlung schon in frühester Kindheit begonnen hat und andauert, führt dies zu tiefgreifenden Persönlichkeitsentwicklungsstörungen, verbunden mit Schwierigkeiten, soziale Bindungen einzugehen.

In der Folge entsteht häufig Depressivität, und auch Sozialverhaltensstörungen mit der Gefahr einer dissozialen Entwicklung (kriminelle Karriere) sind im Zusammenhang mit Mißhandlungserfahrungen nicht selten. Die Kinder und Jugendlichen sind besonders anfällig für Süchte und anderes selbstschädigendes Verhalten einschließlich Selbstmordgefahr (vgl. hierzu Kapitel 4).

Allgemein liegen etwa bei einem Drittel der jungen Patienten, die in kinder- und jugendpsychiatrische Behandlung kommen, Mißhandlungs- und Vernachlässigungserfahrungen vor.

Beides ist sehr verbreitet, wobei es wegen der sehr hohen Dunkelziffer kaum exakte Zahlenangaben zur Häufigkeit gibt.

Was versteht man unter Mißhandlung und Vernachlässigung?

Sich gesund zu entwickeln bedeutet, in der Lage zu sein, die angelegten Fähigkeiten zu entfalten, Lebensfreude zu empfinden und später ein befriedigendes Leben als Erwachsener führen zu können. Das schließt ein, daß man in positive Beziehungen zu anderen Menschen treten kann und nach sozialen Regeln mit anderen zusammenzuleben und auszukommen vermag.

Für eine gesunde Entwicklung von Kindern sind bestimmte Grundvoraussetzungen notwendig. Neben körperlicher Hygiene und Pflege sowie angemessener und ausreichender Ernährung ist die Gegenwart von mindestens einem Erwachsenen lebensnotwendig, der sich dem Kind liebevoll zuwendet und sich mit ihm beschäftigt, es beschützt und ihm hilft, seine ersten Lernerfahrungen zu machen. Wichtig für die Fähigkeit, Bindungen zu anderen Menschen einzugehen, ist hierbei, daß diese Bezugsperson konstant verfügbar sein muß. Ein häufiger Wechsel der Bezugspersonen gerade in den ersten Lebensmonaten und -jahren ist besonders schwerwiegend in bezug auf die Entwicklung späterer tiefgreifender psychischer Störungen.

Das Fehlen der notwendigen körperlichen und seelischen Fürsorge wird *Deprivation* genannt (vgl. hierzu Kapitel 4, »Depressivität«). *Vernachlässigung* von Kindern bedeutet, daß auf die lebenswichtigen, körperlichen wie emotionalen, Bedürfnisse der Kinder nicht eingegangen wird, daß sich nicht in ausreichendem Maß um sie gekümmert wird, daß keine verläßliche Bezugsperson für das Kind zur Verfügung steht.

Unter *körperlicher Mißhandlung* versteht man das gewaltsame, willkürliche Zufügen von Schmerzen, z. B. durch Schlagen, Schütteln, Verbrennen, Verätzen, Vergiftungen.

Emotionale Mißhandlung ist gekennzeichnet durch Gleichgültigkeit im Umgang mit dem Kind, seelische Grausamkeit und Lieblosigkeit, das willkürliche Verletzen der kindlichen Gefühle, z. B. durch ständiges Abwerten, durch uneinsehbare Bestrafungsmaßnahmen oder eine grundsätzlich ablehnende Haltung. Diese Art der Mißhandlung ist in der Konsequenz nicht weniger schlimm als körperliche Mißhandlung.

Vernachlässigung und Mißhandlung sind häufig miteinander verknüpft.

In beiden Fällen können sich Kinder nicht geborgen fühlen und werden in ihrer Entwicklung beschränkt und geschädigt.

Auf die besondere Problematik des *sexuellen Mißbrauchs*, der in diesem Zusammenhang nicht selten auftritt, gehen wir an anderer Stelle ausführlicher ein (vgl. hierzu den entsprechenden Abschnitt in Kapitel 4). Allgemein möchten wir hier aber festhalten, daß mißhandelte und vernachlässigte Kinder ein erhöhtes Risiko haben, zusätzlich sexuellem Mißbrauch ausgesetzt zu sein.

Leider haben die Schilderungen mancher Jugendlicher, wenn sie über Mißhandlungen und Mißbrauch berichtet haben, unser Vorstellungsvermögen weit übertroffen. Einem Kind hier die optimale Unterstützung zu geben ist oft nicht möglich, weil die Rahmenbedingungen nicht so gut sind: Die Eltern selbst sind mit Problemen belastet, sind häufig frustriert und aggressiv, so daß manchmal auch »die Hand ausrutscht«. Das Kind mag, je nach individueller Empfindlichkeit, dadurch verunsichert sein, Probleme als nicht oder nur schwer lösbar empfinden, weil es sich nicht so akzeptiert, sicher und unterstützt fühlen kann.

Der Übergang von den weniger guten »normalen« Bedingungen hin zur Mißhandlung oder Vernachlässigung ist fließend und nicht scharf abzugrenzen. Entscheidend ist, wie gut Eltern oder Betreuungsperson die Bedürfnisse der Kinder – neben vorhandenen eigenen Problemen – wahrnehmen und entsprechend darauf eingehen bzw. auf Symptome und Schwierigkeiten reagieren.

Mißhandlung und Vernachlässigung eines Kindes deuten in erster Linie auf Hilflosigkeit und Überforderung oder auch psychische Störungen bei den Eltern hin. Von einer solchen Störung, z. B. einer Persönlichkeitsstörung, bei den Eltern kann man dann ausgehen, wenn diese in ausgeprägt hohem Maße gefühllos mit ihren Kindern umgehen, sie z. B. systematisch quälen.

Verantwortungsbewußte Eltern reflektieren ihr Verhalten und sehen die eigenen Erziehungsmaßnahmen auch einmal kritisch. Sie holen sich Hilfe, wenn sie das Gefühl haben, allein mit ihren Kindern nicht gut zurechtzukommen. Mißhandelnde und vernachlässigende Eltern sind nicht in der Lage, die eigenen Schwierigkeiten in den Griff zu bekommen oder sich in verantwortlicher Weise um Hilfe von außen zu bemühen. Entsprechend oft besteht Alkohol- und Suchtmittelmißbrauch, was die Neigung begünstigt, impulsiv und handgreiflich zu reagieren.

Oftmals ist es diesen Eltern als Kind nicht besser ergangen als nun den eigenen Kindern, so daß sie hochproblematische Lebensumstände als gegeben hinnehmen und sich der Schäden, die das Kind in der Konsequenz erleidet, nicht bewußt sind.

Das Erleben von mißhandelten und vernachlässigten Kindern

Für die Schwierigkeiten von mißhandelten und vernachlässigten Mädchen und Jungen ist kennzeichnend, daß sie mit schlimmen Erfahrungen fertig werden müssen, die sich wiederholen und in ihrem Ausmaß und ihrer Dauer das Erträgliche überschreiten. Dies führt – neben körperlichen – zu seelischen Verletzungen, die häufig kaum ausheilen können.

Traumatisierende Erfahrungen, die im Kindesalter über längere Zeiträume wiederholt gemacht werden, prägen das Weltbild der Kinder nachhaltig bis ins Erwachsenenalter hinein. Es ist nicht leicht, solche Erfahrungen durch neue, positive Erlebnisse beim später Erwachsenen zu relativieren, wenn das Kind den Glauben daran verloren hat, daß mit ihm gut umgegangen werden könnte. Vielmehr tendiert es dazu, die Mißhandlung eigenen obskuren Fehlern zuzuschreiben und sich deshalb zusätzlich selbst abzuwerten.

Kinder lernen soziale Regeln, gegenseitige Achtung und Rücksichtnahme in erster Linie aus der Erfahrung, wie mit ihnen selbst umgegangen wird. Sie übernehmen in ihr Selbstbild das, was ihnen in Worten oder im Verhalten der Eltern darüber mitgeteilt wird, wer oder wie sie sind.

Vernachlässigende Eltern teilen durch ihr Verhalten ihren Kindern mit, daß diese nicht wichtig, nicht achtenswert sind, daß sie vor allem stören, daß beliebig mit ihnen verfahren werden kann, daß sie wehrlos und unfähig sind. Entsprechende Selbstbeschreibungen der Kinder hören wir nicht selten.

Die Kinder lernen, daß es niemanden gibt, der sie wirklich zuverlässig unterstützt, niemanden, dem sie vertrauen können.

Um im Leben überhaupt zurechtzukommen, passen sie sich an diese Situation an, indem sie sich innerlich verschließen und so gut es geht für ihr Überleben selbst sorgen.

Bezüglich anderer Menschen vermuten mißhandelte Kinder durch das Beispiel ihrer Eltern, daß von ihnen wenig Positives zu erwarten ist. Entsprechend entwickelt sich ein starkes Mißtrauen anderen gegenüber, so daß diese Kinder auch nur schwer Hilfe annehmen können.

Physische und psychische Schmerzen lernen die Kinder ab einem gewissen Grad der Unerträglichkeit dadurch auszuhalten, daß sie sie zu verdrängen versuchen, sich also stumpf und unempfindlich machen, die Schmerzen weniger wahrnehmen, aus dem Bewußtsein ausblenden. Dies betrifft die eigenen Schmerzen, damit gleichzeitig aber auch die Wahrnehmungsfähigkeit für das Leid anderer. Aus dieser Dynamik läßt sich zum Teil erklären, warum Menschen, denen in ihrer Kindheit über lange Zeit selbst Leid angetan wurde, häufig scheinbar gefühllos anderen das gleiche zufügen. Diese Gefahr besteht vor allem dann, wenn selbst betroffene Menschen eine Auseinandersetzung mit ihrer Vergangenheit und allen den schwierigen Gefühlen dazu vermeiden und diese daher nicht bewußt verarbeiten können.

Je früher und anhaltender Kinder Vernachlässigung und Mißhandlungen erfahren, desto schwerwiegender sind die Probleme, die in der Folge auftreten. Die individuelle Verarbeitung ist bei den Kindern jedoch unterschiedlich; auch unter ähnlichen Bedingungen entstehen bei den Kindern nicht unbedingt gleiche oder gleich schwere Symptome.

Mit besonders schweren Störungen ist allerdings bei Kindern zu rechnen, die konstitutionelle, z.B. hirnorganisch bedingte, Entwicklungsbeeinträchtigungen aufweisen und zusätzlich einer traumatisierenden Umgebung ausgesetzt sind.

Allen schwerwiegenderen Arten von Vernachlässigung und Mißhandlung ist gemeinsam, daß den Kindern – je nach Schwere und Dauer – häufig die Fähigkeit genommen wird, anderen Menschen zu vertrauen.

Wenn die schlimmen Erfahrungen nicht verarbeitet und mit Hilfe verständnisvoller anderer Menschen relativiert werden können, fehlt den von schwerer Mißhandlung Betroffenen eine der wichtigsten Voraussetzungen zu einem befriedigenden Leben, nämlich die Fähigkeit, in Beziehungen mit anderen Menschen zu leben, die von gegenseitigem Vertrauen geprägt sind.

Die Bereitschaft zur Übernahme von Verantwortung und zur Rücksichtnahme auf andere, auch auf die eigenen Kinder, verringert sich entsprechend.

Fallbeispiel:

Marlene, 15 Jahre, wird nach zwei Suizidversuchen durch Glasscherben- und Rasierklingen-Verschlucken auf unsere geschlossene Station aufgenommen. Sie lebt in einem Heim, von wo sie häufig abgängig ist, d. h. sie läuft davon. M.s Stimmungen sind sehr wechselhaft, sie gerät oft in Erregungszustände und hat Mühe, ihre Impulse zu kontrollieren. Auch auf Station fällt sie durch Provokationen auf. Sie selbst erklärt, daß sie niemandem vertraue, und ist in Einzelgesprächen sehr wortkarg.

Ihre Mutter, eine Prostituierte, habe M. als Säugling mit zur Arbeit genommen, bis sie mit sieben Monaten in eine Pflegefamilie gekommen sei. Von dort wurde sie im Alter von 6 Jahren in ein Kinderheim gegeben, nach »Differenzen« mit den Pflegeeltern. Die Äußerungen von M. begründen einen ernsten Verdacht auf sexuellen Mißbrauch durch den Pflegevater. Im übrigen ist über die Zeit, die M. in der Pflegefamilie verbrachte, wenig bekannt.

Anschließend erlebte M. verschiedene Heimaufenthalte und eine stationäre kinderpsychiatrische Behandlung wegen Suizidversuchs mit 13 Jahren. Die Wechsel der Heimplätze erfolgten, weil M. notorisch davonlief. M. konsumierte unregelmäßig Haschisch und Alkohol.

Sie äußerte, daß sie wünschte, ihr Pflegevater würde »verrecken«, und wenn dies nun schon nicht möglich sei, dann sei es in Ordnung, daß sie selbst »verrecke«.

Aufgrund des mehrfachen Abgängigseins lebt M. in einer »geschlossenen« Heimeinrichtung, wo sie das Heimgelände also nicht ohne Erlaubnis und unkontrolliert verlassen kann.

Deutlich sichtbar zeichnet sich die Gefahr einer dissozialen Entwicklung ab.

Fallbeispiel:

Sigi, 16 Jahre alt, wird zur Aufnahme auf die geschlossene Station gebracht. Er hatte gerade noch von der Polizei davon abgehalten werden können, sein Zimmer mit Benzin in Brand zu setzen und dabei vielleicht das ganze Haus in die Luft zu sprengen.

S. wirkt sympathisch und liebenswürdig, neigt jedoch zu impulsiven Durchbrüchen und ist an seinem Heimatort als Schläger bekannt. Mehrfache delinquente Handlungen wie Diebstähle, Sachbeschädigungen und Einbrüche werden aus der Vorgeschichte berichtet.

Die emotionale Beziehung zur Mutter ist eng, aber von Ambivalenz und Abwertungen seitens der Mutter geprägt, die ihn häufig mit seinem »asozialen« Vater vergleicht. Erregungszustände von S. sind nicht selten die Folge. Vom Vater sei S. schon früh geschlagen worden. Er habe ihm u.a. das Essen vorenthalten, ihm und seiner Mutter gedroht, sie umzubringen, und Selbstverletzungen vor S. betrieben.

Die Eltern trennten sich, als S. 6 Jahre alt war. Die berufstätige Mutter hat S. schon früh verschiedenen Bekannten zur Betreuung überlassen. Aufgrund zunehmender Verhaltensauffälligkeiten und Provokationen der Mutter ist S. mit 13 Jahren in ein Heim gegeben worden. Während eines Abgängigseins von dort hat S. sexuelle Übergriffe erlebt. Da S. im Heim wegen seiner Verhaltensstörungen nicht mehr tragbar war, kam er mit 14 Jahren wieder zurück zur Mutter. Wegen einer zunehmenden dissozialen Entwicklung muß für S. eine spezielle Einrichtung gesucht werden, deren Rahmenbedingungen S. besonderen Halt geben.

Fallbeispiel:

Ramona, 16 Jahre, kommt für drei Tage zur Krisenintervention auf unsere geschlossene Station. Sie war vor der Aufnahme zwei Wochen lang aus ihrer Heimeinrichtung abgängig und wiederholt davongelaufen. An Absprachen konnte sie sich nach ihrer Rückkehr nicht halten. Sie war extrem zornig und drohte, sich die Pulsadern aufzuschneiden.

Beide Eltern waren Alkoholiker. R. hat mehrere Halbgeschwister. Den Berichten nach war R. in der frühen Kindheit in massiver Weise körperlicher Mißhandlung ausgesetzt; als Folge hat R. die Sehfähigkeit auf einem Auge verloren. Mit einem Jahr kam sie zum ersten Mal in ein Heim, ein Jahr später wieder zu den Eltern. Als R. 4 Jahre alt war, wurde den Eltern das Sorgerecht endgültig entzogen und R. wieder in ein Heim gegeben.

Bei R. besteht eine intellektuelle Minderbegabung. Sie ist im Kontakt distanzlos und wechselhaft in ihrer Stimmung. Wegen ihrer unkontrollierten Wutausbrüche war sie im Heim nur schwer führbar und wurde deshalb mit 13 Jahren in eine Einrichtung mit besonders intensiver pädagogischer Betreuung überwiesen.

Von den anderen Jugendlichen wird R. eher abgelehnt. Im Gespräch wirkt sie trotzig und unwirsch-fordernd.

Auf der Station hilft unter anderem auch die veränderte Umgebung, eine bessere, konzentrierte Gesprächssituation zwischen ihr und den Heimerziehern zu schaffen. Nach Abklingen der Selbstmordgefahr wird R. wieder entlassen.

Anzeichen für Mißhandlung oder Vernachlässigung

Gerade bei kleineren Kindern sind Hinweise auf Mißhandlungen nicht leicht zu erkennen.

Nur manchmal ist der *Ernährungs- und Pflegezustand* eines Kindes unzureichend und von daher eine fehlende Fürsorge deutlicher sichtbar.

In Krankenhausambulanzen werden manchmal Kinder behandelt, bei denen der Verdacht auf Mißhandlung entsteht, weil sie *Verletzungen* aufweisen, die unter normalen Bedingungen wenig wahrscheinlich sind. Es können dies Verletzungen an ungewöhnlichen Stellen sein: Gesäß, Rücken, Genitalien, oder auffällige Verletzungsmuster: Brandnarben von Zigaretten, Spuren der Herdplatte, Abdrücke von Gegenständen. Bei Kleinkindern finden sich Schütteltraumen und manchmal mehrfache Knochenbrüche unklarer Ursache.

Im *Verhalten* fallen ein starker Mangel an Selbstvertrauen, altersinadäquate Ängstlichkeit oder erhöhte Aggressivität auf. Das heißt, Schwierigkeiten werden vor allem in den Sozialkontakten sichtbar, sind aber deshalb noch nicht eindeutig auf Mißhandlung zurückzuführen. Die genannten Symptome deuten allgemein darauf hin, daß ein Kind Probleme hat.

Manchmal sind die Kinder auffällig distanzlos, können aber auch als extrem kontaktscheu imponieren. Gelegentlich wirkt die Mimik starr.

Bei älteren Kindern werden die *Auffälligkeiten im Sozialverhalten* deutlicher und ausgeprägter. Ihr Verhalten spiegelt oft das, was sie selbst erlebt haben.

Im übrigen kann sozusagen jedes in der Kinder- und Jugendpsychiatrie bekannte Störungsbild im Zusammenhang mit Kindesmißhandlung und Vernachlässigung auftreten.

Die Loyalität den Eltern gegenüber ist groß, da besonders kleinere Kinder völlig auf diese angewiesen sind und das auch so empfinden. Kinder berichten kaum von sich aus über Mißhandlungen durch ihre Eltern. Dies tun eher Jugendliche in einem Rahmen, in dem sie sich sicher fühlen.

Alle Kinder haben eine starke emotionale Bindung an ihre Eltern, auch dann, wenn sie nicht mehr bei ihnen leben.

Wie kommt es zu Mißhandlung und Vernachlässigung?

Eltern müssen in ihre Kinder investieren: Kinder erfordern die Investition von Zeit, von Nerven und auch von Geld. Dafür können sie ihrerseits ihren Eltern – sofern diese nicht aufgrund ihrer Lebensumstände überfordert sind – tiefe Befriedigung und auch ein Glücksgefühl vermitteln, denn es macht neben der Anstrengung einfach auch viel Freude, Kinder sich entfalten und entwickeln zu sehen, ihr Wohlbefinden und ihr Vertrauen zu erleben.

Glücksgefühle im Zusammenhang mit ihren Kindern können die Eltern allerdings nur empfinden, wenn es ihnen selbst grundsätzlich gut geht und sie nicht extrem belastet und überfordert sind.

Das Schöne am Zusammenleben mit Kindern erleben Eltern vor allem dann, wenn sie Verantwortung für sich selbst und ihre Kinder übernehmen. *Verantwortung übernehmen* heißt, Schwierigkeiten und Hindernisse nicht zu ignorieren, sondern sich damit aktiv auseinanderzusetzen und nach konstruktiven Lösungen zu suchen. Dabei ist es wichtig, das Wohl der anderen, vor allem der Kinder, so wie das eigene im Blickfeld zu behalten und in diesem Sinne das eigene Handeln zu reflektieren.

Wie bereits erwähnt, kommen Eltern, deren Kinder mißhandelt oder vernachlässigt sind, nicht selten selbst aus Familien, in denen ihnen ähnliches widerfahren ist. Bei vielen mißhandelnden Eltern liegen greifbare psychische Störungen vor. Die Wahrnehmungsfähigkeit für das Leid von anderen kann sehr beeinträchtigt sein, so daß manche Erwachsene ihren Aggressionen nahezu ungehemmt Ausdruck geben und die Folgen für die Kinder offenbar kaum erkennen.

Zusätzlich können extreme familiäre Belastungen, die die Eltern überfordern, es ihnen schwermachen, sich in jeder Situation verantwortlich zu verhalten und ihre Kinder körperlich und psychisch ausreichend zu versorgen. Solche extrem belastenden Faktoren können z. B. sein (auch in Kombination):

- Arbeitslosigkeit verbunden mit finanziellen Schwierigkeiten, die sich ungünstig auf die Selbstachtung auswirken;
- Suchterkrankung eines oder beider Elternteile, nicht selten auch in Verbindung mit innerfamiliärer Gewalt;
- extreme Partnerkonflikte, die nicht bewältigt werden können;
- Trennungssituationen;
- Überforderungssituation bei Alleinerziehenden, z. B. durch anhaltende Konflikte mit dem früheren Partner, finanzielle Unsicherheit, Doppelbelastung durch Berufstätigkeit und Kindererziehung;
- psychische Erkrankung eines oder beider Elternteile;
- Tod der Eltern oder eines Elternteils;
- Armut.

Besonders gefährdet hinsichtlich Verwahrlosung und Mißhandlung sind ungewollte und unerwünschte Kinder.

In jedem Fall sind die für die betroffenen Kinder auch im Erwachsenenleben vorhandenen Schwierigkeiten um so größer, je früher und anhaltender in ihrem Leben sie vernachlässigt oder mißhandelt werden.

Bei Kindern, die in ihren ersten Lebensjahren auf positive Erfahrungen zurückgreifen können, sind Schäden aus Vernachlässigung und Mißhandlungen später unter günstigen Bedingungen eher reversibel.

Voraussetzung dafür, einem mißhandelten Kind helfen zu können, ist, daß jemand seine Schwierigkeiten wahrnimmt und entsprechend verantwortlich handelt. Meistens fallen die besonderen Probleme mißhandelter oder vernachlässigter Kinder in Einrichtungen wie Kindergärten oder Schulen auf.

Es ist wünschenswert, aber oft schwer, als Hilfsperson einen vertrauensvollen Kontakt mit Eltern herzustellen, deren Kinder mißhandelt oder vernachlässigt werden. Solche Familien tendieren dazu, sich abzukapseln. Wenn ein positiver Kontaktaufbau jedoch möglich ist und der Familie Unterstützung angeboten und vermittelt werden kann, dann verbessert dies die Prognose für die betreffenden Kinder erheblich.

Für die Kinder am günstigsten ist es, wenn sich mit Hilfe von außen die familiären Bedingungen so weit verbessern lassen, daß die Kinder nicht weiter gefährdet sind (die Jugendämter bieten hierzu verschiedene Hilfestellungen an). Ein einfühlsames Vorgehen ist in jedem Fall angeraten, um nicht Chancen für eine Zusammenarbeit mit der Familie zu verbauen.

Wenn sich eine Verbesserung wegen mangelnder Kooperation der Familie allerdings nicht erreichen läßt, ist es zum Schutz der Kinder angezeigt, diese aus der Familie herauszunehmen und in Heimeinrichtungen oder Pflegefamilien unterzubringen, am besten mit dem Einverständnis der Eltern. Wenn es nicht möglich ist, das Einverständnis der Eltern zu erlangen, müssen die Kinder zu ihrem Schutz auch gegen den Willen der Eltern fremduntergebracht werden. Hierzu muß ein Verdacht auf Mißhandlung oder Vernachlässigung allerdings gut begründet sein.

Eine *Fremdunterbringung* wird gelegentlich von seiten der kinder- und jugendpsychiatrischen Klinik in Zusammenarbeit mit dem Jugendamt eingeleitet, wenn sich während des stationären Aufenthaltes des Kindes herausstellt, daß der weitere Verbleib in der Familie aus Sicherheitsgründen für das Kind nicht vertretbar ist. In jedem Fall wird aber die Zusammenarbeit mit den Eltern und mit dem Kind gesucht, da ein möglichst wenig zusätzlich belasteter Kontakt mit den Eltern für die weitere Entwicklung des Kindes erfahrungsgemäß günstiger ist als ein Bruch mit den Eltern, die trotz allem für die Kinder sehr wichtig bleiben.

Personen, die mit mißhandelten, vernachlässigten und auch sexuell mißbrauchten Kindern zu tun haben, können wir nur dringlich raten, sich fachliche Unterstützung zu holen (z. B. beim Jugendamt, bei Kinderschutzzentren oder anderen Beratungsstellen, die hierzu Hilfe anbieten). Sich allein mit einem entsprechenden Verdacht konfrontiert zu sehen, kann sehr belastend sein. Es entsteht ein starker Druck zu handeln, und voreiliges Handeln kann die Situation des Kindes manchmal ungewollt verschlimmern. Dies kann z. B. geschehen, wenn die Eltern zu schnell davon erfahren, daß ein entsprechender Verdacht vorliegt, oder daß sich gar die Kinder jemandem anvertraut haben. Die Konsequenz ist dann, daß der Kontakt abgebrochen und das Kind zusätzlich bestraft wird. Besser ist es, gemeinsam mit jemandem, der oder die mit der Problematik vertraut ist, das Vorgehen zu planen.

3. Schwierigkeiten im Grundschulalter

Die normale Entwicklung im Überblick

Mit sechs oder manchmal sieben Jahren sind die Kinder schulreif, das heißt, sie sind von der Sprachentwicklung, von der Feinmotorik, der Konzentrationsfähigkeit, ihrer Selbständigkeit und ihrem Sozialverhalten her in der Lage, an einem altersentsprechenden Unterricht in einem Klassenverband teilzunehmen. Sie können Regeln einhalten und eine Zeitlang stillsitzen.

Soziale Entwicklung

Das soziale Umfeld erweitert sich stark mit der Einschulung. Einflüsse von außen, wie andere Kinder, die verschiedenen Medien, gewinnen an Bedeutung. Der Lehrer oder die Lehrerin wird zu einer wichtigen neuen Bezugsperson.

Erfahrungen im Umgang mit Gleichaltrigen spielen eine zentrale Rolle im Leben des älteren Kindes. Es vergleicht sich ständig mit den anderen und sucht neben dem Rückhalt bei den Eltern auch die *Anerkennung der Gleichaltrigen.*

Hobbys werden entdeckt und dienen als Gemeinsamkeit für Treffen mit anderen Kindern.

Die sozialen Fähigkeiten werden trainiert, das Kind erfährt seine Position in der Gruppe, was seine Selbstwahrnehmung deutlich beeinflußt.

Langsam bildet sich *geschlechtsspezifisches Verhalten* weiter heraus, die Kinder orientieren sich mehr und mehr an den gleichgeschlechtlichen Gleichaltrigen. Sie spielen Spiele und entwickeln Interessen entsprechend den allgemeinen sozialen Erwartungen an ihr Geschlecht. Entsprechend wächst auch das Interesse am Geschlechtsunterschied und an Fragen zum Thema Sexualität und Sexualmoral weiter.

Während der Kleinkindzeit hat das Kind bereits sehr viel an *Wertvorstellungen,* vor allem durch das Vorleben der Eltern, in sich aufgenommen. In der Zeit der mittleren Kindheit nun beginnen Kinder, ihr Verhalten zu steuern nach den Regeln, die sie über die Identifikation mit den Eltern und über unmittelbare erzieherische Konsequenzen erlernt und verinnerlicht haben. Somit verfügen sie über ein je nach individueller Erfahrung und Qualität der Beziehung zu den Eltern unterschiedliches *Gewissen.* Ihr Verhalten wird bestimmt von den eigenen Wünschen, den situativen Bedingungen und zunehmend von diesen inneren Regeln.

Kognitive Entwicklung

Kinder können ab dem Schulalter zunehmend *Regeln und Gesetzmäßigkeiten* begreifen und ihre Vorstellung von der Realität danach ausrichten. Sie erkennen Rangfolgen, können also Gegenstände nach ihrer Größe ordnen. Langsam entwickelt sich ein Gefühl für die Anzahl von Dingen und für Zahlen. Sie verstehen Begriffe, die das Verhältnis von Dingen zueinander beschreiben, wie »kleiner« und »größer«, »länger« und »kürzer«, »lauter« und »leiser«. Sie lernen, Oberbegriffe zu bilden wie »Möbel«, »Pflanzen«, »Werkzeug«. Sie können gedanklich ein Ganzes und seine Teile erfassen.

Das *gedankliche Vorstellungsvermögen* und die Fähigkeit, Dinge vorauszuplanen, werden differenzierter, und das Gefühl für Zeiträume wird besser. Das Schulkind hat nun auch eine *realistischere Vorstellungswelt,* die weniger von märchenhaft magischem Geschehen geprägt ist. Entsprechend ist es oft weniger ängstlich als das Kleinkind. Es ist jetzt auch in der Lage, besser zu erfassen, was Tod und Sterben bedeuten.

Leistungsprobleme in der Schule; Teilleistungsstörungen

Mit Schulleistungsproblemen haben wir bei sehr vielen jungen Patienten zu tun, denn Schule spielt nun einmal eine zentrale Rolle in diesem Alter. Schulische Schwierigkeiten beeinflussen die Gesamtentwicklung nicht unerheblich, und viele Konflikte können sich daran entzünden oder verschärfen.

Zunächst einmal sind ausgeprägtere Schulprobleme, die sich trotz gemeinsamer Bemühung von Eltern, Kind und Lehrern nicht lösen lassen, ein Hinweis, daß es nötig ist, neben der Situation in der Schule die Lebenssituation eines Kindes insgesamt genauer zu beachten.

Schulschwierigkeiten können durch eine vorübergehende Motivationskrise beim Lernen bedingt sein, sie können Begleiterscheinung von anderen Problemen sein, die das Kind hat, oder auch auf eine Überforderung aufgrund der Begabungssituation hinweisen. In jedem Fall lassen Leistungsprobleme darauf schließen, daß es dem Kind nicht gut geht, denn jedes Kind leidet darunter, wenn es in der Schule »schlecht« ist – ob es dies zugibt oder nicht. Mögliche Ursachen führen wir im folgenden auf:

Seelische Belastungen

Wenn innere Spannungen bei einem Kind bestehen, etwa weil die familiäre Atmosphäre belastet ist, ist seine schulische Leistungsfähigkeit eingeschränkt. Das Kind kann sich schlecht konzentrieren und ist mehr mit seiner inneren Anspannung beschäftigt als mit dem Lernstoff. Die schulischen Leistungen bessern sich in dem Moment, wo es gelingt, häusliche Probleme – die in diesem Zusammenhang am meisten Gewicht haben – zu lösen oder zu verringern. Wenn Lernschwierigkeiten allerdings schon bei der Einschulung auftreten, sind sie schwer von einer eventuellen unterdurchschnittlichen Intelligenz zu unterscheiden, und in diesen Fällen empfiehlt sich zunächst die Klärung der Begabungssituation.

Wenn die Probleme in der Familie so groß sind, daß die Leistungsfähigkeit des Kindes davon beeinträchtigt wird, benötigt die Familie meistens fachliche Unterstützung, die sie über Jugendämter, Erziehungsberatung u.ä. erhält.

Ein *plötzlicher Leistungsabfall* ist häufig ein Hinweis darauf, daß stark belastende psychische Probleme aufgetreten sind, die nicht unbedingt im Zusammenhang mit der Schule stehen, sondern in der Beziehung zu den Eltern oder anderen nahestehenden Personen liegen können.

Fallbeispiel:

Die 9jährige Simone fiel in der Schule durch vermehrtes »Träumen« auf, war unkonzentriert, und die Leistungen verschlechterten sich in mehreren Fächern um ein bis zwei Noten. Die Eltern von Simone hatten sich schon vor vier Jahren getrennt; nun hatte die Mutter einen neuen Partner. Dieser zog bei Simone und ihrer Mutter ein und bemühte sich, als Ersatzvater von Simone anerkannt zu werden. Simone hing sehr an ihrem leiblichen Vater und boykottierte die Erziehungsversuche des neuen Partners der Mutter. Die Mutter war sich unsicher, welche Position sie in dem Konflikt einnehmen sollte.

Eine Reihe von Familienkonfliktgesprächen mit einer Psychologin half, die Reaktionen von Simone zu deuten und zu verstehen; auch die Mutter und ihr neuer Partner konnten sich wertvolle Anregungen holen, wie Simone für die neue Familienkonstellation zu gewinnen ist.

Auch Probleme mit Gleichaltrigen können Kindern und Jugendlichen sehr zusetzen, beispielsweise wenn sie von jemandem extrem unter Druck gesetzt werden und sich nicht trauen, sich den Eltern mitzuteilen. Besonders bei Jugendlichen können Schulprobleme mit dem Einfluß durch Freunde zusammenhängen. Manchmal ist der Grund für einen plötzlichen Leistungsabfall ein neu begonnener sexueller Mißbrauch.

In seltenen Fällen steht ein Leistungsabfall in der Schule auch im Zusammenhang mit dem Beginn eine psychotischen Erkrankung.

Wenn der Grund für einen plötzlichen Leistungsabfall unklar ist, empfiehlt es sich, bei Fachleuten Rat zu suchen. Häufig spielen mehrere belastende Faktoren gleichzeitig eine Rolle – wie meistens bei den Kindern und Jugendlichen, die wir in der Psychiatrie sehen.

Motivation

Eine wichtige Voraussetzung für schulischen Erfolg ist die Motivation zu lernen. Diese kann auf verschiedene Art gestört werden und gute Schulleistungen schwer bis unmöglich machen.

Wenn es Leistungsprobleme schon in der ersten Klasse gibt, kann eine *zu frühe Einschulung* bereits der erste Grund dafür sein, daß ein Kind am Lernen wenig Freude entwickelt, einfach deshalb, weil es entwicklungsbedingt noch zu viel Spiel- und Bewegungsdrang hat und aus diesem Grunde mit dem Unterricht nicht zurechtkommt. Entsprechend leistet es dann weniger und wird durch eine schlechtere Beurteilung frustriert. So kann das Kind frühzeitig den Eindruck gewinnen, daß die Schule und das Lernen allgemein keinen Spaß machen. Spaß am Lernen hat ein Kind dann, wenn es von der Entwicklung (und seiner Begabung) her in die entsprechende Klasse paßt und dort Erfolgserlebnisse hat, erkennbar an guten Noten. Dann gewinnt es die Erfahrung, daß sein Arbeitseinsatz sich lohnt und daß gute Noten erreichbar sind.

Manchmal kommt es zu Schulleistungsproblemen durch eine *Verkettung von ungünstigen Bedingungen:* Vielleicht gab es zu Hause eine Überreaktion auf eine schlechte Note, und plötzlich ist die Schule Stoff für Konflikte zwischen Eltern und Kind, oder bereits bestehende Konflikte verschärfen sich weiter, und eine

Eskalation droht. Auf einmal entsteht großer Druck zu lernen, die Freizeitaktivitäten werden eingeschränkt. Die Spannung in der Familie wächst.

Fallbeispiel:

Der 13jährige Sebastian war bisher in der Schule gut bis durchschnittlich und hat seine Hausaufgaben meistens ohne besondere Aufforderung erledigt. Ein halbes Jahr nach einem Schulwechsel aufgrund des Umzugs der Familie gibt es Schwierigkeiten. Sebastian hat sich neuen Freunden angeschlossen, die viel Zeit mit Inline-Skating verbringen und von Schule und der Meinung der Erwachsenen nicht viel halten. Vom neuen Klassenlehrer fühlt Sebastian sich nicht gemocht. In Deutsch und Mathematik sind seine Leistungen ein ganzes Stück abgerutscht, die Versetzung erscheint gefährdet. Sebastian hat »keinen Bock« auf Schule.

Da Sebastian sich weigert, im Haushalt auch nur geringe Pflichten zu übernehmen, sind beide Eltern nicht sehr gut auf ihn zu sprechen. Sie versuchen ihn davon zu überzeugen, daß Arbeiten für die Schule angesagt ist, wenn er die Klasse nicht wiederholen möchte. Da Sebastian nicht entsprechend reagiert, darf er nachmittags nicht aus dem Haus, bis die Schulaufgaben und ein zusätzliches Übungsprogramm erledigt sind. Der Vater findet sogar die Zeit, Mathematik mit ihm zu üben. Allerdings fällt ihm das nicht leicht, denn Sebastian ist ausgesprochen gelangweilt und stellt sich nach Sicht des Vaters absichtlich besonders begriffsstutzig an. Beide sind aufeinander wütend, Sebastian weigert sich, weiter zu üben, er beginnt, trotz Ausgangsverbot von zu Hause wegzugehen.

Motivation ist in diesem Fall kaum vorhanden und wird nicht so einfach entstehen.

Dagegen spricht bereits, daß sich der Ärger aus anderen Konfliktbereichen auf das Thema Schule übertragen hat. Die Umstellung auf eine neue Schule und auch neue Freunde machen es Sebastian nicht eben leichter.

Die Hauptgefahr besteht unseres Erachtens darin, daß der »Draht« zwischen Sebastian und seinen Eltern verlorengeht, was weitere, auch ernste, Schwierigkeiten nach sich ziehen kann. Aus der Situation, in der Sebastian sich momentan befindet, könnte sich eine *Sozialverhaltensstörung* entwickeln, die seine Chancen, einen positiven und erfolgreichen Lebensweg zu gehen, verschlechtert.

Hilfestellungen

Die folgenden Hilfestellungen würden wir bei Schulschwierigkeiten, die ähnlich gelagert sind wie im Fall von Sebastian, anraten:

Nach Möglichkeit sollte man zunächst versuchen, im Gespräch zu klären, was dem Kind zur Zeit wichtig ist, was ihm Sorgen macht, was es selbst meint, womit die Schulprobleme zusammenhängen, und welche Probleme es außerdem noch sieht. Hilfreich ist, wenn das Kind oder der Jugendliche ein echtes Interesse des Gegenübers an seinen Ansichten spürt. Dies könnte ein Anlaß sein, über Sorgen und Probleme zu sprechen, von denen die Eltern bislang noch nichts wissen.

Unserer Erfahrung nach kommen auch durchaus verwertbare Antworten auf die (nicht ironisch klingende) Frage an das Kind, in welcher Weise es sich Unterstützung wegen der Schule von den Eltern wünscht und wofür es sich selbst verantwortlich fühlen möchte.

Der Einsatz von Nachhilfelehrern von außerhalb der Familie ist in Fällen wie Sebastians zu empfehlen, denn der bereits angestaute Ärger macht auch neue Bemühungen schwierig, und neutrale Personen können oft besser erklären und motivieren. Wenn Eltern gemeinsam mit dem Kind lernen, ist es nicht ganz einfach zu unterscheiden, an welchem Punkt das Kind etwas wirklich nicht kann oder ob es nur momentan keine Lust mehr hat weiterzuarbeiten.

Entscheidend ist es, neue Motivation entstehen zu lassen, und die gründet sich vor allem auf neue Erfolge. Nebenbei bleibt als wichtiges Ziel das Wiederherstellen eines positiven, vertrauensvollen Kontaktes zwischen dem Kind und seinen Eltern.

Schulische Überforderung

Wenn auch bei verbessertem Einvernehmen zwischen Eltern und Kind die Bemühungen nicht zu einer Leistungsverbesserung führen, muß an eine intellektuelle Überforderung gedacht werden.

Besondere Vorsicht ist geboten, wenn ein Kind sich offensichtlich bemüht hat und trotzdem der schulische Erfolg ausbleibt; wenn es also besonders lang an den Hausaufgaben sitzt, den schulischen Stoff wiederholt erklärt bekommen muß und der Einsatz trotzdem nicht zu guten Leistungen führt. In solchen Fällen kann es sein, daß das Kind durch die Schule einfach kognitiv überfordert ist. Manchmal tut sich ein Kind in einem bestimmten Fach auch schwerer als in anderen Fächern.

Hier empfiehlt sich die Durchführung einer *psychologischen Testung*, um eventuelle Teilleistungsstörungen oder auch eine Lernbehinderung festzustellen oder auszuschließen (s. u.). Solche Tests und auch eine eventuell nötige Behandlung können Schulpsychologen, Psychologen in der Kinder- und Jugendpsychiatrischen Klinik und an Erziehungsberatungsstellen, aber auch Kinderpsychiatrische Praxen durchführen.

Mit einem Test sollte bei einem Verdacht auf Überforderung nicht zu lange gewartet werden, denn wenn intensive Bemühungen nicht von schulischem Erfolg belohnt werden, dann wird das Kind davon ausgehen, daß es eben sein Schicksal ist, »schlecht« in der Schule zu sein, und daß es sich nicht lohnt, sich anzustrengen. Hinzu kommt noch die Enttäuschung der Eltern, die sich oft intensiv bemüht haben, ihrem Kind zu helfen, und deren Frustration das Kind natürlich auch spürt.

Teilleistungsstörungen

Unter Teilleistungsstörungen versteht man besondere Schwierigkeiten, die typischerweise bei normaler oder sogar guter Allgemeinbegabung in folgenden Bereichen auftreten:

- *Lese-Rechtschreib-Schwäche* und *Lese-Rechtschreib-Störung,* auch Legasthenie oder LRS-Störung genannt, und
- *isolierte Rechenschwäche.*

Diese Störungen können mit speziellen Tests und nur in Verbindung mit einem Intelligenztest richtig diagnostiziert werden.

Leider werden die Störungen häufig nicht als solche erkannt. Dies bedeutet für fast alle betroffenen Kinder, daß sie wegen der Überforderung ängstlich und depressiv werden, allgemeine Lern- und Schulschwierigkeiten entwickeln und daß die Konzentration und die Aufmerksamkeit gestört werden. Manche der betroffenen Kinder verweigern in Reaktion auf die Überforderung den Schulbesuch, einige werden sogar delinquent.

Dies läßt sich vermeiden, wenn die Störung frühzeitig, möglichst bis zum 2. Schuljahr, erkannt wird. Wenn die Kinder dann gezielt und intensiv gefördert werden und in der Benotung darauf Rücksicht genommen wird, lassen sich sekundäre Störungen weitgehend verhindern.

Seit neuerer Zeit wird die Lese-Rechtschreib-*Störung* von der Lese-Rechtschreib-*Schwäche* unterschieden. Bei letzterem geht man davon aus, daß die Schwäche durch soziale oder emotionale Einwirkungen verursacht ist. Sie gilt als vorübergehend und kann durch gezielte Fördermaßnahmen behoben oder weitgehend abgemildert werden. 10 bis 15 Prozent aller Schüler leiden an dieser Schwäche.

Die Lese-Rechtschreib-*Störung*, die *Legasthenie*, wird dagegen auf eine erblich oder physiologisch bedingte Schädigung zurückgeführt. Sie besteht lebenslang und kann nur wenig therapeutisch beeinflußt werden. Von der so definierten Legasthenie sind 3 bis 5 Prozent aller Schüler betroffen.

Die Anerkennung einer Lese-Rechtschreib-Störung bedarf neuerdings zusätzlich zur Stellungnahme des Schulpsychologen eines Gutachtens durch einen Kinder- und Jugendpsychiater, während über die Anerkennung einer Lese-Rechtschreib-Schwäche der Schulpsychologe entscheidet.

Eine entsprechende Störung oder Schwäche liegt dann vor, wenn in den übrigen Intelligenzbereichen mindestens eine normale Begabung vorhanden ist und die Lese-Rechtschreib-Leistung deutlich dagegen abfällt und nicht auf einen Mangel an schulischer Betreuung zurückzuführen ist.

Die Kinder verwechseln und vertauschen Buchstaben, haben vermehrt Schwierigkeiten, sich Schreibregeln anzueignen oder das Geschriebene auf Fehler zu kontrollieren. Da sie sich das Schriftbild von Wörtern nur schlecht einprägen können, fällt ihnen auch das Lesen schwer. Und unter psychischer Belastung verschlechtert sich die Lese-Rechtschreib-Leistung zusätzlich.

Was getan werden kann:

Von den Teilleistungsstörungen betroffene Schüler erfahren eine besondere Berücksichtigung bei der Benotung: Legastheniker *müssen*, lese-rechtschreib-schwache Schüler *können* von Leistungsfeststellungen befreit werden, die ausschließlich der Überprüfung der Rechtschreibsicherheit dienen, wie z. B. Diktat. Im Fach Deutsch darf die Rechtschreibleistung nur im Teilbereich »Rechtschreiben« notenmäßig berücksichtigt werden. Bei Aufsätzen, Niederschriften, Protokollen u.a. ist die fehlerhafte Rechtschreibung zwar zu kennzeichnen, darf aber nicht in die Bewertung einfließen. Dies gilt auch für den Fremdsprachenunterricht. Bei der Legasthenie soll so der Nachteil, der sich dadurch bedingt für die schulischen Leistungen ergibt, über die gesamte Schulzeit ausgeglichen werden. Die Lese-Rechtschreib-Schwäche kann in der Benotung bis zur 10. Jahrgangsstufe berücksichtigt werden.

Seit etwa den 1980er Jahren ist es auch besondere Aufgabe der Schulen, Schwierigkeiten beim Lesen- und Schreibenlernen frühzeitig, möglichst schon während des 1. Schuljahres, bei den Kindern zu erkennen und diese entsprechend zu fördern. Dies schließt die Zusammenarbeit mit den Eltern und entsprechende Aufklärung ein. Ab dem 2. Schuljahr werden spezielle Förderkurse für diejenigen Schüler angeboten, die nach der 1. Klasse erhebliche Rückstände beim Lesen- und Schreibenlernen aufweisen. Lehrer sollen schon im Studium entsprechend ausgebildet werden; die Förderung von lese- rechtschreibschwachen Kindern ist auch Bestandteil von Lehrerfortbildungen.

Seltener kann eine *Isolierte Rechenschwäche* auftreten; weniger als 1 Prozent der Bevölkerung sind davon betroffen. Bei der Rechenschwäche sind die Hinweise auf eine genetische Veranlagung noch deutlicher als bei der Lese- Rechtschreib- Schwäche. Richtlinien zum Umgang mit der isolierten Rechenschwäche wurden in den Schulbestimmungen bisher noch nicht formuliert.

Diagnostisches Kriterium sind ähnlich wie bei der Lese-Rechtschreib-Schwäche besondere Schwierigkeiten im Umgang mit Zahlen bei ansonsten normaler Intelligenz. Bei dieser Störung fehlt das »Gefühl« für die richtige Reihenfolge von Zahlen, oder das Kind hat große Schwierigkeiten, etwa Addition von Subtraktion zu unterscheiden oder Ordnungszahlen von Mengen. Sie betrifft besonders die Grundrechenarten, weniger die höheren mathematischen Fertigkeiten, die für Algebra, Integral- und Differenzialrechnung etc. benötigt werden.

Die Behandlung sollte wie bei der Lese-Rechtschreib-Schwäche in entsprechender Förderung bestehen. Ziel ist es, in den Übungen eine Überforderung zu vermeiden, also in kleinen Schritten vorzugehen und die Übungen an den Leistungsstand gut anzupassen. Anlaufadressen sind über die Jugendämter oder z. B. auch über die Kinder- und Jugendpsychiatrie zu erfahren.

Lernbehinderung

Von Lernbehinderung spricht man bei konstitutionell bedingter leicht verminderter Intelligenz. Diese *leichte Intelligenzminderung* kann erblich bedingt sein, sie kann aber auch durch erworbene Schädigungen des Gehirns entstanden sein. Lernschwierigkeiten, die in erster Linie mit ungünstigen Umgebungseinflüssen zusammenhängen, gelten nicht als Lernbehinderung, auch wenn die Unterscheidung manchmal nicht einfach ist.

Lernbehinderungen bei Kindern sind nicht selten. Nach Schätzungen haben 10 bis 12 Prozent aller Kinder Schulschwierigkeiten aufgrund von unterdurchschnittlicher Intelligenz; etwa die Hälfte davon ist sonderschulbedürftig. Diese Kinder tun sich mit der Bewältigung der Anforderungen in der Schule schwerer als die durchschnittlich oder überdurchschnittlich begabten Kinder.

Von Lernbehinderung spricht man, wenn der sogenannte Intelligenzquotient im Bereich zwischen 84 und 70 Punkten, also unter dem Durchschnitt, liegt. Der Bereich der durchschnittlichen Begabung liegt bei 85 bis 114 IQ-Punkten. Werte darüber zeigen überdurchschnittliche Intelligenz an. Werte zwischen 70 und 50 bedeuten, daß eine leichte geistige Behinderung vorliegt.

Gemessen wird der Intelligenzquotient anhand von standardisierten Intelligenztests, deren Ergebnisse häufig mit den schulischen Beurteilungen übereinstimmen, also die Leistungsfähigkeit in der Schule auch vorhersagen können.

Das Vorhandensein einer Lernbehinderung schließt gute Fähigkeiten z. B. im praktischen Bereich nicht aus. Auch über die »soziale Intelligenz« im Sinne von Einfühlungsfähigkeit und dem gefühlsmäßigen Erfassen von sozialen Situationen sagt ein Intelligenztest wenig aus.

Bei Überforderung in der Schule durch Lernbehinderung ist der Wechsel auf eine Schule zur Individuellen Lernförderung mehr zu empfehlen als ein »mit Hängen und Würgen« und Klassenwiederholungen erreichter Verbleib auf der Regelschule. Die ständige Überforderung festigt die verhängnisvolle Überzeugung, sowieso nicht lernen zu können, mit entsprechender Einbuße an Selbstvertrauen und Vertrauen in die eigenen Fähigkeiten. Das macht es auch schwer, vielleicht auf anderen, praktischen Gebieten Positives zu leisten.

Fallbeispiel:

Der 12jährige Martin wird wegen beginnenden delinquenten Verhaltens (Ladendiebstähle) und häufigem Schwänzen der Regelschule von seiner alleinerziehenden Mutter vorgestellt. Er zählte von Anfang an von der Leistung her zu den Schwächsten in der Klasse und ist mit Glück und gutem Willen der Lehrer jeweils vorgerückt. Er hat bereits die zweite und vierte Klasse wiederholt und ist nun erneut in Gefahr, das Klassenziel nicht zu erreichen. Es sei äußerst schwierig, ihn dazu zu bewegen, für die Schule zu üben, berichtet die Mutter. Martin selbst ist überzeugt, daß er den Schulstoff »eh nicht kapiert«, und hat keine Lust mehr, in die Schule zu gehen.

Der Intelligenztest ergibt einen IQ von 77 Punkten. Viel zu lange schon ist Martin in der Schule überfordert gewesen und mitgezogen worden.

Nach längerer Überzeugungsarbeit bei Mutter und Sohn – die Mutter fürchtet den sozialen Makel »Sonderschule«, Martin übernimmt ihre Sorgen rasch – wird eine Umschulung in eine Schule zur Individuellen Lernförderung erreicht. Martin hat wieder Erfolgserlebnisse in der Schule und gewinnt an Selbstbewußtsein hinzu. Er geht wieder regelmäßig zum Unterricht. Durch delinquentes Verhalten fällt er nicht mehr auf.

Chronische Überforderung führt zu einer schlechteren Leistung als der Besuch einer Schule, die sich auf die Leistungsfähigkeit ihrer Schüler einstellt und einen Regelschulabschluß deshalb trotzdem noch nicht ausschließt. Manchmal sind Kinder nach unserer Erfahrung durch einen zunächst gefürchteten Schulwechsel ungemein entlastet und gewinnen sichtbar an Lebensfreude.

Angststörungen

Ängstlichkeit gehört in die normale Entwicklung eines Kindes, das – je jünger, desto mehr – auf Hilfe und Unterstützung durch die Eltern angewiesen ist. Angst stellt eine wichtige Schutzfunktion für das Kind dar, das die Realität und eventuelle Gefahren noch nicht gut selbst einschätzen kann. Es ist deshalb stärker Ängsten ausgesetzt als Jugendliche und Erwachsene.

Das Fehlen von Angst kann ein Hinweis auf eine psychische Störung sein wie z. B. bei dissozialen Jugendlichen (vgl. Kapitel 4)!

Etwa 10 Prozent aller Kinder leiden an Furcht und Ängsten, die aber oft ohne spezielle Behandlung wieder abklingen. Bis zu einem Fünftel der Kinder, die in der Kinder- und Jugendpsychiatrischen Klinik vorgestellt werden, haben massive Ängste, auch wenn dies oft nicht der Anmeldegrund ist. Ängste sind häufig Begleiterscheinung von anderen Störungen wie Depressivität, Störung des Sozialverhaltens oder Hyperkinetisches Syndrom. Sie treten auch in der Verbindung mit Eßstörungen und Zwangssymptomen sowie bei Alkohol- und Medikamentenmißbrauch auf. Auch schizophrene Psychosen sind in der akuten Phase mit ausgeprägten Ängsten verbunden.

Bei schwerwiegenden Ängsten empfiehlt sich eine ärztliche Abklärung, um organisch bedingte Ängste, z. B. durch Hirnfunktionsstörungen wie Temporallappenepilepsie oder durch Drogen, ausschließen zu können oder eine eventuell zugrundeliegende andere psychische Erkrankung zu erkennen, die vorrangig behandelt werden muß.

Eine *Behandlung* wird vor allem dann notwendig, wenn die Angst andauert und so weit geht, daß das Kind darunter sehr leidet, weil es sich aufgrund von Ängsten gegenüber anderen Kindern und Erwachsenen isoliert und es deshalb z. B. die Schule nicht mehr besuchen kann. Es besteht die Gefahr, daß seine soziale Entwicklung schwerwiegend beeinträchtigt wird und daß die Ängste chronisch werden. Eine Behandlung ist natürlich ebenfalls indiziert, wenn Angstanfälle das Zusammenleben in der Familie stark erschweren. Behandelt werden sollten Ängste auch dann, wenn sie nicht mehr altersgemäß sind, also z. B. Trennungsangst in der späteren Kindheit oder Dunkelangst bei Jugendlichen.

Kinder und Jugendliche leiden öfter an *objekt-* oder *situationsgebundenen Ängsten*, weniger an diffusen Ängsten, die mehr für das Erwachsenenalter typisch sind. Eng im Zusammenhang mit der differenzierter werdenden Wahrnehmung sind für bestimmte Entwicklungs- und Altersstufen bestimmte Ängste (physiologische Ängste) kennzeichnend:

● Bekannt ist die 8-Monats-Angst, die bei Babys etwa zu dem Zeitpunkt auftritt, wo es die Mutter von anderen Personen klar unterscheiden kann. Normalerweise verschwindet diese Angst wieder, wenn sich das Kind an die Anwesenheit auch anderer Menschen gewöhnt hat.
● Etwa bis zum 3. oder 4. Lebensjahr hat ein Kind vor allem davor Angst, von Mutter oder Vater getrennt zu sein.
● Zwischen 3 und 6 Jahren hat ein Kind besonders vor Dunkelheit und Gewittern Angst, vor Gespenstern oder bestimmten Tieren, und auch vor Krankheiten und Verletzungen.
● Mit etwa 4 bis 7 Jahren haben Kinder häufig Angst vor dem Kindergarten oder der Schule, weil sie den Verlust der Mutter befürchten, und auch, weil sie Angst vor Kränkungen durch andere Kinder oder Erzieher/Lehrer haben.
● Bei Schulkindern bis in die frühe Adoleszenz ist Schulangst nicht selten. Sie kann sich sowohl auf die Leistung als auch auf

Angst vor Demütigungen durch Altersgenossen oder Lehrer beziehen. Ältere Schulkinder entwickeln eher Realängste vor Verletzung, Krankheit und Tod.

● In der Adoleszenz entstehen Ängste im Zusammenhang mit den körperlichen Veränderungen und Annäherungen an das andere Geschlecht. Allgemein sind Ängste vor sozialen Situationen bedeutsam. Auch Schritte in die Selbständigkeit sind mit Ängsten verbunden, die wohl nahezu jeder Jugendliche erlebt.

Diese natürlichen, altersentsprechenden Ängste können sich allerdings in nicht mehr angemessener Weise extrem steigern bis hin zu panikartigen Gefühlszuständen.

Die Entwicklung von *unangemessener Angst* hat viel mit Lernerfahrungen zu tun. Kinder spüren die Ängste ihrer Eltern und werden ebenso Angst empfinden in Situationen, in denen den Eltern nicht wohl ist. Die *Reaktion der Erwachsenen* hat großen Einfluß auf die Entwicklung der Angstsymptomatik, weswegen jede Behandlung eine eingehende Beratung der Eltern einschließt.

Besonders ängstlich sind Kinder von übervorsichtigen und überbehütenden Eltern, die ihren Kindern die Vorstellung von einer Welt voller Gefahren vermitteln. Die ständige Sorge der Eltern führt dazu, daß die Kinder glauben, kaum etwas allein bewältigen zu können. Die Erfahrung, daß sie schwierige Situationen mit Übung selbst meistern können, können solche Kinder nur schwer erwerben.

Kinderängste, die die Eltern sehr beunruhigen, werden durch die Sorge der Eltern wiederum verstärkt, indem die Kinder sich in ihrer Angst bestätigt sehen. Oft fördern die Eltern die Angst des Kindes, wenn sie sich ihm besonders liebevoll oder manchmal auch besonders ärgerlich zuwenden, sobald es Angst zeigt. Es wird ihm so vermittelt, daß das Angsthaben eine bedeutungsvolle Verhaltensweise ist, die mit positiver – oder negativer – Zuwendung belohnt wird.

Kinderängste können auch indirekt den Interessen der Eltern dienen:

Eine Mutter mit einem sehr ängstlichen Kind, das nicht allein in den Kindergarten gehen mag, kann guten Gewissens auf Pläne verzichten, z.B. wieder arbeiten zu gehen, wenn sie dies insgeheim gar nicht möchte.

Behandlungsbedürftige Angstsyndrome

Bei der *Trennungsangst* bestehen panikartige, altersunangemessene Ängste vor der Trennung von wichtigen Bezugspersonen und vor dem Verlassen der vertrauten Umgebung. In den meisten Fällen bezieht sich die Angst vor allem auf die Trennung von der Mutter. Das Kind hat schon als Kleinkind Schwierigkeiten, die Mutter auch nur für einen Moment weggehen zu lassen. Es tut sich schwer, allein einzuschlafen und durchzuschlafen. Die Aufnahme in den Kindergarten und später die Einschulung kann extreme Probleme bereiten. Die Kinder erzwingen die Rückkehr nach Hause durch heftiges Schreien und Anklammern. Nicht selten kontrollieren sie so die Bewegungsfreiheit der Mutter in extremer Weise. Manchmal läßt sich dieses Verhalten nur über den Weg einer vorübergehenden Herausnahme aus dem Elternhaus verändern.

Die Kinder haben unrealistische und anhaltende Ängste, bei einer Trennung könne ihnen oder der Mutter etwas zustoßen, oder sie könnten sie ganz verlieren. Oft haben sie Alpträume wegen dieser Angst. Körperliche Symptome sind ebenfalls häufig: Schwindel, Übelkeit mit Erbrechen, Bauchschmerzen etc., wenn eine Trennung droht oder erfolgt ist.

Die Kinder versuchen mit allen Mitteln, eine altersentsprechend zumutbare Trennung zu vermeiden – und sind damit erfolgreich. Damit beginnt eine ungünstige Dynamik:

Je mehr die Trennung vermieden wird, um so weniger kann das Kind die Erfahrung machen, daß ihm oder der Mutter nichts passiert, während beide getrennt sind. Ebenso wenig wird es ein

Gefühl dafür entwickeln, daß es selbständiger werden kann. Das bedeutet, daß es kaum an Selbstvertrauen gewinnen wird.

Behandlung einer Schulphobie:

Aus der Trennungsangst kann sich eine Schulphobie entwickeln, deren Behandlung wir hier beispielhaft darstellen möchten:

Im Gegensatz zur Schul*angst* bezieht sich die Schul*phobie* nicht auf die Schule an sich, sondern auf die Trennungssituation, auch wenn dies vom Kind anders dargestellt oder auch wahrgenommen wird!

Fallbeispiel:

Auf Druck des Jugendamtes wird ein 13 Jahre alter Junge in der Ambulanz vorgestellt. Er hat seit 9 (!) Monaten die Schule nicht mehr besucht und ist bei den Eltern zu Hause geblieben. Auch vor dieser Zeit habe es schon Zeiten gegeben, in denen er am liebsten zu Hause blieb, weshalb auch der Schulbesuch schon seit langem unregelmäßig erfolgt sei. Der Junge macht einen ruhigen, liebenswürdigen Eindruck. Er selbst und die Eltern schildern panikartige Angstzustände und Schwindelgefühl beim Versuch, ihn in die Schule zu bringen. Die letzten Male hatte er kurz nach Weggang der begleitenden Mutter die Klasse wieder verlassen. Er selbst kann gar nicht genau sagen, was ihm so Angst macht, er empfindet nur Panik allein beim Gedanken daran, zur Schule gehen zu müssen.

Die Familie wird als harmonisch beschrieben, Mutter und Sohn haben ein enges Verhältnis, der Vater fühlt sich etwas außenstehend. Die Mutter weiß, daß der Schulbesuch notwendig ist, allerdings ist ihr beim Gedanken an die Gefühlszustände des Sohnes nicht wohl, er tut ihr auch leid. Sie kennt Ängste aus eigener Erfahrung und hat deshalb viel Verständnis für den Jungen. Kontakte zu Gleichaltrigen hat der Junge wenig; an den Wochenenden trifft er bei Verwandtschaftsbesuchen seine Cousins und Cousinen.

Da wir in diesem Fall befürchteten, daß eine ambulante Behandlung wenig aussichtsreich sein würde – aufgrund der so wenig konsequent handelnden Eltern –, wurde der Junge auf unseren Vorschlag hin stationär aufgenommen.

Die Trennung von den Eltern für die stationäre Behandlung ist in dieser Konstellation zwar im ersten Moment dramatisch, aber für alle Beteiligten dann gut zu verkraften. Schließlich wollen zumindest die Eltern ja auch, daß das Kind einen Schulabschluß macht. Auch bei dem Jungen aus dem Fallbeispiel schwanden die Symptome von Panik nach Verabschiedung der Eltern und mit Begleitung durch die Stationserzieher rasch.

Bei hoher Motivation und guter Kooperation mit der Familie lassen sich Trennungsängste jedoch auch gut ambulant behandeln.

Behandlungsziel ist bei der Schulphobie eine möglichst schnelle Rückführung in die Schule, welche stufenweise mit zunächst reduziertem Unterricht über einen Zeitraum von einigen Wochen erreicht werden soll.

Im stationären Rahmen verdeutlicht bereits die Erfahrung des Aufenthaltes auf der Station, daß bei einer Trennung von den Eltern nichts Schlimmes passiert.

Mit dem Kind wird schwerpunktmäßig verhaltenstherapeutisch gearbeitet: Kombiniert mit Entspannungsübungen soll es sich in der Vorstellung an die Schulsituation schrittweise herantasten, sich den Schulweg vorstellen, das Klassenzimmer, seinen Sitzplatz, die anderen Kinder. Langsam werden so der Schulweg und die Schulsituation gedanklich durchgespielt, bis die Angst vor dem Schulbesuch in der Vorstellung geringer geworden ist. Parallel dazu kann das Kind die Klinikschule besuchen.

Das Behandlungsziel ist im Anschluß daran der zunächst stundenweise Besuch der Schule am Wohnort. Der Weg dorthin wird in Begleitung in mehreren Einheiten geübt und das Gefühl dabei reflektiert. Die Stundenzahl wird schrittweise erhöht. Nur in seltenen Fällen wird, wenn der Schulbesuch wegen zu großer Panik nicht bewältigt werden kann, eine vorübergehende medikamentöse Unterstützung mit angstlösenden Mitteln gegeben.

Wichtigstes Ziel ist, auch bei kleineren Kindern, die schrittweise Heranführung an die gefürchtete Situation und somit die *Veränderung des Vermeidungsverhaltens*, das bei Fortbestehen die Angst immer größer werden läßt und die objektive Erfahrung nicht zuläßt, daß der Schul- oder der Kindergartenbesuch ungefährlich sind.

Begleitend zur Einzelarbeit mit dem Kind finden *familientherapeutische Sitzungen* statt, in denen besprochen wird, was sich für die einzelnen Familienmitglieder in welcher Weise – und zwar positiv wie negativ – verändert, wenn nun der junge Patient in der Klinik ist bzw. wieder zur Schule geht. Auf Befürchtungen und Sorgen der Eltern wird eingegangen. Sie werden beraten, wie sie mit ihrem Kind in bezug auf die Ängste am besten umgehen können: nämlich ermutigend und konsequent, nicht so sehr beschützend. Bei kleineren Kindern liegt in dieser Beratung der Eltern der Schwerpunkt der Behandlung.

Wenn nötig, werden Themen besprochen, die im Zusammenhang mit den Ängsten eine Rolle spielen könnten, wie z. B. Einsamkeitsgefühle oder andere emotionale Bedürfnisse von Familienmitgliedern.

Als Übergang von einer stationären zur ambulanten Behandlung ist oft eine *teilstationäre Behandlung* sinnvoll. Das therapeutische Angebot hier ist wesentlich höher als bei der ambulanten. Und zusätzlich hat das Kind, gerade wenn es sonst wenig Kontakte zu Gleichaltrigen hat, andere Kinder um sich, die Verhaltensmodelle in bezug auf seine Ängste sein können. Die Kooperation der Familie ist bei dieser Behandlung unabdingbar wegen der Notwendigkeit der täglich neuen Trennung des Kindes von zu Hause.

Schulangst

Schulangst bezieht sich auf *reale Situationen in der Schule,* wie Angst vor Leistungsversagen oder auch vor den Reaktionen von Mitschülern und Lehrern. Sie kommt häufig bei Kindern vor, die sich in irgendeiner Weise überfordert fühlen. Dies kann intellektuelle Überforderung sein, das Kind kann sich aber auch insuffizient fühlen, weil es vielleicht nicht so sportlich ist oder sich sonst mit einem Makel behaftet fühlt. Solche Kinder bleiben sporadisch dem Unterricht fern, oft mit Entschuldigung wegen körperlicher Beschwerden.

Vorrangig muß hier abgeklärt werden, ob das Kind intellektuell oder in Form einer Teilleistungsstörung tatsächlich überfordert ist, um die schulischen Anforderungen dann entsprechend anpassen zu können. Ängste verschwinden oft spontan, wenn sich ein Kind nicht mehr überfordert fühlt.

Die Angst vor den sozialen Anforderungen in der Schule, vor Lehrern und anderen Kindern läßt sich mit *verhaltenstherapeutischen Maßnahmen* behandeln: Dies ist z. B. ein Training in der sozialen Kompetenz, in dem das Kind lernt, mit problematischen Situationen umzugehen. Auf die Insuffizienzgefühle wird gezielt eingegangen, irrationale Überzeugungen relativiert. Verallgemeinerndes Alles-oder-nichts-Denken wie: »Das schaffe ich sowieso nicht; ich kann tun was ich will, ich werde eh immer ausgelacht«, soll das Kind zu stoppen lernen. Zu diesem Zweck werden ermutigende Selbstverbalisationen eingeübt und Situationen im Rollenspiel durchgegangen. Das Kind soll ebenfalls lernen, sich gezielt selbst zu bestätigen für etwas, was es gut kann, und für Fortschritte bei der Angstbewältigung. Es soll lernen, sich in kleinen Schritten Ziele zu setzen, die dann erreichbar erscheinen und nicht unüberwindlich im Sinn von »alles oder nichts«. Auch hier werden die Eltern einbezogen, die die Kinder bei der Angstbewältigung zu unterstützen lernen.

Allgemeines Ziel ist, die angstmachenden Situationen nicht zu vermeiden – was die Angst und die Inkompetenz vergrößert! –, sondern deren Bewältigung zu trainieren.

Soziale Phobie

Bei der sogenannten sozialen Phobie, die eher ältere Kinder und Jugendliche betrifft, wird ähnlich vorgegangen wie bei der Schulangst. Ihre Entstehung ist wesentlich dadurch bedingt, daß das Kind sich vor prüfender Betrachtung durch andere – fremde – Personen fürchtet und mehr und mehr Situationen meidet, in denen es dieser Betrachtung ausgesetzt ist. Das bedeutet, daß die sozialen Kontakte sich zunehmend beschränken auf die Familie und sehr vertraute Personen. Im übrigen ist das Kind isoliert und in der Entwicklung seiner sozialen Fähigkeiten beeinträchtigt.

Hier wird vor allem auch mit verhaltenstherapeutischen Methoden versucht, die soziale Kompetenz zu verbessern. Hierzu eignen sich besonders Gruppentrainings. In schwierigen Fällen mit ausgeprägtem Vermeidungsverhalten läßt sich die soziale Phobie besser im stationären Rahmen behandeln.

Entsprechend der sozialen Phobie bei älteren Kindern gibt es kleinere Kinder mit einer ausgeprägten Überängstlichkeit Fremden (Erwachsenen und/oder Kindern) gegenüber. Diese *soziale Überempfindlichkeit* besteht in ausgeprägter Verlegenheit und Befangenheit. In neuen sozialen Situationen reagiert das Kind mit deutlichem Leid, Weinen, Rückzug oder auch Schweigen. Bei diesen Kindern kann *elektiver Mutismus* (s. o. zu »Sprachentwicklungsstörungen« in Kapitel 2) auftreten: Die Kinder sprechen nicht mit Fremden, sondern nur mit Familienangehörigen und sehr vertrauten Personen. Als Folge der Ängstlichkeit werden auch bei diesen Kindern solche neuen Begegnungen mit Fremden mehr und mehr vermieden, was die Symptomatik verstärkt und die Entwicklung von Fähigkeiten im Umgang mit anderen beeinträchtigt.

Bei der sozialen Überempfindlichkeit liegt wegen des jungen

Alters der Kinder der Schwerpunkt der Behandlung in der Arbeit mit den Eltern, die eingehend beraten werden, wie sie mit den Ängsten des Kindes umgehen können. Manchmal wird auch eine Familientherapie empfohlen, wenn bei den Eltern z. B. eigene Ängste bestehen, so daß sie ihr Kind nicht entsprechend unterstützen können. Die soziale Kompetenz des Kindes wird – altersentsprechend – ebenfalls trainiert. Schritte in Richtung Kontaktaufnahme werden geübt und belohnt. Manchmal, wenn ambulante Hilfen nicht ausreichen, empfiehlt sich auch hier eine stationäre Behandlung.

Kindliche Phobien

Unter kindlicher Phobie versteht man eine *unangemessen ausgeprägte Angst* der Kinder vor bestimmten Objekten oder Situationen. Meistens entsprechen die Angstinhalte bzw. -objekte denen, die für das jeweilige Alter typisch sind (vgl. S. 85–86), allerdings ist die Angst besonders stark und verbunden mit körperlichen Reaktionen: Herzklopfen, Zittern, Schwitzen, Beklemmungsgefühle, Übelkeit. Häufig haben Kinder übermäßige Angst vor Hunden oder anderen Tieren und vor Dunkelheit.

Phobische Ängste vor geschlossenen Räumen, Menschenansammlungen, Ansteckung, Prüfungen, Fliegen entstehen meist erst bei Jugendlichen und jungen Erwachsenen.

Die Angst kann auf eine reale Erfahrung zurückgehen, die das Kind gemacht hat und vor deren Wiederholung es sich fürchtet. Die Vorstellung, dem Objekt und der Situation erneut zu begegnen, kann es sich übermäßig plastisch und bedrohlich ausgemalt haben.

Während einzelne phobische Ängste oft gar nicht zur Behandlung kommen, weil die Reizsituation ohne Probleme vermieden werden kann, wird diese »Lösung« schwieriger, wenn das Objekt der Angst sehr häufig auftaucht oder die Angst generalisiert wird, d. h., es entwickelt sich übermäßige Angst auch vor anderen Objekten oder Situationen, die dem Kind oft begegnen, und die Bewegungsfreiheit des Kindes schränkt sich deutlich ein.

Ziel der Behandlung ist auch bei Phobien, das Vermeidungsverhalten aufzugeben und die Angst durch eine schrittweise Annäherung an das gefürchtete Objekt oder die gefürchtete Situation verschwinden zu lassen. So kann das Kind die Erfahrung machen, daß ihm real nichts Schlimmes passieren wird.

Ratsam ist eine therapeutische Begleitung für Eltern und Kind gemeinsam, um eventuelle familiär bedingte Faktoren für die Angst erkennen zu können, aber auch, weil es so leichter ist, das richtige Tempo bei der schrittweisen Heranführung zu finden und die allmähliche Annäherung konsequent durchzuführen: denn einerseits könnte man das Kind überfordern, andererseits an der Symptomatik zu wenig verändern.

Hyperkinetisches Syndrom und Aufmerksamkeitsstörungen

Aus verschiedenen Gründen ist es uns wichtig, auf den Problembereich des sprichwörtlichen »Zappelphilipp« genauer einzugehen, den fast jeder aus dem »Struwwelpeter« kennt, wenn nicht sogar aus eigener Erfahrung:

1. handelt es sich um eine Besonderheit, von der relativ viele Kinder und ihre Bezugspersonen betroffen sind;
2. können die dazugehörigen Symptome das tägliche Leben der Kinder und ihrer Umgebung zu einem regelrechten Leidensweg werden lassen, dadurch auch das Entstehen zusätzlicher psychischer Auffälligkeiten begünstigen; und
3. gibt es für die Betroffenen verschiedene und auch sehr wirksame Hilfs- und Behandlungsmöglichkeiten, deren Anwendung den Alltag und die Entwicklung der Kinder nachhaltig günstig beeinflussen kann!

Typische Symptome:

Wissenschaftlichen Untersuchungen zufolge sind im Schulalter in Deutschland etwa 4 Prozent der Kinder betroffen. Bei Jungen findet man die entsprechende Symptomatik mindestens dreimal so oft wie bei Mädchen!

Was die typischen Symptome angeht, so ist die Bezeichnung »Zappelphilipp« schon sehr richtungsweisend:

Eine besonders im Schulalltag oft zu großen Problemen führende Besonderheit der Hyperkinetiker ist – wie der Name sagt – deren *kaum zu bändigender Bewegungsdrang.* Spätestens mit Eintritt in die Schule kann diese übermäßige Aktivität zu erheblicher Belastung von Lehrern und Mitschülern führen, was sich häufig in zahllosen Beschwerden bei den oft ohnehin gestreßten Eltern äußert.

Zusätzlich ist nämlich der Bewegungsdrang typischerweise verbunden mit *hoher Impulsivität.* Das bedeutet, daß die ohnehin gesteigerte Aktivität ungesteuert zutage tritt.

Ein weiteres für die Diagnosestellung unerläßliches Symptom ist die *Aufmerksamkeitsstörung* der betroffenen Kinder. Sie wechseln oft rasch und fast wahllos von einer Beschäftigung zur nächsten, führen angefangene Aufgaben nicht zu Ende, lassen sich durch alle erdenklichen Kleinigkeiten ablenken und können sich bei vielen Tätigkeiten nur schwer konzentrieren.

Man kann sich anhand der aufgeführten Hauptmerkmale des hyperkinetischen Kindes gut vorstellen, in welchen Teufelskreis der Betroffene und auch seine Familie geraten können.

Sehr häufig sind die Kinder schon in den ersten Lebensjahren von den oben genannten Besonderheiten geprägt. Das bedeutet, daß sie extrem viel Zuwendung benötigen, weil sie sich kaum alleine beschäftigen können, daß öfter als gewöhnlich Gegenstände kaputtgehen und kleine Unfälle passieren, daß oft zusätzlich sogar die Nächte durch sehr unruhigen und kurzen Schlaf vor allem für die anderen Familienmitglieder belastet sind.

Kommt das Kind dann in die Schule und soll plötzlich über Stunden ruhig, beherrscht und konzentriert in der Klasse sitzen, so kann man sich leicht ausmalen, wie wenig erträglich das für denjenigen sein muß – weswegen Schwierigkeiten meist nicht ausbleiben.

Aus dem enormen Bewegungsdrang heraus, gepaart mit deutlicher Impulsivität, kann der »Zappelphilipp« kaum still sitzen, ruft dazwischen, läßt sich von allem und jedem ablenken und stört dadurch zum Teil massiv das Unterrichtsgeschehen.

So kommt es unweigerlich zu Rügen und Ermahnungen, die von den Lehrkräften an die oft ohnehin seit langem belasteten Eltern weitergegeben werden und von diesen wiederum als Vorwurf an das Kind gelangen.

Für den Hyperkinetiker bedeutet dies, daß er – obwohl er sich im Zweifel sogar mehr bemühen muß als die anderen Kinder und obwohl er seine störenden Verhaltensweisen ja nicht in böser Absicht zeigt – auch noch von verschiedensten Seiten negative Rückmeldungen und Reaktionen zu spüren bekommt!

So verwundert es wenig, daß die durch derartige Kreisläufe verunsicherten und frustrierten Kinder zusätzliche Symptome entwickeln können. Manchmal hören wir z. B., daß sich das betroffene Kind zu einer Art Klassenclown entwickle; dies kann durchaus das Ergebnis einer oft zu beobachtenden Außenseiterrolle sein, weswegen der »Zappelphilipp« dann zumindest durch Störverhalten im Unterricht Anerkennung zu erheischen versucht.

Leider entstehen – vermutlich auch über derartige Mechanismen – in nahezu der Hälfte der Fälle mehr oder weniger stark ausgeprägte *Sozialverhaltensstörungen*, die die weitere Entwicklung des Betroffenen massiv gefährden können.

Zusätzlich treten gehäuft *depressive Symptome* oder auch *Ängste* und *Teilleistungsstörungen* in Verbindung mit dem sogenannten Hyperkinetischen Syndrom (HKS) auf.

Zu Verlauf und Prognose hyperkinetischer Störungsbilder wurde in verschiedenen wissenschaftlichen Studien festgestellt, daß die betroffenen Kinder über die Sozialverhaltensauffälligkeiten hinaus gehäuft *Suchtprobleme* entwickeln können und z. B. auch durchschnittlich schlechtere Schulabschlüsse und einen niedrigeren Bildungsgrad erreichen als vergleichbare Altersgenossen.

Wichtig ist außerdem, daß im Rahmen entsprechender Untersuchungen mehr und mehr deutlich wurde, daß insbesondere die Aufmerksamkeitsproblematik sich in vielen Fällen nicht »verwächst«, also durchaus im Erwachsenenalter noch vorhanden sein und die Betroffenen belasten kann.

Mögliche Ursachen:

Was die Ursachen für das Entstehen eines Hyperkinetischen Syndromes angeht, so werden verschiedene Mechanismen verantwortlich gemacht:

Zum einen ergaben sich im Rahmen von Familienuntersuchungen und Zwillingsstudien Hinweise darauf, daß Erbfaktoren eine maßgebliche Rolle spielen. So gibt es immer wieder Fälle, in denen während der Behandlung eines hyperkinetischen Kindes mehr und mehr deutlich wird, daß z. B. der zugehörige Vater aus seiner Biographie die gleichen Probleme und Besonderheiten kennt.

In neurophysiologischen Untersuchungen zeigten sich anatomische und neurobiochemische Besonderheiten bezüglich der Funktionen des Stirnhirnes, was insbesondere auf Verhaltens- und Aufmerksamkeitssteuerung Auswirkungen haben kann.

Zudem gibt es Hinweise darauf, daß mütterlicher Alkohol-, Drogen- und Nikotinkonsum in der Schwangerschaft eine Rolle spielen könnte. Auch allergische Mechanismen werden immer wieder diskutiert, wenngleich wissenschaftliche Beweise hierfür noch unzureichend zur Verfügung stehen.

Behandlungsmöglichkeiten

Angesichts der Vielfalt der Symptome wie auch der verschiedenen ursächlichen Faktoren, die angenommen werden, liegt es nahe, daß auch vielfältige therapeutische Wege zu beschreiten und teilweise auch zu kombinieren sind.

Vorausschicken möchten wir an dieser Stelle, daß allein das *Erkennen* und *Erklären der hyperkinetischen Problematik* eine wichtige Rolle spielen kann. So entlastet es das Kind oft ungemein, wenn Eltern und Lehrer endlich einmal hören, daß viele störende Verhaltensweisen nicht mit Absicht oder gar aus bösem Willen heraus entstanden sind!

Zudem können Psychologen, Sozialpädagogen oder Ärzte, denen die Problematik geläufig ist, schon im Rahmen *beratender Gespräche* oft hilfreiche Ratschläge für die Gestaltung des schulischen oder familiären Alltags mit auf den Weg geben. So kann z.B. die oft sehr schwierige Hausaufgabensituation dadurch erleichtert werden, daß man die Arbeitseinheiten zeitlich begrenzt, genügend Pausen einschiebt, den Arbeitsraum ruhig und ohne ablenkende Außenreize gestaltet und zwischendurch ausreichend Möglichkeiten zum »Austoben« einplant.

Da aber die Symptomatik vielfältig und oft durch sekundär, d.h. im Rahmen der langjährigen psychischen Belastung, entstandene zusätzliche Auffälligkeiten komplizierter geworden ist, erweist es sich in vielen Fällen als notwendig, medikamentöse, heilpädagogische oder psychotherapeutische Ansätze zumindest zeitweise parallel anzuwenden.

Vermutlich haben inzwischen mehr und mehr betroffene Familien, Lehrer und andere Fachleute von den gängigeren *medikamentösen Behandlungsmöglichkeiten* gehört oder sogar Erfahrungen damit gesammelt. Die am häufigsten und bei bis zu 80 Prozent der hyperkinetischen Kinder mit Erfolg angewandte Substanz heißt mit Handelsnamen Ritalin und wird seit vielen Jahrzehnten speziell gegen die ungesteuerte und überschießende Aktivität und die ausgeprägten Aufmerksamkeitsprobleme der hyperkinetischen Kinder eingesetzt. Es handelt sich hierbei um ein eigentlich stimulierendes Medikament, dessen Wirkung man in einer Aktivierung der reduzierten Steuerungsfunktionen des Stirnhirnes der Betroffenen vermutet. Da das Medikament nur über mehrere Stunden eine volle Wirksamkeit zeigt, kann man die Einzeldosen in Absprache mit dem zuständigen Arzt sehr genau auf die tageszeitlichen Bedürfnisse und Anforderungen des Kindes abstimmen. Die Wirkung des Medikamentes kann zusätzlich durch bestimmte Beobachtungsskalen, die Eltern und Lehrer ausfüllen, überprüft werden.

Das folgende Fallbeispiel stammt aus dem Erfahrungsbericht einer Mutter, deren achtjähriger Sohn auf Ritalin eingestellt worden ist und darauf sehr deutlich ansprach:

> ».. . Schon als Säugling hielt er die Familie Tag und Nacht auf Trab ... Im Kindergarten gab es keinen Tag, wo sich die Betreuer nicht beschwerten, wenn ich ihn abholte. Er sei den ganzen Tag »wie von Hunden gehetzt« ... Dies war auch ein Grund was 1995 zur Scheidung führte ... Mein Sohn litt nun zusätzlich unter Schlaflosigkeit und Depressionen. ... Ab dem ersten Schultag wuden die Probleme größer ... Die Kinder wandten sich ab und meine Bekannten zogen sich zurück. Man mied uns und wir zogen in ein anderes Stadtviertel ... In der Schule mußte er hinten sitzen ... und es verging keine Woche, wo ich nicht zur Lehrerin mußte ... In der kinderpsychiatrischen Klinik entschied man nach genauer Untersuchung, das Medikament »Ritalin« zu versuchen ... Seit diesem Tag ... wurde mein Sohn ausgeglichener, schlief die ganze Nacht durch. Die Lehrerin meldete sich jetzt positiv bei mir. Er störte den Unterricht nicht mehr, die Konzentration und Ausdauer kamen und das Stillsitzen funktionierte auch ... er ist kein Außenseiter mehr ... Mittlerweile bin ich ebenfalls in Therapie, um die letzten acht Jahre zu verarbeiten ...
>
> Eine Äußerung von meinem Sohn macht mich ganz stolz: »Jetzt bin ich wie die anderen Kinder!«

Man muß an dieser Stelle unbedingt klarstellen, daß nicht alle Betroffenen so einschneidend positiv reagieren, zumal sich oft durch den langjährigen Streß, dem alle Beteiligten ausgesetzt waren, vielfältige Folgeerscheinungen in Form von anderweitigen Verhaltensstörungen oder auch depressiver Verstimmung entwickelt haben.

Wenn die Wirkung des Ritalin nicht eindeutig feststellbar ist, kann man bei sogenannten »non-respondern« in Absprache mit Eltern und Bezugspersonen auch bestimmte andere Substanzen einsetzen. Da aber erfahrungsgemäß die medikamentöse Behandlung allein ohnehin oft nicht ausreichend ist, das Kind ja darüber hinaus auch mit seinen besonderen Eigenschaften umzugehen lernen sollte, vielleicht gar Möglichkeiten finden könnte, sich diese zunutze zu machen, empfiehlt es sich, spätestens jetzt *heilpädagogische Maßnahmen* für Kind und Familie zu etablieren.

Es gibt heilpädagogische Tagesstätten (HPT), in welchen den Kindern in sehr kleinen Gruppen von mehreren Fachkräften Hilfestellung beim Lernen, bei der Erledigung von Hausaufgaben und vor allem auch bezüglich sozialer Fertigkeiten im Umgang mit Gleichaltrigen gegeben werden kann. Zusätzlich können im Rahmen der HPT-Betreuung von den Mitarbeitern und dem zuständigen Psychologen bei Bedarf die Eltern des Kindes im Umgang mit diesem unterstützt und beraten werden.

Einige Fachleute bevorzugen anstelle der unterstützenden medikamentösen Therapie *diätetische Maßnahmen*. Die häufiger empfohlene sogenannte »oligoantigene Diät«, welche auf der Annahme einer allergischen Verursachung der hyperkinetischen Problematik beruht, kann wohl in einigen Fällen die unerwünschten Symptome reduzieren helfen, bedeutet aber andererseits für die betroffene Familie eine zusätzliche Belastung, da nach den Vorgaben des Diätplanes gelebt und gekocht werden muß!

Eine *analytische* oder *tiefenpsychologische Einzeltherapie* kann sich bei zusätzlichen massiven emotionalen Belastungsfaktoren vielleicht empfehlen, ist jedoch nicht spezifisch gegen die Verhaltens- und Aufmerksamkeitsprobleme der hyperkinetischen Kinder wirksam.

Die eingeschränkten und wenig gesteuerten Wahrnehmungsfunktionen der Betroffenen können auch im Rahmen *psychomotorischer Therapie* gefördert werden, was gerade jüngeren Kindern in einer Gruppe viel Spaß machen und zusätzlich die Fähigkeiten im Umgang mit Gleichaltrigen stärken kann.

Über die nun beispielhaft genannten Ansätze hinaus gibt es noch eine Vielzahl anderer Vorgehensweisen wie *Familientherapie, Ergotherapie, Kinesiologie* etc., die zum Teil ergänzend angewendet werden können, jedoch von Kind zu Kind unterschiedlich empfehlenswert sind; zudem muß man sich oft auch nach den Gegebenheiten und Angeboten vor Ort richten.

Insofern empfiehlt es sich, nicht nur wegen einer diagnostischen Einschätzung, sondern auch zum Erarbeiten angemessener therapeutischer Maßnahmen einen im Umgang mit der Problematik erfahrenen Arzt oder Psychologen aufzusuchen, der bei der Vermittlung der gewünschten Angebote helfen kann.

Wer mehr über Problematik und Therapiemaßnahmen wissen möchte, kann darüber in *Das hyperkinetische Kind und seine Probleme* von Cordula Neuhaus oder *Rastlose Kinder, ratlose Eltern* von Gerhard W. Lauth, Peter F. Schlottke und Kerstin Naumann nachlesen oder sich auch an den Bundesverband Arbeitskreis Überaktives Kind e. V., Postfach 41 07 24, 12117 Berlin wenden.

Ticstörungen und Tourette-Syndrom

Der Begriff »Tic« wird gar nicht so selten verwendet. In der Umgangssprache meint man, wenn man sagt: »Der tickt nicht richtig«, oder: »Der hat doch einen Tic!«, daß jemand vielleicht sehr ungewöhnliche Ansichten oder Angewohnheiten hat oder sich sonstwie erheblich von den üblichen Vorstellungen abhebt. Spricht aber ein Arzt oder Psychologe von einem Tic, einer Ticstörung oder einer Ticerkrankung, so wird er damit ganz bestimmte Symptome meinen, die mit dem umgangssprachlich verwendeten Sinn des Wortes eigentlich nicht viel gemeinsam haben.

In der Medizin oder der Psychologie versteht man unter einem Tic *eine rasche, wiederholte, nicht rhythmische Bewegung, die nicht willentlich gesteuert und ohne bestimmten Zweck abläuft.* Ticbewegungen betreffen meist bestimmte Körperteile bzw. Muskelgruppen; sie können willentlich nur über kleinere Zeiträume unterdrückt werden und treten im Schlaf üblicherweise aber nicht auf.

Es gibt *motorische Tics*, also die unwillkürlichen Muskelbewegungen, aber auch *vokale Tics*, nämlich unwillkürliche und ohne bestimmten Zweck geäußerte Laute.

Ein motorischer Tic ist beispielsweise der »Blinzeltic«, also das meist streßbedingte, nicht mit bestimmter Absicht eingesetzte Augenzwinkern, das fast jeder bestimmt schon einmal beobachtet hat. Ticbewegungen können aber noch viel massiver und auffälliger sein: z. B. wenn jemand seinen Kopf immer wieder plötzlich und ruckartig in eine Richtung oder hin und her wirft. Manche Betroffenen zucken auch mit den Armen oder Schultern oder schneiden – ebenfalls ohne es zu wollen – seltsame Grimassen!

Dauert diese Symptomatik länger als ein Jahr an, so spricht man von einer *chronischen Ticerkrankung*, ansonsten von einer *vorübergehenden Ticstörung*.

Von *komplexen motorischen Tics* ist die Rede, wenn die betroffene Person umfassendere Bewegungsabläufe in der beschriebenen unwillkürlichen und ruckartigen Art vollzieht. Hierbei kann es sich beispielsweise um Hüpfen, Berühren oder Beklopfen von Gegenständen oder gar Personen handeln.

Bei den vokalen Tics ist es ähnlich: Sie können vorübergehend oder chronisch auftreten, und sie können einfache oder auch umfassendere Lautäußerungen beinhalten. Als einfachen vokalen Tic würde man Räuspern, Schniefen oder auch Zischen bezeichnen, während man das wiederum vollständig unwillkürliche Ausstoßen ganzer Sätze zu den komplexen vokalen Tics zählt.

Fallbeispiel:

> Vor einigen Jahren kam ein 14jähriger Junge in Begleitung seiner Eltern in die Klinikambulanz. Der Jugendliche wirkte außerordentlich selbstunsicher, stimmungsmäßig sehr

gereizt und zudem frustriert, und nahm kaum Kontakt zum Untersucher auf. Die Eltern hingegen beschwerten sich lautstark und sehr vorwurfsvoll: Ihr Sohn mache sich und die Familie absichtlich zum Gespött des ganzen Dorfes, er mache ständig seltsame zuckende Bewegungen und äußere unverständliche oder sinnlose Laute. Und damit nicht genug – er ärgere seine doch ohnehin verzweifelten Eltern auch noch damit, daß er sie ohne Grund immer wieder mit dem Finger anstoße! Man könne ihn allmählich nicht mehr ertragen, wisse nicht mehr, wie man auch nur einen weiteren Tag miteinander aushalten solle.

Es ist nur allzu gut zu verstehen, daß der Jugendliche verunsichert, im Kontakt gestört und nahezu depressiv wirkte. Da die geschilderten Bewegungen und Lautäußerungen seit Jahren bestehen und zudem nicht zu unterdrücken sind, leidet er sicher noch schmerzlicher und umfassender unter der Symptomatik und der dadurch bedingten Außenseiterrolle als seine Eltern. Noch dazu, wo jeder denkt, er zeige die Auffälligkeiten mit Absicht, während er selber sich ja gar nicht erklären kann, was mit ihm nicht in Ordnung ist!

Diese über Jahre bestehenden häufigen und massiven, oft zunehmenden motorischen und vokalen Ticerscheinungen haben einen besonderen Namen: Das *Tourette-Syndrom*, benannt nach Gilles de la Tourette, der sich mit dieser Problematik schon im 19. Jahrhundert eingehend beschäftigt hat.

Von einem derartigen Syndrom muß man vor allem dann ausgehen, wenn zusätzlich zu den chronischen motorischen und vokalen Tics verbale Lautäußerungen auftreten und eine Tendenz ins Unflätige, Beschimpfende haben.

Fallbeispiel:

Ein 16jähriger wird zur Behandlung seines Tourette-Syndroms auf eine jugendpsychiatrische Station aufgenommen. Während seines mehrwöchigen stationären Klinikaufenthaltes zeigt er sich meist unruhig-getrieben und stimmungsmäßig gereizt und neigt zu heftigen Zornesausbrüchen. Besonders im Gesichts- und Kopfbereich fällt er durch offensichtlich unkontrollierte Grimassen und Zuckungen auf, zwischendurch auch durch unwillkürliche Arm- und Schulterbewegungen. Zusätzlich geschieht es immer wieder, daß der Jugendliche plötzlich laut Worte wie »Scheiße« oder »Arschloch« ohne Zusammenhang zur jeweiligen Situation ausstößt und ohne eine bestimmte Person damit anzusprechen. Zeitweilig schleudert er ebenso unvermittelt und zusammenhanglos ganze Sätze in den Raum, so z. B.: »Ich hasse Sie! Ich liebe Sie!«

Dieser Jugendliche leidet nur allzu offensichtlich an einer sehr ausgeprägten Symptomatik, also an verschiedenen motorischen Tics sowie an einfacheren und auch komplexen verbalen Tics, die ihn ganze Sätze unkontrolliert ausstoßen lassen. Die zusätzlich deutlich sichtbare Unruhe bis hin zur Getriebenheit läßt obendrein ein Hyperkinetisches Syndrom vermuten, welches leider bei etwa der Hälfte der Tourette-Patienten gleichzeitig vorhanden ist!

Zum Glück ist die Häufigkeit des Tourette-Syndroms mit 3 bis 9 Betroffenen von 10 000 nicht allzu groß. Dagegen leiden unter vorübergehenden Ticstörungen mindestens 5 von 100 Kindern (Jungen häufiger als Mädchen), während chronische Ticsymptome mit 2 bis 3 Fällen unter 100 Kindern und Jugendlichen schon weniger häufig auftreten. Erwachsene sind seltener betroffen, was vermuten läßt, daß die Tics bei einem Teil der Patienten wieder verschwinden.

Ursachen

Über die Ursachen gibt es – wie so oft – verschiedene Vermutungen:

Erbfaktoren scheinen eine Rolle zu spielen, da Ticstörungen und insbesondere das Tourette-Syndrom in manchen Familien gehäuft zu beobachten sind.

Auch *hirnorganische, neurobiochemische* Aspekte werden angeführt: Der Botenstoff Dopamin scheint in bestimmten Hirnarealen im Übermaß zu wirken, weshalb Medikamente, die die Dopaminwirkung blockieren, die Ticerscheinungen reduzieren (andere Substanzen, die die Freisetzung von Dopamin steigern, können dagegen zum verstärkten Auftreten von Tics führen).

Die mehr *psychoanalytische Betrachtungsweise* wiederum legt nahe, daß Tics als Zeichen unterdrückter Wünsche, Gefühle oder Triebe zu verstehen sind und quasi der Abfuhr oder der Verminderung innerer Spannungen dienen können. So werden auch immer wieder sehr strenge und einengende Eltern beschrieben, deren Kinder sich z. B. in Form von motorischen Äuffälligkeiten wie Ticbewegungen Luft machen.

Unsere Beobachtungen und Erfahrungen im Umgang mit ticgeplagten Kindern und Jugendlichen scheinen eher darauf hinzuweisen, daß die oben aufgeführten ursächlichen Faktoren in unterschiedlicher Gewichtung zusammenspielen. Man bezeichnet die Verursachung also als *multifaktoriell*.

Dies wird deutlich, je genauer man die Betroffenen befragt oder kennenlernt: Bei einigen Kindern oder Jugendlichen sieht man sehr genau, daß sie auf Leistungsdruck oder gefühlsmäßige Belastungen mit einer Zunahme der Ticsymptome reagieren, bei anderen wiederum zerbricht man sich vergebens den Kopf auf der Suche nach auslösenden Faktoren. Die Tics beginnen – typischerweise im Grundschulalter – ohne erkennbare Ursache und nehmen zu bzw. ab, ohne daß man eine eindeutige Verknüpfung zu den äußeren Umständen treffen könnte.

Behandlung

Entsprechend unterschiedlich sieht es auch mit der Behandlung aus:

So gibt es Betroffene, die schon unter einem einzelnen motorischen Tic sehr deutlich leiden, sich massiv verunsichert und als Außenseiter fühlen. Auf der anderen Seite kann es einem passieren, daß ein Kind, das seit Jahren durch verschiedene motorische und zusätzlich noch Räuspertics seinen Eltern Sorgen bereitet, ganz entschieden jedwede Behandlung ablehnt und erklärt, daß es mit seinen Tics leben will, die Tics zu ihm gehören!

Ist dies – was eher selten ist – nicht der Fall, so lohnt es sich, herauszufinden, ob äußere Belastungen wie familiäre Konflikte oder sonstiger emotionaler Streß eine Rolle spielen könnten. Dann wäre zu überlegen, ob z. B. eine *Einzelpsychotherapie* des Ticpatienten oder eventuell auch *familientherapeutische Maßnahmen* Entlastung bringen könnten.

Lassen sich derartige Gesichtspunkte nicht feststellen oder zeigt der Betroffene keine Bereitschaft dazu, diese herauszuarbeiten, so kann sich die Behandlung in manchen Fällen auch auf unterstützende Beratung oder die Gabe von Medikamenten reduzieren.

Bei der *medikamentösen Therapie* hat sich ein ganz bestimmtes Medikament mehr oder weniger als erste Wahl herauskristallisiert: das Tiapridex. Dieses – wie auch das möglicherweise alternativ eingesetzte Medikament Orap – kann aber durchaus bestimmte Begleiterscheinungen hervorrufen, die mit Patient und Familie besprochen sein sollten, um angstauslösenden Überraschungen vorzubeugen. So kann es unter Tiapridex bei rascherer Dosissteigerung zu vorübergehender Müdigkeit kommen, unter Orap zu bestimmten Bewegungsstörungen, die man bei Bedarf mit einem anderen Medikament unterdrücken kann (genauere Informationen hierzu in Kapitel 5, »Psychopharmakologischer Überblick«).

Um das Ausmaß der Ticsymptome und auch deren Verlauf unter den durchgeführten Therapiemaßnahmen verfolgen zu können, ist das Führen eines Kalenders hilfreich. Diese Maßnahme findet bei mehr *verhaltenstherapeutisch orientiertem Vorgehen* Verwendung, bei dem verschiedene Methoden angewandt und oft auch kombiniert werden. So kann man ticarme Phasen mit bestimmten Belohnungen positiv verstärken oder man erprobt mit dem Patienten die Wirksamkeit von entspannenden Verfahren wie dem *autogenen Training*. Oft erweist es sich auch als hilfreich, wenn der Betroffene lernt, bei Aufkommen eines besonders unangenehmen und störenden Tics eine weniger auffällige Alternativbewegung auszuführen, eine sogenannte *motorische Gegenantwort*. Es gibt sogar therapeutische Ansätze, die den Patienten vorgeben, bestimmte Ticerscheinungen willentlich über einen bestimmten Zeitraum gehäuft zu wiederholen, um sozusagen eine diesbezügliche Erschöpfung zu erreichen, aus der heraus das Symptom zumindest vorübergehend seltener auftritt.

Bei jedweder Behandlung aber ist es wichtig, daß man den Betroffenen und die Angehörigen über den normalerweise zu erwartenden Verlauf der Ticstörungen aufklärt: Vereinzelt auftretende Tics sind oft vorübergehend, nehmen ohne spezifische Therapiemaßnahmen von allein wieder ab und können ganz versiegen. Selbst kombiniert auftretende Ticsymptome können z. B. bei Eintritt in die Pubertät wieder verschwinden.

In manchen dieser Fälle treten die Tics dann allerdings unter emotionaler Belastung noch einmal zutage. Oder es können zusätzlich weitere psychische Auffälligkeiten wie die eingangs angeführte hyperkinetische Symptomatik Probleme bereiten, oder auch, was gehäuft zu beobachten ist, eine Kombination aus massiverer Ticstörung, also einem Tourette-Syndrom, und beispielsweise Zwangserscheinungen.

Insofern empfiehlt es sich bei längerfristigem und gehäuftem Auftreten von Ticsymptomen, z. B. einen Kinder- und Jugendpsychiater oder – bei älteren Jugendlichen – eventuell auch einen

Neurologen zu Rate zu ziehen, um mit diesem das weitere Vorgehen zu besprechen.

In Deutschland existiert seit längerem eine Tourette-Gesellschaft, die unter anderem über Herrn Professor Rothenberger an der Klinik und Poliklinik für Kinder- und Jugendpsychiatrie in Göttingen zu kontaktieren ist und auch sehr anschauliche Ratgeberbroschüren zur Verfügung stellen kann.

Lesenswert ist zudem die Geschichte des »Witty Ticcy Ray«, welche Oliver Sacks in seinem Buch *Der Mann, der seine Frau mit einem Hut verwechselte* liebevoll niedergeschrieben hat, und sicherlich auch der Artikel über das Tourette-Syndrom im *Geomagazin* vom Juni 1993 von Oliver Sacks und Peter Ginter.

Lern- und geistige Behinderung

Intelligenz zu definieren ist gar nicht so unkompliziert – wie auch in den vorhergehenden Abschnitten schon zu lesen war (vgl. u. »Leistungsprobleme« bzw. »-störungen«). Etwas vereinfachend und pauschal könnte man sagen, daß es bei Intelligenz um Wahrnehmung, Gedächtnis, Informationsverarbeitung und logisch-abstraktes Denken, Planen und Handeln geht.

Geistig Behinderte, also mental Retardierte, verfügen nur über maßgeblich eingeschränkte Möglichkeiten, sich mit ihrer Umgebung auseinanderzusetzen. Versucht man, diese Minderung der allgemeinen Intelligenz in Zahlen auszudrücken, so hat man sich weltweit darauf geeinigt, daß von einer geistigen Behinderung ab einem Intelligenzquotienten von unter 70 zu sprechen ist.

Das trifft auf 2 bis 3 Prozent der Durchschnittsbevölkerung zu, wobei man in dieser Gruppe noch die unterschiedlichen Schweregrade der mentalen Retardierung unterscheiden muß.

Wer mit Behinderten zu tun hat, weiß, daß es sowohl bei Geistig- als auch bei Körperbehinderten extrem unterschiedliche Fähigkeiten bzw. Einschränkungen gibt! So wird z. B. in manchen Behinderteneinrichtungen nach »Sprechern« und »Nichtsprechern« unterschieden. Man kann sich sehr gut ausmalen, wieviel eingeschränkter, also im Alltag hilfsbedürftiger, ein sogenannter »Nichtsprecher« ist. Mit wie vielen Mißverständnissen dieser ohnehin schwerer Behinderte zurechtkommen muß und wie schwer es ist, seine Wünsche und Bedürfnisse zu verstehen.

Glücklicherweise gehören mehr als drei Viertel der geistig Behinderten zu den leichter in ihrer Entwicklung Zurückgebliebenen. Das bedeutet, daß viele von ihnen während der ersten Lebensjahre nicht allzusehr von ihren Altersgenossen abweichen und erst im Kindergarten oder in der Schule herausgefunden wird, daß eine mentale Retardierung vorliegt.

Diese Kinder mit einer *leichtgradigen mentalen Retardierung* können mit viel Unterstützung und Förderung im Laufe der Jahre den Entwicklungsstand eines durchschnittlichen Schulkindes von etwa 10 bis 12 Jahren erreichen. Auch können sie mit entsprechender Anleitung einfache berufliche Tätigkeiten erlernen, die je nach Umfeld nicht notwendigerweise in einer beschützenden Werkstätte stattfinden müssen. Manche dieser nur leichtgradig geistig Behinderten sind auch in der Lage, selbständig ihren Haushalt zu führen, wenn sie entsprechende Anleitung und bei schwierigeren – z. B. geschäftlichen – Erledigungen Hilfe erhalten.

Fallbeispiel:

Eine 14jährige, völlig verwahrloste geistig Behinderte kam durch Zufall in einer Bäckersfamilie in einem kleinen Dorf unter. Mit viel Geduld wurden zunächst die durch die Verwahrlosung bedingten körperlichen Erkrankungen bis hin zu den fast vollständig fehlenden Zähnen versorgt. Anfangs war das Mädchen nicht einmal in der Lage, seine Ausscheidungsfunktionen zu kontrollieren. Mit der Zeit wurde es dann möglich, der Jugendlichen einfache Tätigkeiten im Haushalt beizubringen und sie mit Hilfe der im Hause lebenden Sonderschullehrerin sogar etwas Schreiben zu lehren.

Inzwischen ist die jetzt erwachsene Frau in der Lage, sich in einer kleinen Wohnung selbst zu versorgen; zusätzlich macht sie für die mittlerweile berentete Bäckersfrau Besorgungen, bekocht sie ab und an und reinigt ihr die Wohnung. Dennoch ist es insbesondere für Vermögensangelegenheiten und kompliziertere finanzielle Vorgänge unerläßlich, daß sich ein sogenannter Betreuer um derartige Dinge kümmert.

Die *mittelgradig geistig Behinderten* – etwa 10 Prozent der Betroffenen – tun sich schon sehr schwer mit komplexeren Aufgaben und Tätigkeiten. Nur zum Teil können sie Schreiben lernen und müssen meist lebenslang in beschütztem Rahmen leben und arbeiten.

Etwa 1 bis 2 Prozent fallen in die Gruppe der *schwer Behinderten*. Spracherwerb ist kaum möglich, und Hilfen und Aufsicht in allen Verrichtungen sind quasi rund um die Uhr notwendig.

Geistig Behinderte werden manchmal auch als *oligophren* bezeichnet. Dieser Begriff leitet sich vom griechischen oligos = wenig und phrenos = Geist ab. Dies ist nicht mit der Bezeichnung »Demenz« zu verwechseln, da Demenz impliziert, daß es um einen Abbau bereits erlernter Fähigkeiten geht, während Oligophrene schon von Beginn an in ihrer Entwicklung gestört sind.

Ursachen, Diagnose und Förderung

Ursächlich für eine geistige Behinderung können verschiedene Faktoren sein. Manchmal ist die Minderbegabung familiär bedingt. Möglicherweise nimmt Gehirnsubstanz im Rahmen von

Geburtskomplikationen oder schon während der Schwangerschaft z. B. durch Infektionen Schaden oder geht ganz verloren. Oder es liegt ein genetisches Syndrom vor, also eine Störung im Bereich der Erbanlagen, wie es z. B. für mongoloide Kinder zutrifft. In sehr vielen Fällen wird man die Ursache nie mit Sicherheit ergründen können.

Viel wichtiger ist es aus unserer Sicht, das Vorliegen einer mentalen Entwicklungsverzögerung überhaupt zu bemerken! Hierzu können oft schon Erzieherinnen, Lehrkräfte oder manchmal auch der Kinderarzt im Rahmen von Vorsorgeuntersuchungen Hinweise geben. Verdichten sich diese und entsteht der Eindruck, daß ein Kind vielleicht sogar in mehreren Bereichen nicht mit seinen Altersgenossen Schritt halten kann, so kann man dessen Entwicklungsstand von Psychologen in *Frühförderstätten* oder auch in Kinderkliniken oder in kinder- und jugendpsychiatrischen Abteilungen oder Praxen untersuchen lassen. Auch wenn im Zweifel alle Eltern große Angst vor einer derartigen Diagnose haben – für das betroffene Kind ist es ungemein wichtig, daß maßgebliche Entwicklungsverzögerungen rechtzeitig festgestellt werden, da man dann so bald wie möglich mit Fördermaßnahmen beginnen kann und das Kind zudem nicht mehr als notwendig von seiner Umgebung falsch eingeschätzt und überfordert wird. Denn das löst mit Sicherheit bei allen Beteiligten erhebliche Frustrationserlebnisse aus!

Jedes Kind – auch ein geistig retardiertes – sollte seinen Möglichkeiten entsprechend gefördert werden. Ungeduld und Überforderung nützen nicht im geringsten. Gerade bei entwicklungsverzögerten Kindern erreicht man damit bestenfalls, daß die Betroffenen blockieren, verweigern und im Zweifel auch noch sekundäre Verhaltensauffälligkeiten entwickeln. Besser ist es, ein solches Kind so früh wie möglich in entsprechende Fördereinrichtungen zu integrieren. Mit Abwarten oder gar Verleugnen der Entwicklungsverzögerung verliert man wertvolle Zeit, in der das Kind spezifische Förderung erhalten könnte. Geistige Behinderungen verwachsen sich nicht, so sehr man verständlicherweise darauf hoffen mag!

Es ist also dringend anzuraten, entwicklungsverzögerte Kinder schon im Vorschulalter in entsprechende Kindergärten zu integrieren, wo auf ihre Schwächen Rücksicht genommen werden kann und geschultes Personal die Stärken der Kinder erkennen und fördern kann. Genauso wichtig ist es, die Kinder in Förderschulen einzugliedern, denn der Besuch einer Regelschule muß unweigerlich zu tagtäglichen Mißerfolgserlebnissen und Frustrationen führen. Das ist für das Selbstwertgefühl des Betroffenen geradezu Gift und kann zu depressiver Verstimmung, Rückzug, Aggressivität oder gar zu selbstschädigenden Verhaltensweisen führen. Spätestens bei Beginn einer Berufsausbildung mit Berufsschulunterricht und der Notwendigkeit, im Alltag entsprechende Selbständigkeit zu entwickeln, wird der jugendliche mental Retardierte dann den Anforderungen nicht mehr entsprechen können, wobei es zu diesem Zeitpunkt oft schwierig werden kann, noch eine Umschulung in die passenden Fördereinrichtungen zu erwirken.

Bei extrem entwicklungsverzögerten, schwierigen und verhaltensauffälligen geistig Behinderten kann es sich als unumgänglich erweisen, eine Unterbringung in einer *Fördereinrichtung rund um die Uhr* in die Wege zu leiten. Unterstützung können hier kinder- und jugendpsychiatrische Abteilungen wie auch Jugendämter geben, wobei die Übernahme der oft beträchtlichen Kosten über das Bundessozialhilfegesetz geregelt werden kann.

Klar ist allerdings, daß bei einem solchen Schritt nicht nur etwaige Finanzierungsfragen Sorgen und Ängste auslösen. Vielmehr geht es ja oft darum, ob es dem eigenen Gewissen gegenüber zu verantworten ist, ein Kind, das es ohnehin im Leben schwerer hat als andere, auch noch fortzugeben! Dazu konnten wir im Rahmen der langjährigen Betreuung mehrerer Jugendlichenwohngruppen in einer großen Behinderteneinrichtung einige zum Teil überraschende Beobachtungen machen: Auch geistig behinderte Menschen wollen so viel wie möglich an Selbständigkeit erreichen; dazu gehört unter anderem, daß man mit in etwa Gleichaltrigen leben kann, anstatt als ewiges Kind bei den

Eltern alt zu werden. Gerade bei den älteren Jugendlichen ist kein ständiger enger Kontakt zu den Eltern ausschlaggebend – viel wichtiger ist es, daß Eltern und andere wichtige Bezugspersonen in den Absprachen zuverlässig sind und Versprechen und Termine etc. sehr genau einhalten.

Gerade in ihrer Entwicklung retardierte Menschen freuen sich oft ungemein über jeden kleinen Fortschritt, den sie erreichen können. Deshalb tut es nur gut, wenn sie in einer Gruppe Gleichaltriger bestehen lernen müssen und von ausgebildetem Personal unterstützt, aber auch gefordert werden.

Autistische Syndrome

Der Begriff »Autismus« fällt oft in Zusammenhang mit geistiger Behinderung, was aber im Einzelfall nicht unbedingt zutreffend ist. Tatsächlich können autistische Menschen vollkommen unterschiedlich intelligent sein. Insgesamt liegt bei etwa drei Viertel der Betroffenen der Intelligenzquotient unter 70, also im Bereich der geistigen Behinderung. Früher hat man recht streng zwischen dem sogenannten frühkindlichen *(Kanner-)Autismus* und dem *Asperger-Syndrom* zu unterscheiden versucht. Mit letzterem sind die Autisten gemeint, bei denen kaum oder gar keine Entwicklungsverzögerungen, insbesondere bezüglich der Sprache und der Intelligenz, festzustellen sind. Im klinischen Alltag erscheinen die Übergänge jedoch derart fließend, daß man sich oft schwertut, mit Sicherheit zwischen den beiden Untergruppen zu unterscheiden.

Letztendlich ausschlaggebend für das Bestehen des Kindes im tagtäglichen Leben ist das *Ausmaß der Kontaktstörung*, der »sozialen Behinderung«, was ja die *Kernproblematik* der autistischen Menschen ist.

Verhaltensauffälligkeiten und Erleben eines autistischen Kindes

Bei den Fragen: Wie stellt sich ein Autismus im einzelnen dar? Wodurch fällt ein autistisches Kind auf, womit hat es Schwierigkeiten?, ist zunächst der Begriff der »sozialen Behinderung« hilfreich. Denn die Verständigung und der emotionale und soziale Austausch mit den Mitmenschen sind eingeschränkt. So kann den Eltern autistischer Kinder schon im Säuglingsalter auffallen, daß ihr Kind sich nicht über Zuwendung oder liebevollen Körperkontakt zu freuen scheint. Die Betroffenen reagieren wenig auf soziale Signale und benutzen diese selber nur eingeschränkt. Sie lächeln nicht zurück, machen nicht »winke, winke« und schmusen ungern. Wenn sie sich wehtun, laufen sie selten trostsuchend zu ihren Eltern und scheinen ohnehin von der Existenz anderer Menschen nur eingeschränkt Notiz zu nehmen. Sowohl die Sprache als auch gestische und mimische Äußerungen der autistischen Kinder wirken starr, eintönig und reduziert. Im Spiel mit anderen ahmen sie wenig nach, scheinen nicht sehr phantasievoll und ohnehin oft zufriedener, wenn man sie in Ruhe läßt und sie sich allein beschäftigen können.

Ganz besonders belastend für Betroffene und auch deren Umgebung können sogenannte *stereotype Verhaltensmuster, Sonderinteressen* und oft extrem ausgeprägte *Veränderungsängste* sein:

Stereotype Bewegungen können z.B. in gleicher Form, zum Teil über Stunden und das tagtäglich und ohne irgendeinen erkennbaren Sinn wiederholt werden, manchmal können sie sogar in verschiedenem Ausmaß selbstverletzend sein!

So kann man beim Besuch mancher Wohngruppen in einer von uns psychiatrisch mitbetreuten Behinderteneinrichtung einige Bewohner kennenlernen, die in sich versunken über lange Zeiträume irgendwo kauern oder sitzen und immer die gleiche Schaukelbewegung machen. Es scheint sie überhaupt nicht zu tangieren, was um sie herum geschieht oder wer sich im Raum befindet. An manchen Tagen fällt dann auf, daß einzelne Jugendliche einen

Helm tragen – das sind die Zeiträume, in denen bestimmte stereotype Kopfbewegungen derart heftig werden, daß Verletzungsgefahr besteht.

Stereotypien fallen teilweise auch bei den weniger schwer geistig retardierten Autisten ins Auge, wenn man sie z. B. bittet, ein Bild anzufertigen. Manche Stiftbewegungen werden dann so lange in gleicher Weise immer wieder durchgeführt, bis das Blatt durchlöchert ist. Gerade auch bei der ambulanten Untersuchung kann es sich als hilfreich erweisen, Kinder oder Jugendliche mit dem Verdacht auf ein autistisches Syndrom etwas malen zu lassen. Manchmal ergeben sich nämlich auf diese Art schon deutliche Hinweise auf *Sonderinteressen*, wenn beispielsweise die Bildinhalte immer das gleiche darstellen.

Fallbeispiel:

> Ein Junge wurde von seinen Eltern wegen massiver Kontaktprobleme in der Ambulanz vorgestellt. Während des Gesprächs mit seinen Eltern malte er die meiste Zeit. Auf allen Zeichnungen waren Bushaltestellen und Fahrplanelemente abgebildet. Bei genauerem Befragen war von den Eltern zu erfahren, daß ihr Sohn quasi alle Haltestellen des Münchner Verkehrsnetzes auswendig wisse und daß sich zum Leidwesen der Familienmitglieder sein gesamtes Interesse wie auch sein Tagesablauf vornehmlich nach Abfahrtzeiten und der Lokalisation von Haltestellen zu richten habe.

Auch *Veränderungsängste* können den Bezugspersonen von Autisten manchmal das Leben schwer machen. Das kann so weit gehen, daß nicht nur die zeitliche Strukturierung der Tage immer identisch sein muß, sondern z. B. auch Veränderungen in der Anordnung von Gegenständen oder Möbeln im eigenen Zuhause heftige Erregungszustände hervorrufen.

Zum Glück sind autistische Syndrome eher selten. Ihnen wurde zwar in den letzten Jahren gerade auch über die Medien viel Aufmerksamkeit zuteil, was aber verschiedene andere Gründe als deren Häufigkeit haben dürfte. Tatsächlich liegt die Häufigkeit zwischen 2 bis 10 pro 10 000 Kindern. Das große Interesse von Wissenschaft und Öffentlichkeit liegt vermutlich zum einen daran, daß bislang keine überzeugenden Heilungsmethoden gefunden werden konnten; zum anderen wurden durch entsprechende Vermarktung »berühmter« Einzelfälle wie des autistischen Jungen Birger Sellin Hoffnungen geweckt, es könne sich hinter einem Autisten mit entsprechenden Sonderinteressen vielleicht doch einmal eine Art Genie verbergen.

Mögliche Ursachen

Wodurch und wie autistische Störungen entstehen, dazu gibt es die verschiedensten Annahmen: So sind unter anderem *genetische Ursachen* für das Auftreten autistischer Syndrome verantwortlich zu machen. Gerade bei den geistig und sprachlich weniger Retardierten sind insbesondere in der männlichen Linie familiäre Häufungen zu beobachten. Auch in Zwillingsuntersuchungen ließ sich nachweisen, daß eineiige Zwillinge wesentlich häufiger beide unter autistischen Syndromen leiden, als es bei zweieiigen Zwillingspaaren der Fall ist.

Eine maßgebliche Rolle wird auch *hirnorganischen Faktoren* zugeschrieben. So ergaben sich in verschiedenen Untersuchungen Hinweise auf Schädigungen bzw. Abnormitäten in bestimmten Hirnarealen autistischer Kinder. Insbesondere das sogenannte Kleinhirn scheint hier betroffen zu sein, wie sich mittels spezieller röntgenologischer Untersuchungsverfahren zeigte. Die Ursachen für organische Schäden sind allerdings nicht immer auszumachen; teilweise lassen sich Geburtskomplikationen, epileptische Anfallserkrankungen, Infektionen oder Stoffwechselerkrankungen nachweisen.

Zur Diskussion stehen auch immer wieder *äußere Faktoren im sozio-emotionalen Bereich.* So werden Fälle beschrieben, in denen autistische Kinder in diesem Bereich schweren Belastungen und Versagungen ausgesetzt waren, wenn beispielsweise ein Elternteil ebenfalls unter autistischen Zügen litt.

Letztendlich ist in Anbetracht dieser vielen verschiedenen Annahmen zur Verursachung autistischer Störungen von einer *multifaktoriellen Genese* auszugehen.

Das Erleben autistischer Kinder

Um im Umgang mit Autisten – Kindern wie Erwachsenen – Erfolge erzielen zu können, ist es aus unserer Sicht vor allem wichtig, nicht vereinfachend davon auszugehen, daß ein im sozialen und emotionalen Kontakt eingeschränkter Mensch unsensibel oder gar stumpf sei. Im Gegenteil: Autisten können im Bereich verschiedener Sinneswahrnehmungen sogar extrem empfindlich reagieren. So gerät beispielsweise in dem Film »Verrückt nach Mary« Marys autistischer Bruder völlig außer sich, wenn jemand ihm seine Kopfhörer von den Ohren zieht und laut auf ihn einredet.

Die Wahrnehmung der autistischen Kinder scheint oft überselektiv und wenig flexibel. Das bedeutet, daß nicht die Gesamtheit einer Situation erfaßt wird, sondern der Betroffene bleibt an bestimmten, teilweise unwichtigen Details hängen. Erkennen der Absichten oder gar Wünsche anderer Personen, beispielsweise an deren Mimik, Gestik oder Stimmlage, ist einem Autisten kaum möglich.

Aufgrund dieser massiv veränderten Wahrnehmungsmöglichkeiten ist im Bereich sozialer Kontakte bisweilen sogar eine gewisse Gutgläubigkeit oder Gefälligkeit zu beobachten – wenn man genau hinschaut! Die eingeschränkten Verständigungsmöglichkeiten im sozialen Miteinander führen aber in der Regel zu Verunsicherung, Ängsten oder gar hilfloser Aggressivität. Deshalb erfordert der Umgang mit Autisten besonderes Einfühlungsvermögen und viel Kraft und Mühe. Sicherlich ist es manchmal enttäuschend oder entmutigend, wenn letztendlich keine »Heilung«

erfolgt. Andersherum betrachtet ist bei ausgeprägteren Fällen von autistischen Syndromen schon sehr viel erreicht, wenn die Kinder mit ihren Besonderheiten in der Herkunftsfamilie und der von ihnen besuchten Schule zurechtkommen und gut integriert sind. Außerdem kann man, wenn man die Angewohnheiten und Eigenarten eines Autisten genauer beachtet und kennt, durchaus spüren, wie dessen Befinden ist und ob ihm Dinge, Menschen oder Situationen zusagen oder auch nicht.

Beharrt man allerdings auf den üblichen Konventionen und »normalen« Verhaltensweisen im Umgang mit Autisten, so wird man viele Kränkungen einstecken müssen und auch den Betroffenen sehr verunsichern und vermutlich auch belasten.

Therapeutische Möglichkeiten und Förderung

Wie schon angedeutet, sind Therapiemöglichkeiten oder gar eine Heilung des Autismus eingeschränkt. Es gibt keine speziellen Übungs- oder Fördermethoden oder Medikamente, die bei autistischen Syndromen rasche und einschneidende Erfolge bringen. Hierin liegen gewisse Parallelen zur geistigen Behinderung; auch diese ist nicht aus der Welt zu schaffen und verwächst sich nicht, aber bestmögliche Förderung der retardierten Kinder ist überaus notwendig.

Grundsätzlich wichtig ist es, auch ein autistisches Kind entsprechend seiner Möglichkeiten zwar zu fördern, es vor allem aber keiner Überforderung auszusetzen! Das bedeutet, daß man z.B. versuchen sollte, die intellektuellen Fähigkeiten des Kindes richtig einzuschätzen oder diesbezügliche Untersuchungen durchführen zu lassen. Dabei sollte man sich nicht durch ausgestanzte Sonderinteressen oder -begabungen beirren lassen: Auch ein phänomenales Zahlen- oder Formengedächtnis reicht letztendlich nicht aus, um den vielschichtigen kognitiven und natürlich auch sozialen Anforderungen eines Regelschulalltages gerecht zu werden. Leider sehen wir immer wieder Fälle, in denen autistische Kinder oder Jugendliche trotz einer insgesamt durchschnittlichen Begabung nicht an einer Regelschule bestehen. Sie schaffen es einfach nicht, die Vielfalt der ihnen gestellten Aufgaben zu verarbeiten – noch dazu in einem großen und für sie unüberschaubaren Klassenverband!

Man muß sich also sehr sorgfältig überlegen, welche Kindergarten- und welche Schulform man für das betroffene Kind auswählt. Und bei kognitiv weniger begabten Autisten ist es wichtig, zusätzliche Fördermöglichkeiten so früh wie möglich zu installieren. *Insbesondere heilpädagogische und verhaltenstherapeutische Unterstützung* hat sich hierbei bewährt. So kann z. B. ein Kind in einer heilpädagogischen Tagesstätte sowohl einzeln als auch in Gruppen bezüglich seiner sozialen Kompetenzen gefördert werden, z. B. anhand von Videoaufnahmen soziale Interaktionen bearbeiten und üben.

Zudem sollten natürlich die sonstigen Entwicklungsdefizite speziell behandelt werden, also beispielsweise bei merklicher Sprachentwicklungsverzögerung so früh wie möglich ein *Sprachtherapeut* hinzugezogen werden. Dies kann selbst bei Kindern mit relativ gutem Wortschatz und -verständnis hilfreich sein, denn die Flexibilität in der Kommunikation ist dennoch oft sehr eingeschränkt, und Feinheiten wie Wechsel von Rede und Gegenrede, Deutung und Verwendung von Mimik und Gestik oder Auswahl wichtiger Informationen werden nicht beherrscht.

Oft merkt man erst beim regelmäßigeren Umgang mit autistischen Personen, wie einschneidend deren Einschränkungen auch bei normaler Intelligenz im Alltag und sozialen Miteinander sein können. Leider spiegelt sich diese Tatsache auch in der *prognostischen Einschätzung* wider: Faßt man alle Ausprägungsgrade und -formen der autistischen Störungen zusammen, so zeigen verschiedene Erhebungen, daß letztendlich nur etwa einer von sechs Betroffenen irgendwann in der Lage sein wird, selbständig für sich zu sorgen und für seinen Lebensunterhalt aufzukommen.

Auch deshalb empfiehlt es sich, frühzeitig die zur Verfügung stehenden Förder- und Unterstützungsmöglichkeiten auszuloten, was wir gar nicht oft genug betonen können. So raten wir den meisten Eltern, in Kontakt mit der Vereinigung »Hilfe für das autistische Kind« in Eching bei München, Ostpreußenstraße 9c, Tel. 089/3193852, zu treten. Dieser Verband bietet eine beeindruckende Vielfalt an Unterstützungs-, Beratungs- und Austauschmöglichkeiten nicht nur für den betroffenen Autisten, sondern auch für dessen Familie und zuständige Betreuer.

Konversionsstörungen (Hysterie)

»Konversionsstörungen« sind dadurch gekennzeichnet, daß die Betroffenen körperliche Symptome zeigen, die jedoch keine entsprechende organische Grundlage haben, sondern eigentlich Ausdruck innerer psychischer Konflikte sind. So ist der lateinische Begriff *conversio* mit »Umwandlung« zu übersetzen.

Die oben in Klammern angefügte ältere Bezeichnung »Hysterie« wird schon deshalb nicht mehr gern und häufig verwendet, da ihr im umgangsprachlichen Gebrauch ein deutlich negativer Beigeschmack anhaftet. Im Fachjargon wird oft auch von *dissoziativen Störungen* gesprochen, wobei wir hier vor allem die Bezeichnung *Konversionsstörung* verwenden möchten, da sie impliziert, worum es sich inhaltlich handelt.

Symptomatik und Ursachen

Die Symptomatik der Konversionsstörung kann vielgestaltig sein, es können *motorische Einbußen* wie beispielsweise Lähmungen auftreten, aber auch *sensorische* wie Seh- und Hörstörungen,

120

Bewußtseinsveränderungen und nicht zuletzt auch *pseudoepileptische Anfälle.*

Erstmanifestationen derartiger Symptome finden sich selten vor dem Schulalter, sondern sind eher im Jugendalter und bei jungen Erwachsenen zu beobachten. Dabei sind Mädchen und Frauen mindestens doppelt so häufig mit derartigen Symptomen behaftet wie das männliche Geschlecht, wobei insgesamt von Häufigkeitsraten weltweit zwischen 0,5 und 10 Prozent ausgegangen wird. Diese große Spanne ist unter anderem durch kulturelle Einflußfaktoren zu erklären; so besagen z. B. Studien aus Indien, daß dort bis zu 30 Prozent der stationär psychiatrisch behandelten Kinder und Jugendlichen unter hysterischen Syndromen leidet!

Bei den dissoziativen Bewegungsstörungen sind die Funktionsabläufe der Extremitäten beeinträchtigt, woraus beispielsweise die Unfähigkeit zu gehen oder sogar zu stehen resultieren kann.

Fallbeispiel:

Eine 10jährige Patientin wurde uns aus einer Kinderklinik zugewiesen, da sie seit mehreren Monaten Phasen zeige, in denen sie nicht in der Lage sei, auf ihren eigenen Beinen zu stehen, geschweige denn, sich fortzubewegen. Inzwischen führe diese oft plötzlich auftretende Gang- bzw. Stehunfähigkeit teilweise zu sehr gefährlichen Situationen im Straßenverkehr, und die kleine Patientin äußere sich zunehmend sogar suizidal wegen der sehr belastenden Symptomatik.

Weiterhin berichten Mutter und Stiefvater, daß ihre Tochter seit Jahren eine nicht organisch bedingte derartige Körperfehlhaltung zeige, daß nun das Tragen eines Stützkorsetts anstehe.

Zudem wird das Mädchen als seit jeher sehr empfindlich bezüglich größerer Leistungsanforderungen geschildert, und man läßt uns ebenso wissen, daß sie Monate vor ihrer stationären Aufnahme ihren leiblichen Vater des sexuellen Mißbrauchs bezichtigt habe.

Diese kurze Fallschilderung weist auf verschiedene Faktoren hin, die Grundlage für das Entstehen sogenannter »hysterischer« Symptome sein können: Häufig stellen sich sowohl innere Konflikte als auch äußere Belastungs- oder Überforderungssituationen heraus. Hierbei kann es sich um schulische Überforderung, übermäßig strenge Erziehungshaltung der Eltern oder aber auch emotionalen Streß handeln. Durch die vordergründig körperliche Symptomatik läßt sich innerere Anspannung reduzieren, und oft gelingt es den Betroffenen auch, äußeren Anforderungen auszuweichen. Über diesen Mechanismus kann zudem ein sogenannter sekundärer Krankheitsgewinn entstehen, wenn beispielsweise der angstbesetzte Schulbesuch umgangen wird und die betroffenen Kinder statt dessen zu Hause gehegt und gepflegt und Belastungen von ihnen ferngehalten werden.

Genauer eruiert werden sollte auch, inwiefern hysterische Reaktionen oder Symptome anderer Familienmitglieder bekannt oder beobachtbar sind. Diese können durch ihren Traditions- bzw. Vorbildcharakter durchaus eine Rolle bei der Entstehung dissoziativer Störungen spielen.

Fallbeispiel:

Über einen Zeitraum von mehreren Jahren kamen wiederholt zwei Geschwisterkinder zur stationären kinderpsychiatrischen Behandlung. Beide Mädchen litten in unterschiedlicher Ausprägung an Gangstörungen bis hin zur Stehunfähigkeit, so daß sie sich phasenweise nur im Rollstuhl fortbewegen konnten. Deshalb mußten die Kinder entweder von ihren Eltern täglich in die Schule gefahren und abgeholt werden, oder der Schulbesuch blieb sogar gänzlich aus.

Während ihrer Klinikaufenthalte ließ sich die Symptomatik mittels krankengymnastischer Übungen, des Trainierens sozialer Kompetenzen und engmaschiger einzelpsychotherapeutischer Unterstützung zeitweise deutlich reduzieren. Es kam jedoch nie zu einem längerfristigen Verschwinden der Symptome, da weder die überfürsorgliche Mutter bereit

war, ihren Kindern mehr Freiraum und Selbständigkeit ein-
zuräumen, noch alle beteiligten Familienmitglieder davon
abzubringen waren, daß es sich um eine körperliche Erkrankung aus dem rheumatischen Formenkreis handele. Auch
aufwendigste Untersuchungen mit jeweils unauffälligen
Ergebnissen konnten vor allem die Mutter nicht vom
Gegenteil überzeugen. Dieses hartnäckige Beharren auf
einer rein körperlichen Erkrankung führte dazu, daß beide
Kinder nie symptomfrei wurden und unverrichteter Dinge
in nicht ausreichend gebessertem Zustand nach Hause
geholt bzw. entlassen werden mußten.

In nicht wenigen Fällen gibt es tatsächlich vorliegende körperliche Beeinträchtigungen oder Erkrankungen, die zwar in ihrer
Ausprägung nicht in Relation zu den auftretenden Symptomen
stehen, die aber quasi »modellierenden« Einfluß haben. In allen
Fällen ist es unbedingt ratsam, das Vorliegen körperlicher Erkrankungen gründlichst auszuschließen, da in bis zu 10 Prozent der
Fälle organische Komponenten vorhanden sind!

Fallbeispiel:
Eine 15jährige Jugendliche wurde über Monate hinweg stationär behandelt, nachdem sie zunächst zunehmende Seh-
störungen beklagt hatte und sich schließlich völlig außerstande fühlte, auch nur schemenhaft zu sehen. Mit einer
dunklen Brille versehen lag sie über weite Strecken des
Tages im Aufenthaltsraum auf dem Sofa und vermied, so
gut es ging, Kontakte zu ihrer Umgebung.
Aus ihrer Vorgeschichte war bekannt, daß sie über einen
längeren Zeitraum vom Vater sexuell mißbraucht worden
war und daß sie unter deutlicher Fehlsichtigkeit und einer
angeborenen Lidspaltenverengung litt.
Zwar gelang es im Rahmen der stationären Therapie
schon nach einigen Wochen, das vermeintlich vollständig
fehlende Sehvermögen der Jugendlichen wiederherzustel-

len. Es trat jedoch immer deutlicher eine schwerwiegende emotionale Instabilität in den Vordergrund, weswegen über Jahre immer wieder auch geschlossen stationäre Behandlungsphasen notwendig blieben.

Bei diesem Beispiel einer *dissoziativen Empfindungsstörung* zeichnen sich nicht nur sehr schwerwiegende emotionale Belastungsfaktoren durch den sexuellen Mißbrauch in der Familie ab, sondern es liegt zudem tatsächlich eine das Sehvermögen zumindest mindernde organische Komponente vor, der selbstverständlich im Rahmen der Gesamtbehandlung entsprechend Beachtung geschenkt werden muß. So wurde in obigem Fall nicht nur eine passende Sehhilfe verordnet, sondern auch eine operative Erweiterung der verengten Lidspalte durchgeführt.

Auch psychogene, *dissoziative Krampfanfälle* sind keine seltene Erscheinung. Diese sind manchmal nur sehr schwer von echten epileptischen Anfällen zu unterscheiden und treten noch dazu immer wieder auch in Kombination mit einem wirklichen Anfallsleiden auf. Da epileptische Anfälle sich sehr unterschiedlich manifestieren können und es sehr komplex ausgestaltete Anfallsformen gibt, kann es geraume Zeit beanspruchen, bis man sich in der diagnostischen Einschätzung wirklich sicher ist.

Daß es sich um nicht-epileptische Anfälle handelt, darauf weisen u. a. eine insgesamt unauffällige neurologische Untersuchung und zumeist auch das Ausbleiben schwererwiegender Verletzungen hin, die die Betroffenen sich bei dem oft sehr spektakulär vor größerem Publikum auftretenden Anfallsgeschehen zuziehen würden, wenn es tatsächlich epileptischen Ursprungs wäre.

Fallbeispiel:

Eine 15jährige Realschülerin aus einem kleinen Ort im Voralpengebiet kam zur stationären Abklärung fraglicher epileptischer Anfälle, die derart häufig und heftig auftraten, daß ein weiterer Schulbesuch von seiten des Rektors nicht mehr verantwortet wurde. Schon aus diesem Grunde war nun eine diagnostische Klärung auch seitens der Familie nicht mehr zu vermeiden.

Recht bald stellte sich heraus, daß die Jugendliche nicht nur schulisch überfordert war, sondern sie und ihre Familie sehr unter der von der Großmutter mütterlicherseits geprägten strengen, traditionsbehafteten und unflexiblen Lebens- und Erziehungsgestaltung litten. Nachdem die Jugendliche im Rahmen des stationären Behandlungssettings schulisch entlastet und die Einflußnahme der Angehörigen reduziert werden konnte, traten die zunächst noch sehr publikumsträchtigen und komplexen Anfallsgeschehen in den Hintergrund und hörten schließlich überhaupt auf. – Eine gründliche organische Abklärung in einer neuropädiatrischen Abteilung hatte glücklicherweise keinen Hinweis auf eine Neigung zu epileptischen Anfällen ergeben.

Therapeutische Möglichkeiten

Wie auch dieses Fallbeispiel zeigt, können dissoziative Störungen vielgestaltig und differentialdiagnostisch schwierig einzugrenzen sein. Entsprechend komplex gestaltet sich oft das therapeutische Vorgehen.

Hierbei ist oft zunächst die Entscheidung wichtig, ob ein ambulantes oder ein stationäres Behandlungssetting angemessener erscheinen. Insbesondere in Fällen, bei denen die Symptomatik deutliche Gefährdungsmomente oder gar Suizidalität beinhaltet, ist einer stationären Behandlung Vorrang zu geben. Ebenso verhält es sich, wenn durch die unmittelbare Umgebung bzw. die Familie Symptome z. B. im Sinne eines sekundären Krankheitsgewinnes verstärkt und erhalten werden.

Wichtig ist zudem eine Einschätzung der Beeinträchtigungen im Alltag: Ist beispielsweise ein Schulbesuch schon länger nicht mehr möglich, so ist ebenfalls an eine stationäre Behandlung zu denken. Ohnehin sollte vermieden werden, daß Konversionssymptome über einen längeren Zeitraum bestehen bleiben, da eine deutliche Neigung zu Chronifizierung und Verfestigung besteht: Je kürzer die Problematik existiert, desto besser fällt die Prognose aus.

Bei der Therapie hysterischer Störungen ist es insgesamt wichtig, den Patienten sein Gesicht wahren zu lassen, da die Symptome nicht bewußt ausgedacht und inszeniert sind, so daß durch zu grobes Aufdecken der Mechanismen oder dementsprechende Vorwürfe sicher kein Fortschritt zu erreichen und keine Vertrauensbasis aufzubauen sein wird. Das kann soweit gehen, daß beispielsweise bei *dissoziativen Lähmungserscheinungen* entsprechend instruierte und eingeweihte Krankengymnasten die Patienten mitbetreuen, damit diese sich ernstgenommen und in ihren Bemühungen unterstützt fühlen.

Auch verhaltenstherapeutische Elemente werden üblicherweise eingesetzt, und zwar in der Art, daß die fortbestehende Darbietung von Konversionssymptomen möglichst wenig Beachtung oder gar Unterstützung finden sollte, während alternative Verhaltensweisen und Fortschritte, beispielsweise Gehversuche ohne Krücken oder Rollstuhl, belohnt und verstärkt werden. Leider erweist es sich nicht selten als notwendig, zumindest in den ersten Behandlungswochen eine mehr oder weniger strikte Reduktion der Kontakte zu den engeren Angehörigen durchzusetzten, wenn nämlich durch diese das Fortbestehen der Symptomatik zu sehr gefördert wird. Dazu kann es zum einen durch Überforderung kommen, aber genauso durch überbehütendes Verhalten, welches einen zu deutlichen sekundären Krankheitsgewinn mit sich bringt.

In fast allen Fällen ist es unerläßlich, die Familie in die Behandlung miteinzubeziehen und ihr eine ausreichende Aufklärung über die komplexen Zusammenhänge der Konversionsstörungen zu bieten.

Hierbei ist es wichtig, die Familie detailliert kennenzulernen, also im Rahmen vertrauensvoller therapeutischer Beziehungen herauszufinden, welche Faktoren bei der Entstehung der Symptomatik eine maßgebliche Rolle spielen. Was hier den bestmöglichen Zugang bietet – eine musik- oder kunsttherapeutische oder auch gesprächstherapeutische Anbindung –, muß in Abhängigkeit vom individuellen Fall überlegt werden.

Wichtig ist natürlich auch, die erzielten Fortschritte im Alltag zu erproben, also beispielsweise im Rahmen von Heimfahrwochenenden zu testen, inwieweit sich Erlerntes auch im familiären Umfeld umsetzen und durchhalten läßt. Leider kann es sich in Fällen, bei denen gravierende Belastungsfaktoren wie fortgesetzte Gefährdung durch sexuelle Übergriffe in der Familie existieren, auch vereinzelt als notwendig erweisen, das Kind oder den Jugendlichen aus seiner Familie herauszunehmen und etwa in einer therapeutischen Wohngemeinschaft unterzubringen.

Bei früher und korrekter Diagnosestellung und Intervention sowie einer ausreichenden Mitarbeitswilligkeit von Patient und Umfeld ist allerdings oft auch ohne derart einschneidende Maßnahmen eine rasche und wirkungsvolle Symptomreduktion oder gar Heilung zu erreichen.

4. Probleme des älteren Schulkindes

Die normale Entwicklung im Überblick

Der Entwicklungsabschnitt der Adoleszenz beginnt mit der Pubertät. Hormonell gesteuerte körperliche Wachstumsprozesse bringen Veränderungen mit sich, die das Selbstbild und das Gefühlsleben nachhaltig beeinflussen. Bei Mädchen setzt die körperliche Reifung früher ein als bei Jungen und erstreckt sich über 3 bis 4 Jahre. Bei Jungen dauert es 4 bis 5 Jahre, bis die körperliche Entwicklung abgeschlossen ist. Wann bei Jugendlichen die Pubertät beginnt, ist individuell unterschiedlich.

In der Adoleszenz geht es im wesentlichen darum, die eigene Identität mit den körperlichen Veränderungen zu integrieren und neu zu entdecken. Der Umgang mit dem anderen Geschlecht findet auf einer neuen Ebene statt, die Resonanz auf die eigene Person beim anderen Geschlecht muß ausgelotet werden. Natürlicherweise ist das mit Unsicherheiten, Ängsten und Enttäuschungen verbunden.

Gleichzeitig wächst der gedankliche Horizont, und die Jugendlichen setzen sich intensiv mit Wertvorstellungen auseinander, die in Frage zu stellen sie nun in der Lage sind.

Stimmungslabiliät und Selbstzweifel sind normale Phänomene im Jugendalter. Vorübergehende depressive Stimmungen, Selbstabwertung und die gedankliche Auseinandersetzung mit Suizid sind nicht selten.

Kognitive Entwicklung

Jugendliche erwerben zunehmend die Fähigkeit, systematisch und abstrakt zu denken. Sie können Hypothesen aufstellen und prüfen, sie können Gesetzmäßigkeiten erkennen und logische Schlußfolgerungen ziehen. Die Lösung komplexerer mathematischer Aufgaben wird somit möglich. Jugendliche sind in der Lage, Problemlösestrategien selbst zu entwickeln. Auch die Fähigkeit, über die eigenen kognitiven Prozesse zu reflektieren, nimmt zu. Auf diese Weise erweitert sich die Urteilsfähigkeit, wodurch sich gleichzeitig für die Jugendlichen viele neue Fragen ergeben, über die sie nachdenken müssen.

Sexualität

Sexuelle Gefühle und Bedürfnisse haben für Jugendliche eine zentrale Bedeutung. Die meisten Jugendlichen masturbieren, Mädchen nur wenig seltener als Jungen, und in bezug auf sexuelles Verhalten entstehen ausgedehnte Phantasien. Das tatsächliche Sexualverhalten hängt stark ab von gesellschaftlichen und familiären Erwartungen und Restriktionen. Viele Jugendliche fühlen sich zeitweise von gleichgeschlechtlichen Altersgenossen angezogen, auch wenn es selten zu wirklichen homosexuellen Kontakten kommt. Solche homoerotischen Neigungen sind oft vorübergehend und lassen noch keine Hinweise auf die sexuelle Orientierung im Erwachsenenalter zu. Bei den meisten Jugendlichen nimmt in der späteren Adoleszenz das Interesse an heterosexuellen Kontakten deutlich zu.

Soziale Entwicklung

Gleichaltrige spielen im Jugendalter eine zentrale Rolle. Freundschaften werden enger und stabiler. Es bilden sich Cliquen, die zunächst noch eher aus gleichgeschlechtlichen Jugendlichen bestehen, sich aber später zunehmend mischen. Zunehmend bilden sich Pärchen; die Beziehungen halten jedoch meist noch nicht lang. Jugendliche, die weniger Geborgenheit im Elternhaus erleben, suchen früher emotionale Befriedigung in einer Partnerbeziehung als andere. Probleme und Fragen werden mit Freunden intensiv diskutiert, während der Austausch mit den Eltern, verglichen mit der Zeit davor, abnimmt. Den Eltern gegenüber wird kritisch Position bezogen, was mit heftigen Auseinandersetzungen einhergehen kann, in denen Durchsetzungsfähigkeit und Unabhängigkeit eingeübt werden.

Nichtsdestoweniger ist die Beziehung zu den Eltern für Jugendliche noch von besonderer Wichtigkeit (auch wenn sie das nicht offen zeigen). Eine gute Beziehung zu den Eltern hilft, mit den verschiedenen Unsicherheiten in diesem Altersabschnitt fertig zu werden und verantwortliche Entscheidungen zu treffen. Die Möglichkeiten der elterlichen Kontrolle gehen zurück, so daß der Jugendliche sein Verhalten zunehmend selbst steuern muß. Eltern und Kinder müssen sich in der Zeit der Adoleszenz nicht notwendigerweise voneinander entfremden. Ausgeprägte Entfremdungen zeigen sich im Jugendalter eher dann, wenn sie in der Kindheit bereits ihren Anfang genommen haben. Sie werden nun in der Adoleszenz sichtbar.

Massive Differenzen zwischen Eltern und Kindern sind mitunter zu beobachten, wenn die Jugendlichen nach Abschluß der Pubertät noch von den Eltern finanziell abhängig sind und im Elternhaus wohnen, wenn sie also nicht in der Weise selbständig sein können, wie sie es sich wünschen mögen.

In der späteren Adoleszenz gehen Jugendliche manchmal auch nur sehr ungern weiter zur Schule. Das Thema »Schulbesuch« kann zum Brennpunkt für heftigen Streit zwischen Jugendlichen und Eltern werden und beide Seiten voneinander entfernen.

Die Zeit der Pubertät ist nicht nur an sich problem- und konfliktträchtig, sondern es ist auch die Zeit, in der sich viele psychische Störungen erstmalig manifestieren.

Eßstörungen: Anorexie und Bulimie

Beide Formen von Eßstörungen, die »Magersucht« genannte *Anorexie* und die *Bulimie* (Eß- und Brechsucht), beschreiben wir hier zusammen, da bei anorektischen Patientinnen häufig auch bulimisches Eßverhalten auftritt oder auch eine Anorexie in eine Bulimie übergehen kann – was umgekehrt aber selten vorkommt. Auch ist im folgenden durchgängig von »Patient*innen*« die Rede, weil 95 Prozent der Magersüchtigen weiblich sind. Von an Bulimie Erkrankten sind es 99 Prozent Frauen oder Mädchen.

Beide Eßstörungen haben viel mit dem etwas übertriebenen Schlankheitsideal zu tun, das in unserer Kultur vorherrscht, denn ein auslösender Faktor am Beginn der Erkrankung ist oft der Wunsch, schlanker zu sein und deshalb eine Diät zu machen. Etwa 1 Prozent der Mädchen und Frauen zwischen 12 und 20 Jahren erkranken an Anorexie.

Magersucht

Unter *Anorexia nervosa* (Magersucht) versteht man eine durch psychische Faktoren ausgelöste extreme Gewichtsabnahme. Diagnostisch relevant ist ein Körpergewicht, das mindestens 15 Prozent unter dem für das entsprechende Alter erwarteten Gewicht liegt. Der Gewichtsverlust überschreitet nicht selten 50 Prozent des Ausgangsgewichtes.

Die Gewichtsreduktion wird überwiegend dadurch erreicht, daß die Patientinnen sich immer weniger an Kalorien zu essen erlauben. Sie sind Expertinnen, was den Kaloriengehalt von Nahrungsmitteln angeht. Ihr Denken kreist vorrangig um das Thema Essen und Gewicht. Viele beschäftigen sich sehr gerne mit der Zubereitung von Essen für andere, während sie selbst jeden Hunger leugnen. Manchmal zeigen sie ein bizarres Verhalten im Umgang mit Lebensmitteln: z. B. werden Nahrungsmittel völlig unnötig versteckt und gehortet, oder die Patientin braucht manchmal besondere Rituale, nach denen sie Nahrung zu sich nimmt. Fast immer täuschen die Patientinnen vor, etwas gegessen zu haben, indem sie benutztes Geschirr und Reste sichtbar arrangieren, die Nahrungsmittel jedoch wegwerfen.

Zusätzlich zur reduzierten Kalorienaufnahme kontrollieren Anorexiepatientinnen ihr Gewicht z.T. auch über selbst herbeigeführtes Erbrechen (wie Bulimikerinnen) sowie über den Gebrauch von Appetithemmern, Abführmitteln und Entwässerungstabletten.

Häufig treiben die stark untergewichtigen Patientinnen zusätzlich exzessiven Sport, um noch weiter abzunehmen.

Als Folge der stark eingeschränkten Ernährung treten verschiedene körperliche Veränderungen auf: Bei fast allen Patientinnen bleibt aufgrund von *Stoffwechselveränderungen* die Regelblutung aus. Der Energieverbrauch des Körpers schaltet auf »Sparflamme«, das Herz schlägt langsamer, die Körpertemperatur sinkt, die Muskelspannung ist herabgesetzt. Bei Mädchen, die noch in der Wachstumsphase sind, wird das Wachstum gestört. Die körperliche Reifung ist verzögert, wenn die Krankheit früh beginnt. Wegen Östrogenmangels kann sich *Osteoporose* entwickeln.

Typisch ist eine sogenannte »*Pseudohirnatrophie*«, eine reversible Abnahme der Gehirnsubstanz: Bei Normalisierung des Gewichtes gewinnt das Gehirn die verlorene Substanz wieder zurück.

Obwohl Magersüchtige in aller Regel nicht mit dem Ziel hungern, zu sterben, endet die Krankheit aufgrund von vegetativen Entgleisungen in 10 Prozent der Fälle tödlich.

Bei Anorexiepatientinnen ist das sogenannte *Körperschema verändert,* d. h, die Wahrnehmung für den eigenen Körper ist verzerrt: Sie selbst empfinden sich auch dann noch als zu dick, wenn sie extrem mager sind. Eine weitere Gewichtsabnahme bleibt wichtigstes Ziel.

Magersucht tritt meist ab dem Beginn der Pubertät auf. In diesem Alter verändert sich der Körper, und Mädchen beginnen ihre Aufmerksamkeit der Figur zuzuwenden. Unzufriedenheit mit der eigenen Figur begünstigt den Entschluß, es mit einer Diät zu versuchen. Diese wird dann zum Ausgangspunkt der Magersucht, gerade deshalb, weil die ersten Erfolge zu positiver Resonanz und damit zu mehr Selbstbewußtsein führen. Diese Steigerung des Selbstwertgefühls, der Sieg über die eigenen Bedürfnisse, wird von den Magersüchtigen als wichtigster Erfolg erlebt und immer wieder gesucht. Die Patientinnen fühlen sich stark, indem sie sich selbst überwinden, und zugleich erleben sie sich als machtvoll gegenüber der Familie – und auch gegenüber allen Ärzten und Therapeuten –, deren Hilflosigkeit sie erleben, wenn diese sie versuchen zum Essen zu motivieren. Hier haben sie wirklich ihren ganz eigenen, selbstbestimmten Bereich, den niemand beeinflussen kann!

Etwa 50 Prozent der Anorexiepatientinnen erleben nach einer Zeit extremen Fastens *Heißhungeranfälle*. Sofern sie dem Verlangen nachgeben, werden sie die drohende Gewichtszunahme mit selbst herbeigeführtem Erbrechen zu verhindern suchen. Die Magersucht kann so mit der Bulimie kombiniert sein, auch wenn ein deutliches Untergewicht beibehalten wird.

Mädchen, die sich auf extremes Fasten beschränken, sind bei Krankheitsbeginn eher jünger als jene, die eine Bulimie entwickeln, und ihr Ausgangsgewicht ist niedriger. Daß eine Magersucht später in eine Bulimie übergeht, ist nicht selten.

Bulimie

Die *Bulimia nervosa* (griech.: »Ochsenhunger«) wird erst seit den 1970er Jahren als Krankheit beschrieben, sie kann also als eher junge Zivilisationskrankheit gelten.

Bulimie tritt häufiger auf als Anorexie, geschätzt werden 2,8 Prozent Bulimikerinnen unter den Mädchen und Frauen in (West-)Deutschland, mit steigender Tendenz.

Gekennzeichnet ist die Bulimie durch sich regelmäßig wieder-holende, zum Teil extreme Eßanfälle, wobei die Nahrung im An-schluß an einen Eßanfall absichtlich wieder erbrochen wird, um eine Gewichtszunahme zu vermeiden. Abführmittel und Entwäs-serungsmittel werden ebenfalls zum Teil in hohen Mengen gegen eine Gewichtszunahme eingesetzt.

Bei einem Eßanfall nehmen die Patientinnen zum Teil unglaubliche Mengen an oft hoch kalorienreicher Nahrung zu sich. Bis zu 11 000 Kalorien können dabei hinuntergeschlungen werden.

Auch die Bulimiepatientinnen sind extrem auf ihr Gewicht und ihre Figur konzentriert und machen ihr Selbstwertgefühl davon abhängig.

Dabei fallen diese Patientinnen nicht durch ein extremes Unter-gewicht auf, ihr Gewicht liegt eher im Normalbereich, wobei es in-nerhalb weniger Tage um mehrere Kilogramm schwanken kann. Das Körperbild ist – wie bei der Anorexie – oft gestört, so daß sie sich für zu dick halten, auch wenn sie normal- bzw. untergewichtig sind.

Die Eßattacken treten manchmal mehrmals in der Woche auf, es gibt aber auch zuweilen mehrere Eßanfälle am gleichen Tag. Zwischen den Eßanfällen versuchen die Patientinnen, sich beim Essen möglichst zu beschränken, was das Wiederauftreten der Eßanfälle schon physiologisch begünstigt.

Bulimikerinnen suchen ihre Eß- und Brechattacken meist sorgfäl-tig zu verbergen, was beim Zusammenleben in einer Familie nur begrenzt gelingt. Die Eßanfälle sind mit starken Schuldgefühlen und häufig Ekel vor sich selbst verbunden.

Am Beginn der Erkrankung haben die Patientinnen das Gefühl, über das selbstinduzierte Erbrechen endlich die ideale Lösung für ihr Problem mit Gewicht und Appetit gefunden zu haben: »Unge-straft« essen können, soviel man will!? Leider entsteht statt des-sen ein Teufelskreis, ein Zwang, das Erbrechen zu wiederholen. Das Problem löst sich so in keiner Weise, sondern wird extremer.

Gleichzeitig entstehen auch *gesundheitliche Risiken*, denen sich die Patientinnen meist nicht bewußt sind: Menstruationsstörungen sind häufig. Die Speicheldrüsen vergrößern sich durch häufiges Erbrechen. Das Erbrechen bewirkt auch, daß der Körper für den Stoffwechsel wichtige Mineralsalze, Elektrolyte, verliert. Besonders der Kaliumverlust kann zu schweren Herzrhythmusstörungen führen, so daß auch diese Krankheit gelegentlich zum Tode führt. Krämpfe, sogar epileptische Anfälle können auftreten. Der Zahnschmelz und die Rachenschleimhaut werden durch die Magensäure angegriffen, die Patientinnen sind manchmal chronisch heiser.

In Verbindung mit Bulimie stehen *Depressivität, Selbstwertprobleme, starke Stimmungsschwankungen, Schuldgefühle und Selbstmordgedanken.* Manchmal findet sich auch die Kombination mit *Störungen der Impulskontrolle.* Das bedeutet, daß die Betreffenden z. B. unkontrolliert Geld ausgeben, Alkohol oder Drogen konsumieren, Ladendiebstähle begehen (meistens Lebensmittel). Einige Patientinnen verletzen sich auch absichtlich selbst.

Der Krankheitsbeginn liegt typischerweise in der späteren Adoleszenz oder im jungen Erwachsenenalter.

Beide hier beschriebenen Eßstörungsformen tendieren dazu, chronisch zu werden. Mangelernährung an sich verursacht Symptome wie die ständige gedankliche Beschäftigung mit dem Essen, Konzentrationsstörungen und Stimmungsschwankungen, die dann sekundär einer Normalisierung entgegenstehen. Besonders Bulimikerinnen leiden psychisch unter ihrer Symptomatik, die sie einerseits selbst verabscheuen, andererseits aber auch schlecht ablegen können: Wer ständig fastet, gewöhnt den Körper an die Mangelernährung und nimmt deshalb besonders schnell zu, wenn er wieder »normal« ißt. Diese Ausweglosigkeit begünstigt das Entstehen von Depressionen als Folge der Erkrankung.

Was macht anfällig für Eßstörungen?

Ein wichtiger auslösender Faktor der Erkrankung ist ein Mangel an Selbstwertgefühl. Das Selbstwertgefühl hängt stark davon ab, wieviel Bestätigung ein Mensch im Kontakt mit anderen erfährt.

Wenn sich das Hauptinteresse einer Person weitgehend auf ihr Gewicht und ihre Figur reduziert, engt sie automatisch andere Interessen und damit auch ihre Außenkontakte ein – die Bestätigung von anderen bleibt aus. Der Mangel kann über das Erfolgserlebnis »ich bin dünn« nur zum Schein ausgeglichen werden, aber die Patientin sucht nur diesen Weg. Die Eßstörung ist eine der Reaktionsformen auf erlebte Schwierigkeiten, die mit Unzufriedenheit mit sich selbst und einem schwachen Selbstwertgefühl einhergehen, wenn die Betreffenden keine erfolgreicheren Problemlösestrategien zur Verfügung haben.

Ebenfalls spielt eine wichtige Rolle, ob in der Kindheit Essen bzw. Süßigkeiten oft als Belohnung oder Ablenkung und Trost eingesetzt wurden. Solche Gewohnheiten werden erfahrungsgemäß im Erwachsenenalter beibehalten. Dies fördert die Entwicklung von unerwünschtem Übergewicht, dem eine Diät abhelfen soll. Häufige Nahrungsaufnahme unabhängig von Hunger macht es zudem schwer, normale Gefühle von Hunger und Sattsein zu empfinden. Dies begünstigt besonders die Entstehung von Bulimie.

Auffallend viele Patientinnen mit Eßstörungen kommen aus gutsituierten Familien, die viel Wert auf Harmonie legen. Die Kinder werden sehr behütet, wenn nicht kontrolliert. Meistens gibt es strenge Regeln in der Familie, die klarmachen, was »richtig« und »falsch« ist. Häufig orientieren sich die Eltern von Eßgestörten stark an gesellschaftlichen Normen und sind auf die Einhaltung von selbst aufgestellten Grundsätzen sehr bedacht. Der Wunsch, alles richtig und korrekt zu machen, setzt allerdings alle Familienmitglieder unter Druck und schränkt die Lebensfreude und die Freiheit zu persönlicher Entfaltung ein.

Hier kann es sein, daß das Kind Schwierigkeiten damit hat, eine eigene Identität und Autonomie zu entwickeln, denn es gehört auch dazu, sich innerhalb der Familie auseinanderzusetzen, wenn man seinen Standpunkt finden will. Das Essen und der eigene Körper sind dann der (einzige) Bereich, über den das Kind selbst bestimmen kann.

Magersüchtige und Bulimikerinnen sind sehr darauf eingestellt, sich an die Wünsche und Vorstellungen anderer anzupassen, und haben feine Antennen dafür, welche Art von Wohlverhalten das Gegenüber erwartet. Das erleichtert die therapeutische Arbeit nicht unbedingt, denn häufig wirken die Patientinnen im Gespräch sehr einsichtsvoll und vernünftig, äußern ihre wirklichen Gedanken jedoch nicht.

Gemeinsame Behandlungsziele

Zunächst geht es in der Behandlung darum, den körperlichen Zustand zu normalisieren; das ist vorrangiges Ziel bei beiden Eßstörungsformen. Bei Magersüchtigen muß das Gewicht auf einen gesundheitlich weniger bedenklichen Wert gebracht werden. Das ist auch deshalb notwendig, damit die Patientin sich wieder besser konzentrieren kann und reflexionsfähiger wird.

Entsprechend müssen die Bulimikerinnen ihr *Eßverhalten normalisieren,* so daß die physiologischen Folgen weniger nachteilig sind und die Patientinnen wieder klarer denken können. Sie brauchen Hilfestellung dabei, ein normales Eßverhalten aufzubauen. Irrationale Ängste im Zusammenhang mit Essen und Gewicht müssen bearbeitet werden.

Längerfristig benötigen die Patientinnen eine *Therapie,* die es ihnen ermöglicht, sich mit sich selbst und ihren Problemen sowie mit ihrer Familie und anderen Menschen auseinanderzusetzen, ohne die Symptome der Eßstörung zu benutzen. Dies beinhaltet das Verändern von Denkmustern und das Entwickeln von Problemlösestrategien und neuen Alltagsgewohnheiten.

Oft ist ein *stationärer Aufenthalt* angezeigt, insbesondere dann, wenn die Symptomatik heftig und damit somatisch bedrohlich ist, oder wenn ambulante Behandlungsversuche nicht zum Erfolg geführt haben.

Ein besonderes Thema vor allem bei jugendlichen Patientinnen ist die *Therapiemotivation*: Magersüchtige sind sehr oft nicht krankheitseinsichtig und für die Behandlung nur vordergründig motiviert. Bulimiepatientinnen dagegen leiden subjektiv mehr unter ihrer Symptomatik; deshalb sind sie noch eher krankheitseinsichtig, wenngleich ihre Therapiemotivation oft brüchig ist und sie erfahrungsgemäß nicht selten die Therapie abbrechen.

Die Entscheidung zu einer stationären Behandlung der (jugendlichen) Patientin treffen auf ärztlichen Rat hin in aller Regel die Eltern.

Behandlung von Magersucht

Eltern magersüchtiger Patientinnen merken, daß sie mit der Tochter und ihrem bizarren Eßverhalten nicht mehr zurechtkommen. Sie haben Angst um die Gesundheit der Tochter und wünschen sich, daß »diese Spinnerei mit dem Essen« möglichst bald behoben wird. Sehr oft wird das abnorme Eßverhalten als das einzige Problem der Tochter bzw. der Familie gesehen und genannt. Ansonsten sei alles in Ordnung.

Eltern, die besonders bemüht sind, sich in jeder Hinsicht korrekt zu verhalten, fällt es sehr schwer, das Vorhandensein von behandlungsbedürftigen psychischen Problemen, die Hintergrund der Eßstörung sind, anzuerkennen. Sie würden dies als Eingeständnis einer persönlichen Niederlage erleben und tendieren deshalb dazu, einer psychotherapeutischen Behandlung gegenüber skeptisch zu sein.

Die jugendliche magersüchtige Patientin selbst hat nur in seltenen Fällen eine wirkliche eigene Motivation zur Behandlung, denn die Krankheit hat ja auch eine positive Funktion für ihr Selbstwertgefühl: Autonomie, Gefühl von Stärke und Macht. Sie befürchtet, daß ihr mit der Eßstörung ein wichtiger Teil von sich selbst »wegtherapiert« wird, ohne daß sie auf eine andere Weise etwas für sich gewinnt. In die stationäre Behandlung willigt die Patientin vor allem auf Druck von außen ein.

Ein wesentlicher Teil der Behandlung, die ohne Einbeziehung der Eltern gar nicht stattfinden kann, ist das *Aufbauen von Motivation* bei Kind und Eltern.

Erste Phase:

Die erste, oft stationäre Behandlungsphase beginnt mit einem *Behandlungsvertrag*, der mit der Patientin und deren Eltern geschlossen wird und alle Beteiligten in die Verantwortung einbindet. Hierbei wird ein bestimmtes Gewicht als Zielgewicht vereinbart, das im Laufe der Behandlung erreicht werden soll.

Die Therapie beginnt in unserer Klinik – wie in den meisten anderen Kliniken, die Magersüchtige behandeln – mit einem verhaltenstherapeutisch ausgerichteten Programm, bei welchem die *Gewichtszunahme im Vordergrund* steht: Bei sehr starkem Untergewicht werden Magersüchtige über eine Magensonde ernährt, wenn sie nicht genügend zunehmen und so ihre Gesundheit sehr gefährdet ist. Bei jugendlichen anorektischen Patientinnen mit lebensbedrohlichem Untergewicht wird manchmal sogar eine geschlossen-stationäre Behandlung nötig, wenn die Patientin andere Behandlungsangebote abgelehnt hat, weiter an Gewicht verliert und sich dadurch in Lebensgefahr bringt.

Die Magersüchtigen bekommen ihr Essen, bestehend aus drei Hauptmahlzeiten und zwei bis drei Zwischenmahlzeiten, vorportioniert und nehmen sie gemeinsam mit den anderen Eßgestörten und einer Betreuerin ein. Sie werden hierbei nicht zum Essen gezwungen, jedoch angehalten, die vorgegebenen Mahlzeiten und Portionen möglichst einzuhalten und nicht zu verändern.

Im Behandlungsvertrag wird eine Zunahme von 500 Gramm pro Woche vereinbart und darüber eine Gewichtskurve geführt. Weitere Aktivitäten wie Schulbesuch, Sport, Besuche von Familienangehörigen und Freunden, Beurlaubungen nach Hause, sind an die Gewichtszunahme gekoppelt. Je mehr die Magersüchtigen zunehmen, desto mehr »Freiheiten« und Vergünstigungen können sie sich erwerben. Dies soll einen Anreiz zur Gewichtszunahme geben.

Wenn die Patientinnen weniger als 500 Gramm in der Woche zunehmen, werden ihnen solche Aktivitäten wieder gestrichen; wenn sie sogar abnehmen, müssen sie Bettruhe einhalten.

Es ist allerdings auch nicht erwünscht, daß die Patientin mehr als etwa 700 Gramm wöchentlich zunimmt, da dies ungünstige Konsequenzen haben kann: Die Gewichtszunahme kann der Patientin große Angst machen, und es könnte eine Überreaktion mit neuer Gewichtsabnahme stattfinden oder die Symptomatik sich in Richtung Bulimie verschieben. Es besteht auch die Gefahr, daß die Patientin bzw. die Familie die Therapie vorzeitig abbricht, und zwar aus der Annahme heraus, daß mit dem Erreichen des Zielgewichtes das ganze Problem gelöst sei.

Von Anfang an erhalten die Patientinnen mehrmals wöchentlich Kunsttherapie, um ihre Gefühle und Empfindungen nonverbal ausdrücken und gemeinsam mit den Therapeuten im Gespräch darüber reflektieren zu können. Ebenso nehmen sie an einer *Bewegungstherapiegruppe* für Eßgestörte teil, die der besseren Wahrnehmung des eigenen Körpers dient.

Therapeutische Einzelgespräche sind eher verhaltensorientiert, d. h., es werden der unmittelbare Umgang der Patientin mit dem Essen und die entsprechenden »magersüchtigen« Verhaltensweisen thematisiert. Ein genaueres Eingehen zu Beginn der Therapie auf die Probleme im Hintergrund haben sich als weniger hilfreich erwiesen, um die Symptomatik zu verändern – die Patientinnen behalten ihre problematischen Verhaltensweisen bei, wenn nicht direkt dort angesetzt wird.

Begleitend finden *Elterngespräche* und auch *Familiengespräche* statt, die der Diagnostik dienen, Informationen vermitteln und motivieren sollen.

Zweite Phase:

In der zweiten Phase der Behandlung, wenn sich das Gewicht auf einen für die Konstitution der Patientin weniger bedrohlichen Wert erhöht hat, beginnt *Psychotherapie einzeln und in der Gruppe*, wobei auf die Gesamtproblematik der Patientin und ihrer sozialen Beziehungen eingegangen wird.

In der Gruppe tauschen sich die Patientinnen gegenseitig über ihre Schwierigkeiten aus. Hierbei beobachten sie sich, z.T. genauer als die Therapeuten es können, und reflektieren ihre problematischen Verhaltensweisen gemeinsam. Besonderes Augenmerk muß allerdings von den Therapeuten darauf gelegt werden, daß sie voneinander auch Maßnahmen zur Gewichtsreduktion lernen können, wenn sie dem Ziel, von magersüchtigen Verhaltensweisen wegzukommen, noch ambivalent gegenüberstehen.

Die Beziehungen zu Gleichaltrigen und entsprechende Fähigkeiten und Ängste werden besprochen und neue Verhaltensweisen im Rollenspiel geübt. Die Position innerhalb der Familie und die Beziehungen zwischen den Familienmitgliedern werden reflektiert.

Der *Familientherapie* kommt verstärkte Bedeutung zu: Die Familienmitglieder werden darin unterstützt, ihre individuellen Wünsche und Bedürfnisse wahrzunehmen und den anderen gegenüber auszusprechen. Das bedeutet auch, daß im Hintergrund vorhandene Konflikte thematisiert und nach Möglichkeit gemeinsam geklärt werden. Manchmal kommen so auch Probleme in der Paarbeziehung der Eltern ins Bewußtsein, die diese dann in Sitzungen ohne die Kinder besprechen können. Die Familie lernt, sich selbst, die einzelnen Familienmitglieder und auch die magersüchtige Patientin besser zu verstehen.

Aufgabe in der Familientherapie ist es auch, darüber zu sprechen, daß die Adoleszenz der Kinder eine neue Anforderung an alle stellt, nämlich sich darauf einzustellen, daß die Kinder beginnen, sich von den Eltern und aus der Familie zu lösen. Das ist auf beiden Seiten mit Ängsten verbunden und gerade in Familien mit einer magersüchtigen Jugendlichen ein schwieriges Thema.

Dritte Phase:

In der dritten Phase der Magersuchtbehandlung wird die Vorgabe von Essensportionen zurückgenommen, die Patientin bestimmt nun weitgehend wieder selbst ihr Eßverhalten und hat begleitend Gelegenheit, diesbezügliche Schwierigkeiten mit den Therapeuten zu besprechen. Das »normale« Eßverhalten soll sich konsolidieren.

Kontakte nach außerhalb der Klinik werden intensiviert, der Schulbesuch findet spätestens jetzt wieder statt.

In dieser Phase konzentrieren sich Therapeuten und Patientinnen sowohl in den Einzelgesprächen als auch in den Gruppentherapien verstärkt auf die *Hintergrundproblematik*. Hierbei spielt die Familientherapie weiter eine wichtige Rolle.

Obwohl es aus unserer Sicht zur Prophylaxe von Rückfällen sehr notwendig ist, diese dritte Phase der Behandlung nicht zu kurz zu halten, ist es oft nicht leicht, die Eltern davon zu überzeugen, daß weitere Therapie nötig ist, obwohl die Tochter nun schon ihr Zielgewicht erreicht hat. Eine ambulante Weiterbehandlung im Anschluß an die stationäre Therapie unter Einbeziehung der Familie ist meistens zumindest mittelfristig ratsam.

Fallbeispiel:

Jutta ist 13 Jahre alt. Ihr Gewicht beträgt bei Aufnahme 39 Kilo, sie ist 1 Meter 62 groß. Jutta hat bereits drei Versuche, sie in verschiedenen Kliniken stationär zu behandeln, abgebrochen und kommt deshalb auf unsere geschlossene Station. Sie bekommt zunächst das Vorgehen erklärt und anschließend ein paar Tage lang Gelegenheit, mit dem Ziel der Gewichtszunahme selbst ihre Essensmenge zu bestimmen. Da sie äußerst spärlich ißt und keine Gewichtszunahme erfolgt, wird eine Magensonde gelegt, die sie über vier Wochen lang behält. Jutta kommt in ein Einzelzimmer, das eine Glasscheibe zum Tagesraum hat und das sie zunächst nicht verlassen darf. Zugeführte Nahrungsmenge und Ausscheidung werden genau kontrolliert. Ins Bad wird sie begleitet. Einzelgespräche mit der Therapeutin finden in ihrem Zimmer statt. Sie ist angehalten, Bettruhe einzuhalten, nutzt jedoch trotzdem jeden unbeobachteten Moment für heimliche Gymnastik. Kontakte zu Mitpatienten und nach außen sind zunächst nicht erlaubt und von der Gewichtszunahme abhängig.

Jutta nimmt nun langsam zu. Nach zwei Wochen erhält sie übergangsweise hochkalorische Breikost und dann feste Nahrung, die sie im Beisein einer Betreuerin zunächst in ihrem Zimmer einnimmt. Da das Gewicht sich weiter nach oben bewegt, wird die Sonde schließlich gezogen.

Die Zunahme verlangsamt sich, als Jutta wieder selbst ihre Essensmenge bestimmt, aber nach und nach erreicht sie innerhalb der geschlossenen Station immer mehr Freiheiten.

Jutta hatte extreme Angst davor, zuzunehmen: »nicht mehr ich selbst zu sein«. Sie erreichte daher die Gewichtsgrenze von 41,5 Kilo, die ihr freies Bewegen auf Station mit den anderen Jugendlichen ermöglichte, nur langsam. Außerdem glaubte sie, die Krankenschwestern und Erzieher auf Station seien persönlich enttäuscht und böse auf sie, wenn sie nicht zunehme. Es war für sie überraschend, daß nach Beendigung der Sondenernährung ihr selbst überlassen blieb, wieviel sie zunahm und welche Vergünstigungen sie dadurch erreichte.

Jutta war überaus findig in Manövern, mit welchen sie mehr Gewicht vorzutäuschen suchte. In der späteren offenstationären Weiterbetreuung machte sie nur langsame Fortschritte, weil es ihr nicht leicht fiel, sich bei weniger Kontrolle von außen eigene Ziele zu setzen. Sie blieb sechs Monate bei uns und hat ihre Magersucht mit Hilfe weiterer ambulanter Therapie schließlich überwunden. – Ihre Hintergrundprobleme waren eine schwierige Beziehung zu ihrer alleinerziehenden Mutter, die selbst psychisch belastet war, sowie sexueller Mißbrauch durch einen Partner der Mutter, von dem sie erstmalig während des stationären Aufenthaltes bei uns berichtete.

Behandlung der Bulimie

Erste Phase:

Die erste Phase der Bulimiebehandlung dient nicht wie bei der Anorexie der Gewichtsregulierung, sondern im wesentlichen der *Diagnostik* und der *Selbstbeobachtung* der Patientin: Es wird – über Beobachtung oder auch anhand von Fragebögen – herausgearbeitet, in welchen Situationen die Patientin besonders zu Freßattacken neigt und welche Bedingungen oder Gedanken einem Eßanfall vorausgehen. Die meisten Bulimikerinnen geraten in große Versuchung, eine Eßorgie vorzubereiten, wenn sie z. B. in einem Lebensmittelgeschäft allein einkaufen gehen oder wenn sie allein in der Wohnung sind und der Kühlschrank wohlgefüllt ist. Manche negativen Gedanken und Gefühle, die sich oft wiederholen, begünstigen ebenfalls das Auftreten von Eßanfällen. Es wird erfaßt, welche Situation für die jeweilige Patientin am problematischsten ist. In der Einzeltherapie werden solche Situationen mit der Patientin gezielt aufgesucht, wobei die dabei auftretenden Gedanken und Gefühle bewußter werden sollen und durchgesprochen werden.

Auch die Bulimikerinnen nehmen an einer *Kunsttherapiegruppe* sowie an einer *Bewegungstherapiegruppe* speziell für Eßgestörte teil, um sich selbst, ihre Gefühle und ihren Körper besser wahrzunehmen.

In der ersten Phase wird die Nahrungsaufnahme nicht eingeschränkt oder kontrolliert, das *Eßverhalten wird nur registriert.*

Begleitende Familiengespräche dienen der Diagnostik und der Information der Familie.

Am Ende der ersten Phase wird die Therapie individuell geplant, wobei die Patientin, alle beteiligten Therapeuten und die Eltern mit einbezogen werden.

Zweite Phase:

In der zweiten Phase der Behandlung wird eine *»Diät«* vorgegeben im Sinne einer geregelten Kalorienmenge, die auf drei Hauptmahlzeiten und zwei Zwischenmahlzeiten verteilt wird. Im Anschluß an die Hauptmahlzeiten wird die Patientin eine Stunde lang begleitet; ein Toilettenbesuch ist nicht erlaubt. Die Patientin wird nach Möglichkeit abgelenkt, um ihre Impulse zu selbstinduziertem Erbrechen möglichst zu bremsen. Auch nach den Zwischenmahlzeiten wird die Patientin begleitet, allerdings kürzer und mit Rücksicht auf eventuelle andere Therapietermine. Später kauft die Patientin in Begleitung ihre Zwischenmahlzeit selbst ein.

Im weiteren Verlauf wird die Nahrung auf drei Hauptmahlzeiten mit entsprechend erhöhter Kalorienzahl verteilt. Die Patientin soll ihre Erfahrung mit dem Gefühl machen, daß der Magen »voll« ist.

Ihr Gewicht sollen die Patientinnen in der Regel halten. Es wird ein *»Gewichtskorridor«* vorgegeben, innerhalb dessen das Gewicht schwanken darf. Wenn die Patientin zuviel zunimmt, wird die vorgegebene Kalorienmenge überprüft, und es wird kontrolliert, ob die Patientin heimliche Nahrungsmittel- oder Süßigkeiten-Depots nutzt. In der Regel wird sie nun bei Ausgängen von Betreuern begleitet.

Wenn das Gewicht zu sehr zurückgeht, werden ähnliche Maßnahmen eingesetzt wie in der Anorexiebehandlung.

Es wird außerdem darauf geachtet, daß die Bulimikerinnen nicht zu viel Geld zur Verfügung haben, das sie für den Einkauf größerer Mengen Nahrungsmittel nutzen könnten. Auch werden »Versuchungssituationen«, z. B. durch Küchendienst oder frei zugängliche Kühlschränke oder Speisekammern, möglichst gering gehalten. Die Patientin kann ein Süßigkeitendepot im Stationszimmer einrichten und erhält von dort kontrollierte Mengen. Die Angehörigen werden darüber informiert, daß sie der Patientin nicht unbedingt einen guten Dienst erweisen, wenn sie ihr – auch auf Verlangen – eine große Menge an Süßigkeiten oder viel Taschengeld mitbringen.

Um die gedankliche Beschäftigung mit den Essensfragen nicht zu fördern, wird die Essensproblematik nur in spezifischen Therapieangeboten erörtert, nicht im Alltag auf Station.

Durch alle diese Maßnahmen soll die Patientin geschützt und entlastet werden, und Essen in normalem Maß soll wieder erlernt werden.

In der *Einzeltherapie* wird die Patientin nach und nach zunehmend mit für sie problematischen Situationen in bezug auf das Eßverhalten konfrontiert; hier muß sie lernen, der Versuchung zu widerstehen und neue Verhaltensweisen zu entwickeln. Sie wird dabei intensiv therapeutisch begleitet.

Ähnlich wie bei den Anorexiepatientinnen wird nun auch die Hintergrundproblematik der Patientin mit ihr selbst und der Familie besprochen und bearbeitet. Zum Behandlungsplan gehören Besuche zu Hause und die begleitete Konfrontation mit »Versuchungssituationen« in der gewohnten Umgebung.

Dritte Phase:

In der dritten Phase der Therapie werden die Kontrollen und Vorgaben allmählich wieder zurückgenommen; die Patientin soll nun lernen, für sie »schwierige« Situationen allein aufzusuchen und zu bewältigen – sie kann sich allerdings von Mitpatientinnen begleiten lassen, die ähnlich weit in der Therapie vorangekommen sind. Auch ihr Taschengeld verwaltet sie nun wieder selbst. In den Therapien werden die jeweiligen Erfahrungen nachbearbeitet. Zum Zweck der Verarbeitung von ihren Erfahrungen ist die Patientin auch gehalten, über die gesamte Dauer der stationären Therapie ein »Therapietagebuch« zu führen.

Am Ende der dritten Phase werden *Maßnahmen zur Rückfallpro-phylaxe* geplant und gemeinsam mit allen Beteiligten die Entlassung vorbereitet.

Fallbeispiel:

Susi ist 16, als sie zur stationären Aufnahme angemeldet wird. Ihre Bulimie hat sie ganz gut geheimhalten können, bis sie sich eine Verletzung der Speiseröhre zugezogen hat durch ein Gürtelende, mit dessen Hilfe sie häufig das Erbrechen provoziert hat. Sie wird nach Ausheilen der Verletzung aufgenommen.

Susi ist die Älteste von drei Geschwistern. Sie wirkt die meiste Zeit fröhlich und freundlich, wird aber rasch verlegen, wenn man sie direkt ansieht und anspricht. Susi macht die Beziehung zu einem ein paar Jahre älteren jungen Mann zu schaffen, in den sie sich verliebt hat, bei dem sie jedoch emotionale Wechselduschen erlebt, weil er noch mit mehreren anderen Mädchen Beziehungen hat. Von den Eltern, die ihr den Umgang mit dem Jungen verboten haben, fühlt sie sich nicht verstanden. An sich selbst läßt sie kaum ein gutes Haar – ihr Selbstbewußtsein hat unter dem Ekel vor sich selbst und ihren Eß- und Brech- Anfällen sehr gelitten.

Die Eltern schildern sie als wenig mitteilsam und verschlossen. Die Mutter beschwert sich über die Uneinsichtigkeit der Tochter, was den Freund angeht.

Besonders angetan haben es Susi Bäckereien und deren verführerischer Duft, der sie aufhält, auch wenn sie eigentlich schnell vorbeilaufen möchte. Eßanfälle hat sie etwa dreimal die Woche, besonders dann, wenn sie sich von ihrem Freund hängengelassen fühlt. Seit einigen Monaten hat sie immer wieder einmal Suizidphantasien, wie sie nun berichtet.

Auf der Station ist Susi zurückgezogen und fügsam. Als sie bei einem Diebstahl im Lebensmittelgeschäft erwischt wird, wirkt sie äußerst zerknirscht. Es fällt ihr zu Beginn sehr schwer, auf die Eßexzesse in der Klinik zu verzichten.

Die vielen Kontaktangebote in der Klinik tun ihr gut und lenken sie ab von ihrer unglücklichen Verliebtheit.

Susi braucht lange, bis sie beginnt, über ihre wirklichen Gefühle zu sprechen. In der Einzeltherapie lernt sie, etwas von ihrer negativen Haltung sich selbst gegenüber aufzugeben und sich selbst mehr anzunehmen. Daß in der Familientherapie die Eltern einbezogen werden und ihrerseits weniger mit negativer Kritik auf Susi eingehen, hilft ihr. Auch die Beziehung zu diesem eher ausbeuterischen Freund kann sie nun vorsichtig in Frage stellen.

Susi bleibt fünf Monate in der Klinik. Der Klinikaufenthalt gibt ihr Halt, und als sich die Symptomatik allmählich bessert, wird für die Entlassung besonderes Augenmerk darauf gelegt, daß sie ihre Freizeit strukturiert und wieder mehr Freunde gewinnt – bis auf die Treffen mit ihrem Freund hat Susi kaum noch Kontakte mit Gleichaltrigen gepflegt. Eine ambulante psychotherapeutische Weiterbetreuung wird von der Klinik aus für die Zeit nach der Entlassung angebahnt.

Zwangsgedanken und Zwangshandlungen

In diesem Kapitel geht es um Problembereiche und Symptome, deren harmlosere Formen wie selbstauferlegte Regeln, Rituale oder auch magisches Denken vermutlich jeder von uns kennt. So gibt es bei Kindern Entwicklungsphasen, in denen geradezu typischerweise derartige Angewohnheiten von »zwanghaftem Verhalten« zu beobachten sind. Man sieht z.B. kleinere Kinder manchmal nach ganz bestimmten Mustern oder Reihenfolgen die Pflastersteine des Gehwegs entlanghüpfen oder an bestimmten Abläufen des Zubettgehens geradezu krampfhaft festhalten. Der eine oder andere erinnert sich vielleicht auch, daß er als Kind – oder auch noch als Erwachsener – bestimmte Dinge als glücksbringend angesehen hat, obwohl es dafür keine logische Erklärung oder gar Beweise gab. So kann z.B. auch Abergläubischkeit eine Art magischer Gedankenverknüpfungen zugrunde liegen.

Von *Zwangsstörung* oder *-krankheit* spricht man, wenn bestimmte Gedanken oder Handlungen derart häufig auftreten oder wichtig werden, daß man im Alltag darunter leidet und davon beeinträchtigt wird. Wenn beispielweise aus Angst vor Verschmutzung oder Ansteckung die Hände 50 oder 100 Mal am Tag gewaschen werden, bis sie ganz wund sind, obwohl sie objektiv gesehen gar nicht schmutzig sein können, so stellt dies eine *Zwangshandlung* im Sinne eines *Waschzwanges* dar. Oder wenn ein Kind es nicht schafft, rechtzeitig zur Schule zu gelangen, weil es die Anordnung der Schulbücher im Ranzen pausenlos kontrollieren muß, wird man von einem *Kontrollzwang* ausgehen. Wer derartigen extremen Verhaltensweisen schon einmal begegnet ist, wird wissen, daß in solchen Situationen kein gutes Zureden hilft und daß manchmal durch Einmischung von außen sogar Angst oder Aggressionen ausgelöst werden. Hierbei spielt es keine Rolle, daß der Zwangskranke selber meist allzu gut weiß, daß die zigfach wiederholten Handlungen keinen Sinn machen. Der innere Druck ist meist so überwältigend, daß vernünftige Überlegungen und Argumente dagegen gänzlich machtlos bleiben!

Fallbeispiel:

Ein 15jähriger Jugendlicher wurde aus einer anderen Klinik zu uns verlegt, da er unter zunehmend beeinträchtigenderen Zwangshandlungen litt. Er mußte den Sitz seiner Kleidungsstücke so oft kontrollieren, daß er es nicht schaffte, pünktlich zum Schulunterricht zu erscheinen. Socken und Unterwäsche wurden an manchen Tagen Hunderte von Malen an- und ausgezogen, da subjektiv bei dem Jugendlichen das Gefühl bestand, daß sie nicht korrekt säßen, weswegen das Anziehen teilweise bis zu vier oder fünf Stunden in Anspruch nahm. Auf Hilfe von Mitarbeitern oder Versuche, die Zwangshandlungen zu unterbinden, reagierte der Jugendliche mit heftigen Angst- und Aggressionsausbrüchen.

Ebenso belastend wie diese geschilderten Zwangshandlungen können auch *Zwangsgedanken* sein. Hierbei kann es sich um Vergiftungsängste, Sorgen, etwas falsch gemacht oder sich versündigt zu haben, oder Furcht vor Krankheiten handeln. Diese Gedanken erscheinen den Betroffenen zwar sinnlos, kehren aber unwiderruflich ständig wieder und verhindern so anderweitige Beschäftigung, was viele Tätigkeiten im Alltag sehr in Mitleidenschaft ziehen kann. Oft schämen sich die derart Geplagten, weswegen es ihnen teilweise schwerfällt, über ihre Zwangsphänomene zu sprechen. Andere beziehen ihre Umgebung durch ständiges Rückversichern mit ein, was extrem nervenaufreibend sein kann.

Fallbeispiel:

In der Klinikambulanz wurde ein Zwölfjähriger mit seinen Eltern im Rahmen der Notaufnahme vorstellig. Wir erfuhren, daß der Junge seit Wochen in zunehmendem Maße pausenlos die gleichen Fragen an seine Eltern stellte. Ständig wollte er von ihnen die Versicherung, keinen Fehler gemacht zu haben und unter keiner ansteckenden Erkrankung zu leiden. Kaum hatten die Eltern ihm dieses versichert, kam die gleiche Frage von neuem. Weigerten sich die Eltern zu antworten, reagierte der Junge mit größter Verzweiflung und Aggressivität. Wegen der nicht abzustellenden unangenehmen Gedanken war es ihm inzwischen unmöglich geworden, die Schule zu besuchen.

Zwangsphänomene von derartigem Ausmaß, also Zwangsstörungen oder Zwangskrankheiten, sind leider nicht selten. Bis zu 2 Prozent der Bevölkerung sind hiervon durchschnittlich irgendwann in ihrem Leben betroffen. Mehr als die Hälfte erkranken vor dem 25. Lebensjahr, relativ oft schon in der Pubertät.

Mit den Zwangssymptomen können *Depressionen* oder *Ängste* verknüpft sein, nicht selten auch *Ticerscheinungen*. Der Verlauf kann stetig oder episodenhaft schwankend sein. Bei etwa einem Drittel der Betroffenen kommt es ohne viel Zutun zu einer Besserung, leider bleiben auf der anderen Seite etwa ebenso viele lebenslang zwangskrank.

Wie kommt es zu Zwangsstörungen?

Zu der Frage der ursächlichen Faktoren gibt es verschiedene Erklärungsansätze: Auch hier scheinen wieder *Erbfaktoren* eine Rolle zu spielen, denn in manchen Familien gibt es eine nicht mehr zufällige Häufung von derartigen Erkrankungen, auch wenn die Betroffenen nicht in demselben Haushalt leben. Aber auch bestimmten *Erziehungsstilen* wird ein Einfluß zugeschrieben; insbesondere sind hier übermäßig strenge, pedantische und überfordernde Eltern anzuführen. Gerade sehr ängstliche und selbstunsichere Naturen können dann mit einer Neigung zu vielfachen Sicherheitskontrollen reagieren, um jedwede peinliche Bloßstellung in der Öffentlichkeit zu vermeiden. (So entstammte der oben beschriebene Fünfzehnjährige einer auf engstem Raum lebenden, sehr kontrollierenden Familie, die den Zeugen Jehovas angehörte.)

Ebenfalls diskutiert werden *Veränderungen im Gehirnstoffwechsel*, wobei hier vor allem der Botenstoff Serotonin eine Rolle zu spielen scheint. Im Rahmen dieser Annahme läßt sich auch die positive Wirkung der üblicherweise verordneten Serotoninwiederaufnahmehemmer erklären.

Was kann man gegen Zwänge tun?

Wie so oft empfiehlt es sich, verschiedene Behandlungsmethoden miteinander zu kombinieren. Das bedeutet, daß man sich in der Regel an einen Fachmann wenden muß. Es kann leider passieren, daß der Zwangskranke selber – wenngleich ihm die Sinnlosigkeit seiner Zwangsphänomene klar ist – gar keine Behandlung möchte. In so einem Fall könnte sich die betroffene Familie zunächst einmal Rat und Unterstützung über Informationsbroschüren und z. B. auch über Angehörigengruppen zu holen versuchen (s.u.).

Ansonsten ist es im Zweifel nicht verkehrt, in einer Kinder- und Jugendpsychiatrischen Ambulanz oder bei einem niedergelassenen Kinder- und Jugendpsychiater vorstellig zu werden. Gerade in den Ambulanzen größerer kinder- und jugendpsychiatrischer Abteilungen hat man den Vorteil, daß verschiedene Therapiemöglichkeiten sogar unter einem Dach zur Verfügung stehen.

Da sich in vielen Untersuchungen gezeigt hat, daß bei ausgeprägten Zwangsstörungen *Kombinationen aus verhaltenstherapeutischen Ansätzen und medikamentöser Behandlung* am besten wirksam sind, ist es natürlich praktisch, wenn man dort nachfragt, wo beides angeboten werden kann. Außerdem dringend ratsam, die Familie in die Behandlung mit einzubeziehen und zu beraten, da die Angehörigen meist ziemlich in Mitleidenschaft gezogen sind!

Verhaltenstherapeutisch bewährt hat sich insbesondere die sogenannte *Exposition mit Reaktionsverhinderung*. Das bedeutet, daß der Therapeut versucht, die Situationen herauszufiltern, in denen der Betroffene sich genötigt fühlt, seine Zwänge auszuüben, da er sonst unter großen Druck bzw. in Angst gerät. Mit Unterstützung des Therapeuten soll dann versucht werden, derartige Situationen auch ohne entsprechende Zwangshandlungen durchzustehen. Im Laufe der Zeit wird der Betroffene zunehmend merken, daß er die angstauslösenden Situationen auch übersteht, wenn er daran gehindert wird, seine gewohnten Zwangsrituale auszuüben.

Zusätzlich kann bei ausgeprägter Symptomatik eine *medikamentöse Unterstützung* hilfreich sein. Wie bereits erwähnt, empfehlen sich hier insbesondere Substanzen, die auf den Serotoninstoffwechsel im Gehirn Einfluß nehmen, wie beispielsweise Anafranil oder Fluoxetin. Allerdings ist zu beachten, daß es oft mehrere Wochen dauert, bis eine spürbare Wirkung eintritt – man darf also nicht allzu schnell die Geduld verlieren!

Für detailliertere Informationen, auch zu Angehörigengruppen, können sich Betroffene und Angehörige z. B. an die Deutsche Gesellschaft für Zwangserkrankungen in Osnabrück (Tel. 05 41/4 09 66 33) wenden. Um einen Eindruck von den Problemen Zwangskranker und deren Umgebung zu erhalten, ist übrigens der Kinofilm *Besser geht's nicht* mit Jack Nicholson durchaus sehenswert!

Depressivität und suizidale Gefährdung

Symptome von Depressionen sehen wir in der Klinik vor allem bei älteren Jugendlichen immer wieder; in Verbindung mit Suizidalität, also Selbstmordgefährdung, sind sie häufig der Anlaß für eine stationäre jugendpsychiatrische Aufnahme. Aber auch Kinder zeigen des öfteren depressive Züge.

Anders als im Erwachsenenalter treten bei Kindern und Jugendlichen Depressionen kaum als eigenständig zu beschreibende Erkrankung auf. Sie sind meist mit anderen psychischen Symptomen verbunden und stehen in der Regel im Zusammenhang mit deutlichen Problemen im unmittelbaren familiären Umfeld der Kinder.

Auch körperliche Beschwerden sind nicht selten mit depressiven Störungen kombiniert. So wurden z. B. depressive Symptome bei 40 Prozent der Kinder mit Kopfschmerzen in einer kinderneurologischen Klinik diagnostiziert, dagegen bei 7 Prozent der Kinder in einem allgemeinen Kinderkrankenhaus.

Zur Häufigkeit depressiver Syndrome bei Kindern und Jugendlichen gibt es unterschiedliche Angaben in der Fachliteratur, denn depressive Symptome bei Kindern sind nicht so leicht systematisch zu erfassen. Nach statistischen Angaben aus den USA zeigen knapp 1 Prozent der Vorschulkinder depressive Symptome, rund 2 Prozent der Schulkinder und rund 5 Prozent der Jugendlichen.

Suizidalität

Suizidgefährdet werden vor allem Jugendliche, seltener Kinder, wenn eine Reihe von schwierigen Umständen zusammenkommt und die Jugendlichen in eine Krise geraten. Die Selbstmordgefahr ist um so größer, je geringer die Fähigkeit zur Entwicklung alternativer Problemlösestrategien ist, wenn entsprechende Hoffnungslosigkeit besteht. Eine länger dauernde *depressive Symptomatik* kann, aber muß dabei nicht vorausgehen.

Selbstmordgefährdung ist ebenfalls teilweise gegeben in Verbindung mit *Sozialverhaltensstörungen*, insbesondere, wenn eine erhöhte Impulsivität vorliegt. Suizide und Suizidversuche finden sich vermehrt bei *emotionalen Störungen*, und auch Alkoholismus und anderer *Substanzmißbrauch* lassen eine erhöhte Suizidalität erwarten. Auch *ungünstige Erziehungsbedingungen* (Ablehnung, Vernachlässigung, Mißhandlung, Streit unter den Erwachsenen) erhöhen die Suizidgefahr deutlich.

Suizidalität kann ein Hinweis sein auf *heftige Aggressionen* gegen sich selbst, oft auch gegen Angehörige, die man bestrafen möchte. Manche Jugendliche stellen sich in ihren Selbstmordgedanken genau vor, wie betroffen die Familie wohl reagieren wird.

Man unterscheidet zwei verschiedene Arten von Selbstmordversuchen: Es gibt Suizidversuche mit appellativem Charakter: *Parasuizid*. Sie sind in erster Linie als Hilferuf gemeint, und in diesen Fällen sorgt der Betreffende selbst für die eigene Rettung, indem er sicherstellt, daß rechtzeitig Hilfe kommt (z. B. indem er jemanden anruft, nachdem die Überdosis eingenommen ist). Hierzu werden häufig Tabletten in höherer Dosierung geschluckt, die als mehr oder weniger gefährlich eingeschätzt werden. Ernst zu nehmen sind Selbstmordversuche aber in jedem Fall, denn auf eine parasuizidale Handlung kann durchaus ein ernsthafter, vollendeter Suizid folgen, der dann nicht immer auch beabsichtigt sein muß.

Parasuizide kommen unter Jugendlichen und jungen Erwachsenen weit häufiger vor als Suizide, und sie werden mehr von Mädchen ausgeführt: 102 Parasuizide von 100 000 bei weiblichen Jugendlichen, bei männlichen Jugendlichen 66 von 100 000.

Aber es gibt eben auch die von Anfang an sehr ernstgemeinten Selbstmordversuche, die geplant und ausgeführt werden, ohne daß jemand etwas davon weiß. Oft, aber nicht immer sprechen ernsthaft Suizidgefährdete vorher über ihre Selbstmordabsichten. Dies gilt für Kinder und Jugendliche genauso wie für Erwachsene. Manchmal ist es nur ein Zufall, der demjenigen das Leben rettet, wenn niemand von den ernsthaften Selbstmordplänen wußte.

Von einer *akuten Selbstmordgefahr* gehen wir in der Klinik dann aus, wenn jemand sich schon sehr genau überlegt hat, wie er oder sie sich das Leben nehmen will, an welchem Ort und mit welchen Mitteln. Je genauer und realistischer der Suizid durchdacht ist, desto größer sehen wir die Gefahr, daß sich der Betreffende wirklich das Leben nimmt, und desto dringlicher ist eine stationäre Behandlung.

Diese ist außerdem angezeigt, wenn es bereits einen oder mehrere Suizidversuche gegeben hat oder wenn harte Methoden angewandt wurden wie Erhängen, Erschießen, Sprung aus der

Höhe, Erstechen, auf Bahngleise legen. Diese Methoden sind unmittelbar lebensbedrohlich.

Ernstgemeinte Suizidversuche bzw. vollendete Suizide sind bei Jungen häufiger als bei Mädchen. Die Opfer sind in der Regel älter; Kinder unter 12 Jahren setzen Suizidgedanken selten in die Tat um.

Selbstmorde gehören zu den häufigsten unnatürlichen Todesursachen im Kindes- und Jugendalter. Allerdings ist die Zahl der Suizide in den letzten 20 Jahren deutlich gesunken. In den 1970er Jahren haben sich etwa 20 000 Menschen in Gesamtdeutschland das Leben genommen, 1995 waren es 12 888. Darunter waren 338 Kinder, Jugendliche und junge Erwachsene bis 20 Jahre. 258 davon waren Jungen, 80 Mädchen.

Depressive Symptomatik

Unter Depressivität bei Kindern und Jugendlichen versteht man das Zusammentreffen mehrerer unterschiedlicher charakteristischer Symptome.

Im Vordergrund steht eine *anhaltende traurige, gedrückte Stimmungslage*. Meist haben die betroffenen Kinder und Jugendlichen das Interesse an Dingen oder Tätigkeiten verloren, die ihnen früher Spaß gemacht haben. In der Regel fällt es ihnen schwer, sich über etwas zu freuen oder auf eine freundliche Umgebung gefühlsmäßig zu reagieren. Appetitmangel und dadurch bedingte Gewichtsabnahme (bzw. mangelnde Gewichtszunahme bei sehr kleinen Kindern), Lustlosigkeit und Antriebsmangel ist charakteristisch für depressive Störungen. Das Selbstbewußtsein und das Selbstwertgefühl sind beeinträchtigt, und Schlafstörungen sind die Regel. Häufig ist die Depressivität auch mit Ängsten verknüpft.

Die Symptomatik äußert sich dem jeweiligen Alter entsprechend unterschiedlich:

Bei *Säuglingen* wurde schon vor etlichen Jahren eine Form von Depression bekannt, die dann auftritt, wenn das Kind sehr früh die nächsten Bezugspersonen verliert: *frühkindliche Deprivation.* Die entsprechenden Beobachtungen wurden an Heimkindern gemacht, die etwa 6 Monate alt waren und ihre Eltern verloren hatten. Es war zu sehen, daß sich Säuglinge ohne eigene Bezugsperson nicht gesund entwickeln. Sie nehmen kaum zu, sind zunächst weinerlich und zeigen später einen starren, eisigen Gesichtsausdruck.

Die Entfaltung eines gesunden Gefühlslebens ist unter Bedingungen, in denen das Kind nur aufbewahrt und körperlich gepflegt wird, aber keine weitere Zuwendung erhält, nicht möglich.

Aus diesem Grunde wird heute inzwischen versucht, Kinder in derartigen Situationen in Pflegefamilien zu vermitteln.

Bei einigen älteren Kindern oder Jugendlichen, die später mit schwerwiegenden psychischen Problemen in die kinder- und jugendpsychiatrische Klinik kommen, finden sich in der Vorgeschichte frühe soziale Deprivationen.

Bei *Kleinkindern* zeigen sich Depressionen in Bedrücktheit; die Kinder wirken traurig und ängstlich. Sie verhalten sich uninteressiert bis apathisch, ihre Motorik ist verlangsamt, die motorische Entwicklung oft verzögert. Auch Verzögerungen in der Sprachentwicklung sind häufiger bei depressiven Kleinkindern zu beobachten. Die Kinder zeigen oft stereotype Bewegungsabläufe *(Jaktationen)* oder *excessives* Daumenlutschen, manchmal stimulieren sie sich auch selbst genital. Kreativität und Ausdauer sind eingeschränkt.

Über ihr Gefühlsleben zu reden sind kleine Kinder noch nicht in der Lage, so daß man Depressivität vor allem aus Beobachtungen erschließen muß.

Bei *Kindern im Vorschulalter* ist das Bild ähnlich, allerdings zeigen sich hier auch aggressive und destruktive Verhaltensweisen. Die Kinder sind sehr stimmungslabil. In Gedanken und im Spiel beschäftigen sie sich mit erwarteten Strafen. Sie ziehen sich zurück, beteiligen sich kaum an Gruppenspielen; ihr Interesse, Neues zu lernen, ist vermindert. Ein *allgemeiner Entwicklungsrückstand* ist häufig zu beobachten; die Kinder wirken weniger intelligent als andere. Das Eßverhalten ist problematisch, der Schlaf ist gestört, Ängste und Alpträume sind häufig. In Zeichnungen der Kinder sind ihre *Mißempfindungen* erkennbar. Oft nennen die Kinder auch *körperliche Beschwerden* wie Kopfschmerzen und Bauchschmerzen.

Schulkinder können zusätzlich zu den nonverbalen Anzeichen von Depressivität ihre Mißstimmung auch verbal beschreiben. Dabei sind *Selbstabwertungen* typisch. Die Kinder mögen sich selbst nicht und fühlen sich auch von ihren Eltern oder mindestens einem Elternteil abgelehnt und von Gleichaltrigen nicht gemocht. *Selbstmordgedanken* sind häufig, auch wenn sie bei Schulkindern noch selten in Selbstmordversuche umgesetzt werden.

Die schulischen Leistungen sind durch den *Mangel an Konzentrationsfähigkeit* beeinträchtigt.

Bei *depressiven Jugendlichen* fällt der Mangel an Selbstvertrauen deutlich auf. Es findet sich oft das subjektive Gefühl, mit der eigenen Lebenssituation überhaupt nicht zurechtzukommen.

Die Jugendlichen fühlen sich abgelehnt und allein(gelassen), es besteht ein Gefühl von Hoffnungslosigkeit und Aussichtslosigkeit, den – manchmal überhöhten – Anforderungen an sich selbst und von anderen (Eltern, Lehrer, Gleichaltrige) entsprechen zu können. Sie sind oft von sich selbst enttäuscht.

Konzentrationsstörungen und *Stimmungsschwankungen* im Tagesverlauf werden von den Jugendlichen häufiger selbst beobachtet. Ängste und *Selbstmordgedanken* werden von depressiven Jugendlichen eigentlich immer berichtet. Viele unternehmen dann auch Selbstmordversuche, die sie begründen mit dem Wunsch, endlich zur Ruhe zu kommen, aus einer unerträglichen Situation zu entkommen.

Den gleichen Zweck versuchen depressive Jugendliche auch über den Konsum von Alkohol oder Drogen zu erreichen; sie sind diesbezüglich besonders gefährdet (s.u. das Kapitel über »Sozialverhaltensstörungen und Sucht«).

Krankheitsdauer:
Die Zeiträume, in denen sich depressive Symptome bei Kindern und Jugendlichen zeigen, sind unterschiedlich lang. Besonders bei Jugendlichen sehen wir Depressivität und Suizidalität oft im Rahmen einer Entwicklungskrise, wenn etwa massive Auseinandersetzungen mit den Eltern und gleichzeitig ein Liebeskummer zusammentreffen Dann kann die Depression kurz, aber heftig sein, und wir sprechen von einer *kurzen depressiven Reaktion.*

Manchmal erfahren wir aus dem Anamnesegespräch, daß depressive Symptome schon seit langer Zeit mehr oder weniger deutlich bestehen, aber keine Behandlung eingeleitet wurde, weil es bis dahin keine akute Krise gegeben hat. Depressive Syndrome von Erwachsenen lassen sich häufig bis in die Kindheit hinein zurückverfolgen.

Auslösende Faktoren für depressive Reaktionen:
Wie wir eingangs bereits erwähnt haben, ist es gerade in jungen Jahren wichtig, bei Auftreten depressiver Symptome auf die Zusammenhänge mit den *Lebensbedingungen der Kinder* zu achten sowie oft vorhandene andere Symptome und Störungen mit einzubeziehen.

Die Hoffnungslosigkeit und die Selbstabwertung bei depressiven Kindern und Jugendlichen entstehen aus Erfahrungen, die die Kinder mit sich und ihrer Umgebung gemacht haben. Ausnahme sind *seltene körperlich bedingte* depressive Syndrome aufgrund von schweren Infektionen, manchen neurologischen Erkrankungen, endokrinologischen Störungen (Störungen des Stoffwechsels), Nebenwirkungen einiger Pharmaka. *Eßstörungen*, insbesondere *Bulimie* (s. o.) gehen dagegen häufig mit Depressivität einher.

Auch eine *psychotische Erkrankung* kann von depressiven Symptomen begleitet sein.

Zyklisch auftretende depressive Episoden, wie sie im Erwachsenenalter öfter vorkommen, sind bei Jugendlichen seltener; sie beginnen meist erst bei jungen Erwachsenen bzw. können erst dann als sich wiederholend diagnostiziert werden (vgl. u., das Kapitel über schwere affektive Störungen).

Zur Entstehung von Depressionen kann *Überforderung* viel beitragen. Aus diesem Grund ist eine depressive Symptomatik bei Kindern mit einem *hyperkinetischen Syndrom* nicht selten: Die Kinder verhalten sich recht oft für andere störend und erhalten entsprechend viel Kritik und negative Reaktionen. Sie selbst haben ja Schwierigkeiten, ihre Impulsivität unter Kontrolle zu halten.

Aus dem gleichen Grund zeigen auch Kinder mit *umschriebenen oder allgemeinen Entwicklungsverzögerungen* oft depressive Symptome, vor allem dann, wenn ihre besondere Situation nicht erkannt und somit nicht verstanden wird. Von diesen Kindern wird also mehr erwartet, als sie leisten können, und beispielsweise ihr schulisches Versagen wird als mangelndes Bemühen fehlinterpretiert. Das gleiche kann auch bei intellektuellen Minderbegabungen passieren.

Die folgenden Fallbeispiele zur Depressivität stammen aus dem stationären Alltag:

> Sascha wird als »schwieriges Kind« mit massiven sozialen und Schulproblemen in der Ambulanz angemeldet und später auch stationär aufgenommen. Er ist 8 Jahre alt und ältestes Kind von drei Geschwistern. Als einziges der Kinder hat Sascha den schweren Augenfehler des Vaters geerbt und trägt eine dicke Brille. Er wirkt sehr unbeholfen, zurückgezogen, hält keinen Blickkontakt. Körperlich ist er schmächtig und nicht größer als der um ein Jahr jüngere Bruder, der ihm an Kräften überlegen ist und ihn das auch spüren läßt. In der Motorik hat er Schwierigkeiten, er ver-

letzt sich häufig bei kleineren und manchmal größeren Unfällen. Die Eltern berichten genervt von ihren Versuchen, Sascha dazu zu bringen, Mut zu zeigen und sich nicht immer nur in sein Zimmer zurückzuziehen. Er habe kein Interesse daran, Fahrrad zu fahren oder schwimmen zu lernen.

Die Eltern wirken im Umgang mit Sascha ausgesprochen ungeduldig.

Sascha hat auch Angst, in die Schule zu gehen, wo es sowohl mit der Leistung als auch mit den Mitschülern Schwierigkeiten gibt. Den Kontakt mit Gleichaltrigen meidet Sascha.

Von den Eltern werden Schlafstörungen berichtet.

Es fällt Sascha schwer, sich sprachlich auszudrücken. Ein Intelligenztest ergibt einen Wert im Bereich der Lernbehinderung, wobei es während des Tests schwer ist, Sascha dazu zu motivieren, sich anzustrengen. In Zeichnungen bevorzugt er die Farbe Schwarz. Sich selbst stellt er in einer Zeichnung als dünnen Affen dar.

Eine eingehendere Untersuchung ergibt einen allgemeinen Entwicklungsrückstand. Sascha gehört eigentlich an eine Schule zur Individuellen Lernförderung, welche allein ihm schulische Erfolgserlebnisse vermitteln könnte.

Die Depressivität ist bei Sascha das Resultat einer allgemeinen Überforderung. Das Leistungsvermögen ist konstitutionell bedingt eingeschränkt, aber zusätzlich ist Sascha mit zu hohen Erwartungen an ihn entmutigt worden und hat schließlich seine Bemühungen aufgegeben, er hat resigniert.

Nach einer dramatischen häuslichen Auseinandersetzung wird uns Bernhard, 17 Jahre alt, von der Polizei zur Aufnahme gebracht. Seine Mutter hatte die Polizei gerufen, weil B. in betrunkenem Zustand sein Zimmer demoliert hat und versucht hat, unter massiven Selbstmorddrohungen Gegenstände anzuzünden.

In den Wochen zuvor hatte Bernhard schon oft mit Selbstmord gedroht und war über seine Situation in verzweifelte Wut geraten.

Als Ältester von vier Kindern einer alleinerziehenden Mutter ist er weniger begabt als die Geschwister und körperlich schmächtiger, so daß er in der Familie die Position des »schwarzen Schafes« bekommen hat. Aufgrund von Appetitmangel ist er für sein Alter und seine Größe auch zu dünn. Zeichen von Depressivität, besonders sozialen Rückzug, Interesselosigkeit und Antriebsmangel hat B. schon seit langem gezeigt. B. hat sich nirgends richtig akzeptiert gefühlt und ein unterwürfiges und übergefügiges Verhalten entwickelt, was es ihm schwergemacht hat, echte Freunde zu finden.

Das Verschwinden des Vaters aus der Familie hat B. im Alter von vier Jahren als einziger der Geschwister richtig mitbekommen. Es bedrückt ihn noch jetzt, daß der Vater sich anschließend überhaupt nicht mehr um die Familie gekümmert hat.

Die Mutter hatte als Alleinerziehende wenig Zeit. B. brauchte mit seinen Schulschwierigkeiten und seinen Problemen mit Gleichaltrigen mehr Unterstützung als die Geschwister, was seine Mutter als große Belastung empfand. Sie gab B. die Schuld an seinen Schwierigkeiten; konnte seine Situation nicht verstehen.

Entsprechend ungünstig waren die Rückmeldungen, die B. von der Familie erhielt, so daß er selbst immer weniger von sich hielt. B. neigte mehr und mehr zu unkontrollierten Wutausbrüchen, so daß die Mutter auch Angst hatte, ihn mit den jüngeren Geschwistern allein zu lassen.

Nach Abschluß der Hauptschule mit einem schlechten Notendurchschnitt gelang es B. auch nach verschiedenen Berufspraktika zunächst nicht, eine Lehrstelle zu finden. Private Vermittlung verhalf ihm schließlich zu einer Lehrstelle, in der sich B. allerdings auch nicht wohl fühlte.

Schwierigkeiten in der Berufsschule zeichneten sich bald ab.

B.s emotionaler Ausbruch, der zur Aufnahme in die Klinik führte, kam zustande, als die Mutter in Erwägung zog, B. in ein Heim zu geben.

Vernachlässigung des Kindes bildet nicht selten den Hintergrund für depressive Reaktionen. Die Eltern leben oft in ungeordneten Lebensverhältnissen oder weisen selbst psychische Störungen auf, wozu auch Süchte gehören:

Miriam ist 14 Jahre alt; sie wird vom Allgemeinkrankenhaus, wo sie am Abend zuvor nach Alkohol- und Tabletteneinnahme aufgenommen worden war, zu uns überwiesen. Einen ähnlichen Selbstmordversuch hatte sie schon etwa ein Jahr zuvor gemacht, außerdem hat sie immer wieder mit Glasscherben versucht, sich die Pulsadern aufzuschneiden.

Sie ist Einzelkind, die Eltern sind geschieden, der Kontakt zum Vater ist sehr sporadisch. Nach einem Unfall ist die Mutter mehrfachbehindert; sie und Miriam leben bei den Großeltern. Diese sind vor allem mit der Pflege von Miriams Mutter überfordert, die zu aggressiven Durchbrüchen neigt.

M. ist sehr ernst. Sie wirkt gedrückt, läßt sich kaum aus ihrer niedergeschlagenen Stimmung herausholen. Sie gibt an, schon lange jeden Tag Selbstmordgedanken zu haben, weil sie glaubt, daß sich an ihrer Situation nichts ändern wird. Niemand hat für sie Zeit; ihre Großeltern möchte sie mit ihren Problemen nicht belasten. In der Schule ist sie unauffällig und recht still. Das Leben zu Hause hält sie einfach nicht mehr aus. Gleichaltrige Bekannte hat sie schon, aber richtig anvertrauen kann sie sich niemandem.

Kerstin ist 15 Jahre alt, als sie zu uns in die Klinik kommt. Ihre Mutter hat sie mit Unterstützung des Jugendamtes angemeldet, weil sie seit mehreren Monaten die Schule nicht mehr besucht hat. Die Mutter hatte das Gefühl, daß sich die Tochter ihr mehr und mehr entzieht, sie hat einfach Angst um Kerstin. Kerstin steht morgens sehr spät erst auf; die Mutter, die arbeiten muß, weiß nicht, wo sie sich aufhält. Kerstin berichtet davon, daß sie Cannabis und Aufputschmittel konsumiert.

Der Vater war depressiv und beging Selbstmord, als Kerstin 9 Jahre alt war. Die Ehe zwischen den Eltern war spannungsgeladen. Bis vor einem Jahr hat Kerstin nicht gewußt, daß sich der Vater umgebracht hat. Die Geschwister sind über zehn Jahre älter als Kerstin und wohnen nicht mehr zu Hause; das Verhältnis zu ihnen ist nicht gut. Vor zwei Jahren hat Kerstin eine Vergewaltigung erlebt, von der sie lange nichts erzählt hat. Schon mit 11 Jahren hat sie sich auf sexuelle Beziehungen eingelassen. Sie hat sich einsam gefühlt und sich einen Freund gewünscht. Kontakte zu Gleichaltrigen hat sie nicht viel. Über den Tod des Vaters wurde in der Familie kaum gesprochen, so daß Kerstin ihn noch nicht verarbeitet hat. Ihre Handgelenke zeigen viele Schnittwunden von Verletzungen, die sie sich in Selbstmordabsicht beigebracht hat.

Kerstin sieht in ihrem Leben keinen Sinn, sie fühlt sich einfach leer. Ihre Sprache ist monoton, von sich aus erzählt sie kaum etwas.

Der folgende Fall ist ein Beispiel für Mißhandlung als Hintergrund für depressive Reaktion:

Markus, 15 Jahre alt, hat sich nach einwöchiger Vorausplanung ohne jede Vorwarnung mit einem Luftgewehr in die Brust geschossen und dabei nur zufällig keine lebenswichtigen Organe oder Blutgefäße getroffen. Er erscheint uns deutlich depressiv, erschöpft, Gestik und Mimik sind reduziert. Er spricht nur leise und wenig, aber macht noch einmal deutlich, daß er mit dem Luftgewehr eigentlich sein Herz habe treffen wollen. Daß er nun in einer Klinik sei, sei ihm auch egal, eigentlich sei es ihm völlig egal, was mit ihm passiere.

Die Eltern von Markus führen ein unstetes Leben als Künstler, was für Markus häufige Ortswechsel von klein auf bedingt hat. Sie trennten sich nach heftigsten, auch tätlichen Auseinandersetzungen, als Markus 10 Jahre alt war. Seither hat er beim Vater gelebt, der inzwischen eine um viele Jahre jüngere neue Partnerin hat.

Der musikalisch sehr talentierte Markus erhielt seit seinem 5. Lebensjahr Geigenunterricht. Sein Vater wünschte sich für seinen Sohn eine Karriere als Musiker, weswegen er Markus zu häufigem Üben zwang und dies auch mit Schlägen durchsetzte. Im übrigen waren beide Eltern oft abwesend, so daß Markus viel allein war. Schwierigkeiten von Markus im Umgang mit Gleichaltrigen werden von Anfang an berichtet. Allerdings wurde er durch die Umzüge auch oft entwurzelt.

Die Eltern waren aufgrund der eigenen Schwierigkeiten kaum für ihn da. Ab dem Alter von 7 Jahren fiel Markus durch zahlreiche Ladendiebstähle und aggressives und bedrohliches Verhalten anderen Kindern gegenüber auf. Zuhause verhielt er sich äußerst fügsam. Diese Entwicklung hat sich fortgesetzt: Bei seiner Aufnahme sind mehrere Strafverfahren wegen Diebstählen im Gang.

Nachdem er sich auf der Station eingewöhnt hat, ist Markus den gleichaltrigen Mitpatienten etwas unheimlich, es fällt ihm leicht, die anderen dazu zu bringen zu tun, was er möchte.

Bei Elterngesprächen ist zu erkennen, daß sich weder Vater noch Mutter in Markus hineindenken können. Nach wie vor ist dem Vater an Markus die Musikkarriere am wichtigsten. Auf Markus' Gefühlssituation einzugehen erscheint ihm nicht möglich.

Behandlungsmethoden:

Da depressive Symptome bei Kindern und Jugendlichen vor allem ein sekundäres, also ein Folgeproblem, sind, bemühen wir uns während der Diagnostik, das Kind möglichst genau kennenzulernen und so die Hintergründe für seine Bedrücktheit zu erfassen. Dies schließt natürlich ein, daß wir die Lebenssituation in der Familie und wichtige Bezugspersonen nach Möglichkeit in die Beurteilung und auch die Behandlung mit einbeziehen.

Wenn Suizidalität gegeben ist, ist in jedem Fall eine stationäre Aufnahme angezeigt, bis die akute Selbstmordgefahr abgeklungen ist. Anschließend wird therapeutisch an den zugrundeliegenden Schwierigkeiten angesetzt und entsprechend stationär oder ambulant weiterbehandelt.

Allgemein liegt vor allem bei kleineren Kindern der Schwerpunkt einer Behandlung in der *Beratung der Eltern*, denn von ihnen kann unserer Erfahrung nach die wirksamste Unterstützung kommen. Dies gilt auch dann, wenn wir das Kind stationär aufnehmen müssen, um erst einmal die eingefahrenen negativen Abläufe zu Hause zu unterbrechen und für neue Erfahrungen zu sorgen. Parallel dazu arbeiten wir möglichst intensiv mit der Familie.

Fast unabhängig vom zugrundeliegenden Problem profitieren depressive Kinder von Zuwendung und Akzeptanz durch die Eltern, die ihrerseits bei bestehenden schwerwiegenden Problemen – die des Kindes oder auch eigene – häufig Entlastung oder Unterstützung brauchen, um adäquate Zuwendung geben zu können. Wer als Erwachsener selbst am Limit seiner Kräfte steht, weil die Probleme mit dem Kind so belastend sind, für den ist es schwer, dem Kind noch Bestätigung zu geben.

Deshalb gehört selbstverständlich zur Behandlung, daß eine Hilfestellung im Umgang mit dem »Problemkind« gegeben wird. Soweit wie möglich wird auf die Sorgen der Eltern mit eingegangen; oft werden weiterführende ambulante therapeutische Hilfen für die Eltern oder die Familie eingeleitet.

Häufig gilt es, ungünstige Kreisläufe im Umgang miteinander zu verändern. Wichtig ist für alle Beteiligten, die Zusammenhänge zu verstehen, die zur Depressivität des Kindes geführt haben, und gemeinsam an möglichen Veränderungen und Lösungen zu arbeiten. Manchmal verändern sich für ein Kind alle Bedingungen »von selbst« positiv, wenn z. B. sich für einen Elternteil neue Perspektiven ergeben oder ein neuer Blickwinkel dafür sorgt, daß ein Problem als weniger schwer belastend erlebt wird.

Den bedrückten Kindern selbst tun *spieltherapeutisch orientierte Einzelstunden* gut, in denen sie sich kreativ ausdrücken können. Dies kann sie entlasten und beim Aufbau des Selbstbewußtseins und einer positiveren Selbstwahrnehmung helfen. Ältere Kinder sollten Gelegenheit bekommen, auszusprechen, was sie bedrückt, wie sie selbst sich und die Familie wahrnehmen und was sie sich an Veränderung wünschen. Im *Familiengespräch* erfahren die Eltern dann auch oft erst genauer von den Kindern selbst, wie sie die Lage sehen.

Ihre Situation oder ihr Verhalten aus eigener Kraft ändern können kleinere Kinder in der Regel nicht, da ihr Verhalten überwiegend spontan entsteht, wenig von Überlegung gesteuert wird und eine ausgeprägte Abhängigkeit von der Umgebung bzw. Familie besteht.

Sie sind auf Strukturierung von den Bezugspersonen angewiesen und lernen aus den eventuell mit therapeutischer Hilfe veränderten Reaktionen der Erwachsenen.

Bei Jugendlichen, die wegen Depressivität und/oder Suizidalität in Behandlung kommen, ist ein direkterer therapeutischer Zugang möglich.

Zwar sind auch sie – manchmal ohne es wahrhaben zu wollen – noch stark von der Familie abhängig, weshalb eine gemeinsame Arbeit an Problem- und Konfliktlösungen mit den Eltern am meisten Erfolg verspricht. Anders als kleinere Kinder können Jugendliche mit Unterstützung sehr viel besser Zusammenhänge sehen und beurteilen und ihr Verhalten bewußter einer Situation anpassen, sofern nicht ausgeprägte Entwicklungsstörungen und Verhaltensdefizite vorliegen. Sie profitieren deshalb von Einzeltherapie mehr als Kinder. Es fällt ihnen auch leichter als Kindern, ihre Ängste und Wünsche verbal auszudrücken.

In der Therapie können die Jugendlichen selbst überlegen, was am besten zu tun ist, damit es ihnen besser geht (Aktivität hilft!). Dazu gehört auch, daß sie lernen, sich nicht selbst zu überfordern, sondern zu unterscheiden, was in ihren Möglichkeiten liegt und was nicht.

Wenn die Familiensituation so desolat ist und so unveränderlich erscheint, daß sich die Depression voraussichtlich daheim nicht lösen wird, ist es Jugendlichen gegebenenfalls eher möglich, den Schritt aus der Familie heraus zu tun, etwa in eine betreute Jugendwohngruppe.

Eher als bei Kindern geben wir bei Jugendlichen, deren Depression ausgeprägt ist und lange andauert, zeitweise eine *medikamentöse Unterstützung* durch Antidepressiva, sofern sie dies auch selbst wünschen.

Sozialverhaltensstörungen und Sucht

Unter Sozialverhaltensstörung versteht man ein Muster dissozialen, aggressiven oder aufsässigen Verhaltens in einem Ausmaß, das den sozialen Erwartungen an Kinder oder Jugendliche dieses Alters nicht entspricht. Das problematische Verhalten tritt nicht nur kurzfristig auf, sondern dauert über einen längeren Zeitraum, mindestens ein halbes Jahr, an.

Schwierige psychosoziale Umstände wie eine *dysfunktionale Herkunftsfamilie* – also familiäre Verhältnisse, die den Bedürfnissen der Kinder nicht gerecht werden, suchtmittelabhängige oder selbst delinquente Eltern – sind so häufig im Hintergrund anzutreffen, daß man die Sozialverhaltensstörung durchaus als eine der Folgeerscheinungen von ungünstigen Erziehungsbedingungen in der früheren Kindheit betrachten kann.

Unklar ist bisher, inwieweit an der Entstehung dissozialen Verhaltens auch genetische Faktoren beteiligt sind. Viele Kinder und Jugendliche, die eine Sozialverhaltensstörung entwickeln, sind bemerkenswert angstfrei und suchen nach intensiven Reizen und Risiken, was durch genetische Veranlagung mitbedingt sein kann.

Symptome einer Sozialverhaltensstörung:
Verhaltensweisen, die die Diagnose einer solchen Störung nahelegen, sind z. B.: erhebliche Destruktivität gegenüber Gegenständen, Zündeln, Stehlen, häufiges Lügen, erheblicher Ungehorsam, Schuleschwänzen und Weglaufen von zu Hause, ungewöhnlich schwere oder häufige Wutausbrüche, Grausamkeit gegenüber anderen Menschen oder Tieren, Tyrannisieren.

Es können mehrere der genannten Verhaltensweisen vorhanden sein. Bei besonders starker Ausprägung führt auch schon eine dieser Verhaltensweisen zur Diagnose einer Sozialverhaltensstörung.

Im Rahmen der Sozialverhaltensstörung unterschieden werden einerseits Kinder, die gute Beziehungen zu Gleichaltrigen haben, und andererseits solche, die eher sozial isoliert sind und keine Bindungen eingehen (können).

Die Kinder mit sozialen Bindungen zeigen dissoziales Verhalten oft in der Gruppe gemeinsam mit anderen delinquenten oder dissozialen Gleichaltrigen (»peer group«), so daß das problematische Verhalten über die Gruppenerwartung reguliert wird. Manche betroffene Kinder führen die dissozialen Verhaltensweisen jedoch auch allein aus und haben daneben gute Kontakte mit nicht verhaltensgestörten Gleichaltrigen, was eine günstigere Prognose erwarten läßt.

Sozialverhaltensgestörte Kinder ohne Einbindung in Freundschaften sind bei ihren destruktiven Aktivitäten meist allein. Diese Kinder sind bei Gleichaltrigen eher unbeliebt und haben allgemein Schwierigkeiten, tiefere Bindungen einzugehen. Auch die Beziehungen zu Erwachsenen sind eher problematisch, weniger vertrauensvoll und tiefgehend.

Bei manchen Kindern beschränkt sich die Störung auf das familiäre Umfeld bzw. auf eine einzelne Person in der Familie, zu der die Beziehung gestört ist.

Sozialverhaltensstörungen sind oft kombiniert mit emotionalen Störungen wie Depressivität und Ängsten. Auch das Hyperkinetische Syndrom tritt nicht selten in Verbindung mit Symptomen einer Sozialverhaltensstörung auf, hier allerdings im Zusammenhang mit Frustration, weil das Kind wegen seiner hyperkinetischen Verhaltensweisen häufig aneckt und negative Rückmeldungen bekommt. Eine Einschränkung der Intelligenz begünstigt die Entwicklung der Störung, und so sind schulische Defizite oft die Folge.

Der Mißbrauch von Alkohol und anderen Suchtstoffen ist bei Sozialverhaltensstörungen nicht selten, und im Sozialverhalten gestörte Jugendliche sind häufiger selbstmordgefährdet als andere.

Symptome einer Störung im Sozialverhalten können auch im Rahmen einer akuten Belastungsreaktion auftreten, z.B. wenn Trauer in aggressivem Verhalten ausgedrückt wird. In diesem Fall läßt sich ein belastendes Ereignis, länger andauernde psychisch belastende Lebensumstände oder eine Lebenskrise als Auslöser feststellen. Man spricht dann von einer Anpassungsstörung mit vorwiegender Störung des Sozialverhaltens, die mit Abklingen der emotionalen Reaktion des Kindes oder Jugendlichen wieder verschwindet.

Da bei Verhaltensauffälligkeiten die Diagnose einer Sozialverhaltensstörung meist nur im Zusammenhang mit einer Kinder- und Jugendpsychiatrischen Konsultation gestellt wird, lassen sich zuverlässige Zahlenangaben zur Häufigkeit kaum erheben. Dissoziales Verhalten bei Kindern und Jugendlichen scheint aber allgemein zuzunehmen.

Symptome der Sozialverhaltensstörung finden sich regelmäßig in der Vorgeschichte bei der sogenannten »dissozialen Persönlichkeitsstörung« (s. u. das Kapitel über »Persönlichkeitsstörungen«). Diese Diagnose kann erst nach Vollendung des 18. Lebensjahres mit Sicherheit gestellt werden, da in jugendlichem Alter noch viele Entwicklungsmöglichkeiten offen sind. Die dissoziale Persönlichkeitsstörung läßt sich bei etwa 1 bis 3 Prozent der Bevölkerung diagnostizieren, wobei nur etwa ein Viertel der Betroffenen Frauen sind – bei Frauen kommen andere Formen von Persönlichkeitsstörungen häufiger vor. Analog wird die Diagnose der Sozialverhaltensstörung häufiger bei Jungen gestellt als bei Mädchen.

Ein Beginn der Störung schon vor dem 10. Lebensjahr läßt einen eher ungünstigeren, chronischen Verlauf erwarten. Sie ist häufiger mit körperlicher Aggression verbunden und mit gestörten Beziehungen zu Gleichaltrigen. Bei unter Zehnjährigen ist der Anteil der Jungen wesentlich höher als der der Mädchen.

Fallbeispiel:
Der 9jährige F. wurde auf Vermittlung des Jugendamtes zur stationären Behandlung in der Klinik angemeldet, weil er aufgrund seiner aggressiven Verhaltensweisen sowohl in der Schule als auch in der Heilpädagogischen Tagesstätte nicht mehr führbar war. Er verlor bei jeder kleinen Enttäuschung die Beherrschung, drohte, sich blutig zu kratzen, sich zu würgen, aus dem Fenster zu springen oder davonzulaufen. Die anderen Kinder hatten vorwiegend Angst vor ihm und wollten nicht mit ihm spielen.

Nach dem Bericht der Mutter hat F. mit zwei Jahren eine sehr heftige Trotzphase durchgemacht und auch mehrere Unfälle erlitten, u.a. ist er in ein Auto gelaufen. Ernsthaft verletzt wurde er hierbei nicht. Er besuchte zwei Kindergärten und fiel in beiden durch aggressives, kaum steuerbares Verhalten auf.

Der Schulbesuch war von Beginn an problematisch. F.s Verhalten bedingte mehrfach einen Ausschluß vom Unterricht, weil andere Maßnahmen nicht mehr griffen. Er hielt sich an keine Regeln und arbeitete im Unterricht äußerst selten mit, weshalb er auch kaum zu benoten war.

Entsprechend gab es auf der Kinderstation zahlreiche Eskalationen in Verbindung mit F.s Tobsuchtsanfällen mit Selbst- und Fremdverletzungen, die oft gefolgt waren von kleinkindhaftem, bedürftigem Verhalten. Des öfteren entwendete er Gegenstände von anderen Kindern. Er wurde in der Klinik in einer Kleinstgruppe beschult und zeigte auch hier heftigste Wutausbrüche, weil er nicht mehr gewohnt war, daß ihm Leistung und Mitarbeit abverlangt wurden. Nur in der Musiktherapie in einer Kleingruppe zeigte sich F. kooperativ und war auch gut führbar. Immer wieder wurde auch Traurigkeit spürbar, er fühlte sich allein.

Es wurde über Wochen versucht, sein Verhalten in Tagesrückblicken mit ihm zu reflektieren, dies gelang ihm jedoch nicht.

F. erhielt zur Regulierung der Impulsdurchbrüche eine Medikation mit Dipiperon (vgl. Kapitel 5: Pharmakologischer Überblick), auf die er gut ansprach, indem er weniger heftig reagierte und rascher wieder einlenken konnte.

Da die Eltern auch längerfristig nicht in der Lage schienen, dem Jungen einen angemessenen pädagogischen Rahmen zu bieten, war es unvermeidlich, ihn in eine Einrichtung zu vermitteln, die ihm klar strukturierte Bedingungen mit intensiver Betreuung bot.

Bei Beginn der Störung nach dem 10. Lebensjahr ist der Verlauf seltener chronisch, und die soziale Integration gelingt hier eher als in obigem Fall.

Was den *Umgang* mit Kindern und Jugendlichen mit Sozialverhaltensstörungen so schwierig macht, ist die relative Unfähigkeit der

Betroffenen, aus negativen Konsequenzen ihres Verhaltens zu lernen. Ihr Schuldbewußtsein ist verglichen mit dem anderer Jugendlicher wenig entwickelt. Statt dessen neigen sie dazu, andere zu beschuldigen oder ihr Verhalten vordergründig zu rationalisieren.

Die Fähigkeit, sich in andere hineinzuversetzen und mitzufühlen, ist geringer ausgeprägt als bei anderen Menschen.

Auch das Aufbauen einer vertrauensvollen, tragfähigen Beziehung zwischen dem Jugendlichen und beispielsweise einem Psychotherapeuten ist wegen der häufig gestörten Beziehungsfähigkeit nicht einfach – manchmal auch nicht möglich.

Fallbeispiel:

Der 16jährige M. wird von seiner Großmutter, bei der er lebt, zur diagnostischen Abklärung angemeldet. Nach ihrer Auskunft bestehen massive Verhaltensstörungen wie Lügen, Zündeln, Stehlen. Mehrere Gerichtsverfahren seien im Gang. Um M.s Verhalten besser beurteilen zu können, wird er auf die offene Jugendlichenstation aufgenommen.

Die Eltern waren nicht verheiratet, der Vater starb, als M. gerade geboren war. Ein Halbbruder ist ein Jahr jünger.

Beide Kinder sind von der Mutter verlassen worden, als M. 4 Jahre alt war. Sie sei von der Arbeit einfach nicht zurückgekehrt und »verschollen« und wurde Jahre später in einer anderen Stadt lebend ausfindig gemacht.

Die Geschwister kamen getrennt in Kinderheime. M. wurde mit 7 Jahren von einem Onkel aufgenommen, ein sexueller Mißbrauch durch einen Nachbarn ist während der folgenden Jahre wahrscheinlich. Der Onkel gab M. mit 12 Jahren wegen zunehmender Erziehungsschwierigkeiten wieder in ein Heim. Mit 14 Jahren konnte er nach einem als Besuch gedachten Aufenthalt bei der Großmutter bleiben.

M. hat die Sonderschule für Lernbehinderte absolviert, wenngleich ein bei uns durchgeführter Intelligenztest zeigte, daß bei M. keine Lernbehinderung vorlag. Drei Lehrstellen wurden ihm wegen disziplinarischer Schwierigkeiten gekündigt. Das Verhältnis zur Großmutter war gespannt.

Auf Station verhielt er sich zunächst ruhig, war in Gesprächen mit den Erziehern und Therapeuten sehr wortkarg. Die Mitpatienten ließen sich von ihm dirigieren, schienen es sich mit ihm nicht verderben zu wollen. Das Stationsteam erfuhr von Drohungen seitens M. den anderen Jugendlichen gegenüber. M. erschien zunehmend reizbar und ließ sich schließlich dazu überreden, ein Medikament zu probieren, das seine Stimmung ausgeglichener machte.

M. tat der eng strukturierte Rahmen der Station gut, so daß er gern blieb, auch, weil er eine Rückkehr zur Großmutter nicht erstrebenswert fand. Er blieb knapp drei Monate lang in der Klinik.

Es war nur schwer möglich, mit dem mißtrauischen M. in einen guten Kontakt zu kommen. Er schien aber noch bereit, sein Verhalten in gewisser Weise kritisch zu sehen, so daß es gelang, ihn in eine therapeutische Jugendwohngemeinschaft mit umfangreichem pädagogischem Angebot zu vermitteln.

Fallbeispiel:

Der 16jährige R. wurde wegen akuter Fremdgefährlichkeit unter Alkoholeinfluß auf die geschlossene Station aufgenommen. Eine Auseinandersetzung mit seiner alleinerziehenden Mutter war zu Hause eskaliert, und er war tätlich geworden, bis die Mutter die Polizei zu Hilfe rief. Sie erlitt einen Kieferknochenbruch durch einen Schlag ihres Sohnes.

R. entstammte einer Zufallsbekanntschaft der Mutter mit einem Ausländer, dessen Identität nicht bekannt war. Wegen der Berufstätigkeit der Mutter kam R. nach Ablauf der Mutterschutzfrist in die Kinderkrippe und später in den Kindergarten. Nach der Schule besuchte er einen Hort.

Während der Schulzeit gab es wiederholt Klagen der Lehrer über Disziplinschwierigkeiten. Nach Berichten vom Jugendamt hat die Mutter R. oft sich selbst überlassen und konnte keine angemessenen Grenzen setzen.

Seit dem 11. Lebensjahr nahmen kleinere Diebstähle, Schuleschwänzen und Schlägereien zu, so daß R. in einem Heim untergebracht wurde. Die Mutter war mit seiner Erziehung überfordert. Jedoch holte sie ihn nach einem Jahr auf seinen Wunsch hin wieder nach Hause.

R. hatte die Hauptschulzeit ohne Abschluß mit mäßigen Leistungen absolviert und befand sich im ersten Lehrjahr als Maurer. Wegen wiederholter tätlicher Auseinandersetzungen waren mehrere Gerichtsverfahren anhängig. Schlägereien und Bedrohungen wurden von R. immer wieder im Zusammenhang mit Alkoholkonsum initiiert.

Unter den Bedingungen der geschlossenen Station zeigte sich R. einsichtig und reuevoll, es wurde jedoch auch deutlich, daß er vor allem versuchte, sich in ein gutes Licht zu setzen. Nach den Berichten hatten sich Schlägereien und nachfolgende Einsicht bei R. schon mehrfach wiederholt. R. hatte vor Aufnahme fast täglich Alkohol zu sich genommen. Ein Drogenscreening zeigte zusätzlich Spuren von Cannabisprodukten.

R. blieb für zwei Wochen auf der geschlossenen Station. Während dieser Zeit gab es mehrere Gespräche mit Vertretern der Jugendhilfe, da die Unterbringung von R. in einer Jugendwohngruppe getrennt von der Mutter dringend angeraten schien. Über pädagogische Hilfestellungen hatte R. am ehesten die Chance, seine Entwicklung in Richtung Dissozialität und Alkoholabhängigkeit nicht fortzusetzen.

Sozialverhaltensgestörte Kinder und Jugendliche sind sehr oft in der Gefahr, den Eltern oder Erziehungspersonen erzieherisch zu entgleiten, da sie sich an Regeln und Gebote kaum halten. Möglichst früh sollten die Eltern *familientherapeutische Unterstützung* mit dem Ziel einer Verbesserung der erzieherischen Kompetenz erhalten, und ein gemeinsames Vorgehen mit der Jugendhilfe ist dringend angeraten. Vielfach sind die Probleme sozialverhaltensgestörter Kinder und Jugendlicher zu Hause allein nicht zu bewältigen, und die Gefahr eines weiteren sozialen Abgleitens wächst.

Die Betreuung in teilstationären Einrichtungen (z. B. heilpädagogische Tagesstätte) – in schweren Fällen in vollstationären Heimeinrichtungen – kann die Chancen auf eine positive Entwicklung erhöhen.

Sucht und Suchtmittelmißbrauch

Suchtmittelmißbrauch begegnet uns in der Kinder- und Jugendpsychiatrie als Begleiterscheinung bei Sozialverhaltensstörungen, aber auch bei vielen anderen psychischen Schwierigkeiten. Die Gefahr, einen Suchtstoff nicht nur auszuprobieren, sondern nach dem ersten Versuch weiter zu nehmen, um »sich besser zu fühlen«, besteht immer, wenn es belastende Probleme gibt wie schwere familiäre Konflikte, sexuellen Mißbrauch, einen Mangel an positiven sozialen Kontakten oder schulisches und berufliches Scheitern.

Auch viele junge Patienten, die eine schizophrene Psychose entwickeln, haben vor Ausbruch der Erkrankung verschiedene Suchtstoffe probiert, um sich damit selbst zu helfen. Dies bewirkt gerade bei Psychosen jedoch eher das Gegenteil.

Unterschieden wird im Zusammenhang mit Suchtstoffen zwischen dem Mißbrauch oder schädlichen Gebrauch, der bei einem Teil der Konsumenten später zu Abhängigkeit führt, und der Abhängigkeit oder Sucht.

Von *Mißbrauch* spricht man, wenn mindestens eines der folgenden Symptome zutrifft:

- Versagen bei wichtigen Verpflichtungen wie Schule oder Arbeit aufgrund von fortgesetztem Konsum;
- Suchtmittelkonsum auch in gefährlichen Situationen wie Straßenverkehr;
- Fortsetzen des Konsums, obwohl dem Betreffenden die sozialen Probleme bekannt sind, die der Konsum verursacht bzw. verstärkt;
- juristische Probleme aufgrund des fortgesetzten Konsums.

Im Gegensatz dazu spricht man von *Abhängigkeit* oder *Sucht*, wenn mindestens drei der folgenden Kriterien erfüllt sind:

- Es besteht ein starker Wunsch oder innerer Zwang, Suchtstoffe zu nehmen.
- Eine sukzessive Dosissteigerung ist wegen Gewöhnung des Körpers erforderlich, um die gleiche Wirkung zu erzielen (Toleranz).
- Körperliche Entzugssymptome (Schweißausbrüche, Fieber, Muskelschmerzen, Übelkeit) treten auf bei Beendigung oder Verringerung des Konsums.
- Aufhören oder Reduktion der Dosis gelingen nicht, die Kontrollfähigkeit ist vermindert.
- Es wird viel Zeit aufgewendet für die Beschaffung des Suchtmittels auf Kosten von anderen Interessen und Aktivitäten.
- Soziale, berufliche oder Freizeitaktivitäten werden aufgrund des Substanzmißbrauchs eingeschränkt.
- Die Substanz wird weiter genommen trotz Kenntnis der Folgeprobleme (körperlicher und/oder sozialer Art).

Die Abhängigkeit kann auch rein psychisch sein, also ohne körperliche Entzugssymptome.

In diesem Fall treten starke Unlustgefühle und Depressionen auf, wenn das Suchtmittel abgesetzt wird.

Da eine Abhängigkeit meist erst nach längerem Substanzmißbrauch entsteht, geht es im Zusammenhang mit Kindern und
Jugendlichen vor allem um den *Mißbrauch* von Suchtstoffen, der
allein genügend Risiken birgt, so daß eine therapeutische Intervention zum frühestmöglichen Zeitpunkt angeraten ist:

Neben den je nach Suchtstoffen unterschiedlichen gesundheit-
lichen Schäden bringt fortgesetzter Suchtmittelmißbrauch negative
soziale Konsequenzen mit sich wie schulisches Versagen, die Einschränkung der sozialen Beziehungen, Kriminalität bei der Sucht-
mittelbeschaffung, allgemeine Verwahrlosung und Isolation.

Natürlich besteht bei Suchtmittelmißbrauch immer das Risiko
der Entstehung einer Abhängigkeit.

Im folgenden haben wir die Suchtstoffe, die von Jugendlichen
konsumiert werden, im Überblick aufgelistet:

Alkohol

Wirkung: In geringen Mengen erzeugt Alkohol eine gehobene
Stimmung. Hemmungen fallen weg, die Kontaktfreudigkeit
nimmt zu. Das Reaktionsvermögen läßt nach. Im Rauschzu-
stand entsteht eine heiter-alberne oder auch eine gereizt aggressive Stimmung. Das Denkvermögen nimmt ab, Artikula-
tionsschwierigkeiten und Gleichgewichtsstörungen treten auf.
Übelkeit tritt häufig ein, gelegentlich führt übermäßiger Alkoholkonsum akut zu Bewußtlosigkeit.

Risiken: Entstehung von psychischer und physischer Abhängigkeit, Schädigung von inneren Organen bei länger dauerndem
Mißbrauch, anhaltende Beeinträchtigung von Gehirn- und Ner-
venfunktionen, Konzentration und Gedächtnis, Persönlich-
keitsveränderungen. Wahnvorstellungen und Delirien im fort-
geschrittenen Stadium.

Cannabisprodukte (Haschisch, Marihuana):

Sie werden geraucht oder Getränken oder Speisen beigemischt
eingenommen.

Wirkung: Je nach Stimmungslage kann die Wirkung in angenehmen Empfindungen bestehen oder auch Angstzustände hervorrufen. Sinneswahrnehmungen können verstärkt erscheinen. Häufig ist der Antrieb vermindert, aber auch Ruhelosigkeit ist möglich.

Risiken: Bei längerem Gebrauch Nachlassen der Konzentrations- und Leistungsfähigkeit, allgemeine Antriebslosigkeit. Depressionen und Verwirrungszustände können auftreten.

Halluzinogene (LSD, Mescalin, Psilocybin, DOM):
Synthetisch hergestellte Stoffe oder auch pflanzliche Stoffe, die ebenso synthetisch hergestellt werden können. Sie werden in Flüssigkeiten gelöst und auf Trägersubstanzen geträufelt eingenommen.

Wirkung: Veränderte Wahrnehmung und verändertes Erleben (Halluzinationen, Phantasiewelt). Intensivierte Stimmung, Reichweite von Hochgefühl bis zu Horrorvorstellungen.

Risiken: Gefahren können aufgrund von Sinnestäuschungen nicht mehr abgeschätzt werden. Es können zeitlich von der Einnahme unabhängige Rückfälle (flashbacks) unkontrolliert auftreten.

Heroin (Opiate):
Pflanzlicher Grundstoff. Es wird in die Vene gespritzt oder geschnupft.

Wirkung: Stark betäubend, beruhigend. Alle Unlustgefühle, Schmerzen und Ängste verschwinden schlagartig und werden durch ein Hochgefühl ersetzt. Das Selbstbewußtsein steigt deutlich.

Risiken: Starkes Abhängigkeitspotential schon nach kurzer regelmäßiger Einnahme, sowohl psychisch als auch körperlich. Tod aufgrund von Herzversagen oder Atemlähmung wegen Überdosierung oder auch giftigen Beimengungen ist nicht selten. Durch den Gebrauch von nichtsterilen Spritzen besteht die Gefahr von schweren Infektionen (Hepatitis, HIV). Leberschäden und Magen-Darmstörungen treten auf. Kriminalität und Prostitution sind häufig im Zusammenhang mit der Beschaffung der teuren Droge.

Kokain:

Pulver auf pflanzlicher Basis, wird geschnupft, geraucht, gespritzt.

Wirkung: Euphorisierend, enthemmend, aktivitätssteigernd. Auf die Hoch-Phase folgt ein Tief mit Erschöpfung und Gereiztheit.

Risiken: Starkes psychisches Abhängigkeitspotential. Bei längerem Gebrauch hoher Dosen entstehen Depressionen und Halluzinationen sowie z.T. Verfolgungswahn. Die Nasenscheidewand kann durch das Schnupfen verätzt werden. Herzrhythmusstörungen, Krampfanfälle. Auch hier besteht die Gefahr des Todes durch Atemlähmung oder Herzstillstand bei Überdosierung.

Lösungsmittel (»Schnüffeln«):

Die giftigen Dämpfe aus Klebstoffen, Verdünnungsmitteln, Benzin, Farben und Lacken werden inhaliert, »geschnüffelt«. Sie sind leicht und billig zu haben und werden deshalb gern von Kindern und Jugendlichen benutzt.

Wirkung: Nach einer kurzen Phase der körperlichen Abwehrreaktion mit Übelkeit und Kopfschmerzen folgt ein Rausch mit Hochstimmung und gesteigerten Sinneswahrnehmungen.

Risiken: Starke psychische Abhängigkeit. Verätzungen, Gehirn- und Organschäden, spastische Lähmungen. Demenz (Intelligenzabbau) bei längerem Konsum. Bewußtlosigkeit und Atemlähmung bei zu hoher Dosierung.

Amphetamine (Aufputschmittel):

Synthetisch hergestellte Stoffe unterschiedlicher Zusammensetzung. Sie werden vorwiegend geschluckt.

Wirkung: Vorübergehende Steigerung der Leistungsfähigkeit,

Unterdrückung von Ermüdungserscheinungen. Euphorische Gefühle.

Risiken: Psychische Abhängigkeit. Unkalkulierbare Rauschdauer und Rauschintensität wegen wechselnder unbekannter Zusammensetzung, innere Unruhe, Schlafstörungen bis hin zu psychotischen Erscheinungen bei längerem Gebrauch. Herzrhythmusstörungen. Oft gleichzeitiger Gebrauch von Schlafmitteln zur Gegenregulation. Bei Mißbrauch von Amphetaminen treten je nach Zusammensetzung zusätzlich verschiedene Nebenwirkungen auf.

Designerdrogen (»Ecstasy«):

Synthetisch hergestellte Drogen unterschiedlicher Zusammensetzung und Wirkung. Die Zusammensetzung wird immer wieder verändert und so möglichst lange das Betäubungsmittelgesetz umgangen. Sie werden meistens geschluckt.

Wirkung: Je nach Zusammensetzung euphorisierend und aufputschend bis dämpfend.

Risiken: Psychische Abhängigkeit. Herzrhythmusstörungen. Wegen der unbekannten Zusammensetzung des Mittels sind die Rauschintensität und -dauer sowie die Nebenwirkungen nur schwer einzuschätzen; der Konsument kann nicht selbst dosieren. Akute Vergiftungserscheinungen können auftreten.

Medikamente (Schlaf- und Beruhigungsmittel, Aufputschmittel, Schmerzmittel):

Synthetisch oder auf der Basis natürlicher Stoffe hergestellte Mittel. Sie werden häufig mit oder anstelle von anderen Drogen eingenommen.

Wirkung: Je nach ursprünglich beabsichtigtem Anwendungsgebiet unterschiedlich. Bei Schlaf- und Beruhigungsmitteln wird die spannungslösende, beruhigende Wirkung gesucht, auch, um die Wirkung von aktivierenden Substanzen (Amphetaminen; Ecstasy etc.) wieder zu neutralisieren. Schmerzmittel regen an, schaffen ein angenehmes Körpergefühl. Aufputschmittel (auch Appetitzügler) regen an, vermitteln Wohlgefühl. Bei hoher Dosierung können Rauschzustände auftreten. Körperlicher Gewöhnungseffekt, d. h. Steigerung der Dosierung ist notwendig, um die gewünschte Wirkung zu erreichen, bzw. manchmal schlägt die Wirkung ins Gegenteil um.

Risiken: Abhängigkeit, körperlich und psychisch, bei längerem Mißbrauch. Bei Überdosierung kann Atemlähmung auftreten.

Die gleichzeitige Verwendung verschiedener Substanzen, die *Polytoxikomanie*, ist in neuerer Zeit häufig: Sie macht negative Wirkungen auf den Körper noch wahrscheinlicher und unberechenbarer; und Entzugssyndrome können zu kritischen körperlichen Zuständen führen.

Viele der Suchtstoffe können psychotische Symptome erzeugen, die denen der Schizophrenie ähneln und die auch während des Entzugs auftreten können. In der Regel klingen sie aber innerhalb von einigen Tagen wieder ab.

Gegenwärtig sind *synthetische Drogen* sehr verbreitet. Die meisten Jugendlichen allerdings probieren die Mittel nur aus, ohne eine Abhängigkeit zu entwickeln. Dieses Ausprobieren entspricht auch dem Neugierverhalten in der Pubertät und dient oft dazu, zu bestimmten Cliquen Zugang zu erhalten.

Nur ein kleiner Teil der Jugendlichen durchläuft die klassische Drogenkarriere über Konsum von Nikotin, Alkohol, Haschisch/ Marihuana, LSD bis zum Heroin. Neuere Untersuchungen zeigen, daß das Einstiegsalter für Nikotin und Alkohol auf unter 14 Jahre gesunken ist; in manchen Großstädten liegt es auch für illegale Drogen schon bei 12,5 Jahren! Ein Großteil der Drogenkonsumenten ist zwischen 18 und 22 Jahren alt. Etwa 24 Prozent der Jugendlichen haben mindestens einmal im Leben illegale Drogen, meistens Cannabisprodukte, ausprobiert.

Anzeichen für Drogenkonsum:
Bestimmte Anzeichen deuten auf einen Konsum von Suchtmitteln hin: Die Vernachlässigung von früheren Interessen und Freundschaftsbeziehungen, ein Leistungsabfall in der Schule, Müdigkeit, blasses Aussehen, gerötete Augen, vermehrtes Schwitzen, Zittern, Appetitmangel und Gewichtsabnahme, mangelnde Körperpflege, ein neuer Bekanntenkreis.

Wenn man als Eltern oder andere Bezugsperson einen Drogenmißbrauch vermutet, so ist es entscheidend, nicht überzureagieren. Eines der wichtigsten Mittel, um einem jugendlichen Drogenkonsumenten zu helfen, ist das Aufbauen oder Erhalten einer Vertrauensbasis, welcher Vorwürfe und Schuldzuweisungen sehr schaden können!

Ein einmaliger Drogenkonsum bedeutet noch keine Abhängigkeit, auch wenn Drogenmißbrauch nicht verharmlost werden sollte. Wichtig ist es, auf die Probleme des betreffenden Jugendlichen einzugehen und Unterstützung anzubieten, etwa den Kontakt zu einer Drogenberatungsstelle herzustellen, wenn Suchtmittel öfter konsumiert worden sind. Keinesfalls sollte man aber dem Jugendlichen dabei helfen – etwa mit Geld –, sich das Suchtmittel zu beschaffen, auch wenn dieser vehement darum bittet! Informieren sollte man sich am besten bei Drogenberatungsstellen oder auch Selbsthilfegruppen für Angehörige von jugendlichen Drogenkonsumenten. Entsprechende Adressen sind in jedem Telefonbuch zu finden.

Hilfemaßnahmen und Therapiemöglichkeiten:
Da Jugendliche in aller Regel noch stark emotional mit ihrer Familie verknüpft sind, ist ein wesentlicher Bestandteil der Arbeit mit jugendlichen Drogenkonsumenten das Einbeziehen der Eltern in Form von Beratung und Unterstützung in ihren Erziehungsfunktionen. Wenn sich schwerwiegende familiäre Konflikte verbessern lassen, wirkt sich das sehr auf die Bereitschaft des Jugendlichen aus, mit dem Drogenkonsum aufzuhören. Und die Bereitschaft, aufgrund einer ehrlichen Schadensbilanz den Sub-

stanzmißbrauch aufzugeben, ist für eine erfolgreiche Behandlung Voraussetzung.

Gelingt eine Klärung der familiären Beziehungen jedoch nicht, wird die Motivation sehr schnell abnehmen und eine begonnene Therapie rasch abgebrochen.

Fallbeispiel:

Eine 16jährige Jugendliche wurde nach einer von ihr selbst initiierten körperlichen Entzugsbehandlung in einer toxikologischen Krankenhausabteilung für Erwachsene zu uns überwiesen. Sie hatte mit dem Konsum unterschiedlicher Drogen bis hin zu Heroin vor einem Jahr begonnen. Zur Beschaffung der Drogen war sie seit 3 Monaten der Prostitution nachgegangen.

Der Vater, so hatte sie berichtet, sei Alkoholiker und der Mutter und den beiden Kindern gegenüber gewalttätig gewesen, seit sie denken kann. Erschwert wurde ihre Situation, als zwei Jahre zuvor der Vater damit begonnen hatte, sie regelmäßig bis zum Geschlechtsverkehr zu mißbrauchen. Die Mutter sei schwach und trotz zweier Versuche nicht in der Lage gewesen, sich von ihrem Mann zu trennen.

Unsere Versuche, die Mutter in dieser Richtung zu unterstützen, schlugen leider fehl. Die Patientin fühlte sich für das Wohlergehen der Mutter sehr verantwortlich. So griff sie regelmäßig in nächtliche Auseinandersetzungen zwischen den Eltern schlichtend ein. Eine polizeiliche Anzeige wegen des Mißbrauchs hatte die Patientin zurückgezogen, als sie erfuhr, daß eine mehrjährige Gefängnisstrafe für den Vater voraussichtlich die Konsequenz sein würde. Seither wurde sie von beiden Eltern mit Vorwürfen belastet, sie sei an den Spannungen zwischen den Eltern schuld.

Obwohl sich die Patientin sehr motiviert gezeigt hatte, eine stationäre Drogentherapie zu beginnen, brach sie diese in einer von uns in Zusammenarbeit mit Jugendamt und Drogenhilfe vermit-

telten Drogentherapieeinrichtung für Jugendliche nach kurzer Zeit ab und fiel in die früheren Verhaltensweisen zurück.
Manchmal muß man es aushalten, nicht helfen zu können.

Da Jugendliche aufgrund ihrer nur kurzzeitigen Erfahrung mit Drogen die Problematik häufig bagatellisieren, ist ein wesentliches Ziel im Umgang mit jugendlichen Substanzmißbrauchern der *Aufbau einer Vertrauensbasis* und die Schaffung von *Motivation*, mit dem Mißbrauch aufzuhören. Günstig ist es hier, wenn Maßnahmen der Jugendhilfe, der Drogenhilfe und der Kinder- und Jugendpsychiatrie ineinandergreifen.

Während früher aufgrund der hohen Abbruch- und Rückfallquoten an die – meist erwachsenen – therapiewilligen Drogenabhängigen hohe Eingangsvoraussetzungen für eine Drogentherapie gestellt wurden, um so ihre ernsthafte Motivation zu prüfen, gibt es im Gegensatz dazu heute verstärkt *niederschwellige Angebote im Bereich der Drogenarbeit* (z. B. im Sinne anonymer Gesprächsmöglichkeiten in Teestuben), gerade auch um die Jugendlichen, die sich noch kaum Gedanken über Therapiemöglichkeiten gemacht haben, zu erreichen. Dies beruht auf der Erfahrung, daß bei Opiatabhängigen nur ein geringer Teil derjenigen, die in Behandlung kommen, nach der ersten Behandlung langfristig abstinent bleiben. Mehrere Therapieversuche sind die Regel. Genauso wie der Weg in eine Sucht individuell unterschiedlich ist und nicht von heute auf morgen stattfindet, ist der Ausstieg aus den Drogen eher ein allmählicher Prozeß, in dem viele Erfahrungen gemacht und nach und nach ausgewertet und verarbeitet werden.

Zur Zeit gehen die Möglichkeiten der *stationären Behandlung* von drogenabhängigen Jugendlichen in unserer Klinik über die *Motivationsbehandlung für Drogentherapie* in einer anderen Einrichtung leider noch nicht hinaus, auch wenn eine entsprechende Station in Planung ist. Da mit Suchtmittelmißbrauch soziale Probleme und Verhaltensauffälligkeiten wie Lügen und Stehlen etc. in hohem Maße verbunden sind, ist es zu riskant, Drogen konsumierende Jugendliche gemeinsam auf einer Station mit anderen, zum Teil schwer psychisch kranken jungen Patienten zu behandeln.

Schwere affektive Störungen; Manie

Verstimmungen, die sehr tiefgreifend sind und oft über ein dem aktuellen Anlaß angemessenes Maß weit hinausgehen, werden auch als *affektive Psychosen* bezeichnet. Glücklicherweise erkranken die meisten Betroffenen erst im Erwachsenenalter; nur 15 bis 20 Prozent der Patienten sind jünger als 21 Jahre.

Affektive Störungen, also schwerwiegende krankhafte Stimmungsveränderungen, können in beide Richtungen auftreten. Abgesehen von der heiteren oder depressiven Verstimmung sind typischerweise Gedankengänge und Handlungsabläufe betroffen, nämlich rasch und beschwingt oder aber gehemmt und verlangsamt.

Ist die Stimmung über ein bestimmtes Maß gehoben, also quasi »zu gut«, so spricht man von einer *Manie*. Das klingt zunächst vielleicht angenehm, kann jedoch zu ausgesprochen schwierigen Verhaltensweisen und Problemen führen! Wenn die Stimmung nur in geringerem Ausmaß gehoben ist, so bezeichnet man dies als *hypomanisch*. Der Betroffene wirkt in dieser Phase vergleichbar einem Verliebten: Er ist aktiver und unbeschwerter als sonst, trifft leicht und unbesorgt Entscheidungen, wirkt selbstbewußt und traut sich viel zu. Der Appetit ist meist gut und das Schlafbedürfnis geringer als üblich. Mit steigendem Ausmaß der manischen Stimmungslage wird es vor allem für die Umgebung mühsam und belastend, teilweise regelrecht beängstigend und unerträglich.

Im Vollbild einer Manie zeigt der Patient alle Symptome in krassem Übermaß. Er braucht wenig Schlaf oder schläft tagelang überhaupt nicht, ist ohne eine Minute Pause in Aktion und unterwegs und oft derart entscheidungsfreudig und von sich überzeugt, daß auch noch so vernünftige Einwände keinerlei Gehör finden. Das kann – gerade bei sogenannten *gereizten Manien* – auch seitens des Patienten zu heftigem Unmut führen, dem dann dank des ungeheuren Energiepotentials manchmal auf rüde oder gar gewalttätige Weise Ausdruck gegeben wird. Unvorstellbar kann sich im Rahmen des gesteigerten Aktivitätsniveaus auch der Rededrang gestalten; akut manische Patienten sprechen teilweise derart rasch und viel, daß trotz meist durchaus großer Lautstärke nur noch sogenannter *Wortsalat* zu vernehmen ist!

Fallbeispiel:

> Eine 16jährige Jugendliche wurde aus einer anderen psychiatrischen Abteilung telefonisch angekündigt. Trotz hochdosierter Medikamentengabe sei sie auf der offenen Station nicht mehr führbar, leide vermutlich unter einem manischen Syndrom.
>
> Das kräftige junge Mädchen erschien dann per Krankenwagen, war auf der Trage festgebunden und redete und schrie ohne Pause in derartigem Tempo, daß wir kein Wort verstanden. Auf unsere Anweisung hin sollte die Jugendliche aufstehen und selbständig die Station betreten. Sie rannte los, sobald die Fixiergurte gelöst waren, und als sie mangels weiterer Räume nicht mehr weiterlaufen konnte, sprang sie im Aufenthaltsraum der Aufnahmestation über Tische und Regale und begann die vorhandenen Blumentöpfe um sich zu werfen. Den hinzugerufenen Oberarzt fragte sie nachdrücklich nach seinem Vornamen, fand diesen sowie seinen Inhaber »sehr schön und sehr sympathisch« und warf dann weiterhin mit allen erreichbaren Gegenständen. Erst durch die Verabreichung von beruhigenden Medikamenten unter erneuter Fixierung der Jugendlichen wurde diese allmählich ruhiger und schlief dann ein.

Wie schon angedeutet, kann das Ausmaß der manischen Symptomatik derart massiv werden, daß der Betroffene sich und andere geradezu in Gefahr bringt. In Kombination mit der ins Unendliche gesteigerten Selbstsicherheit tritt oft Distanzlosigkeit auf, die teilweise zu wahllosen, auch sexuellen, zwischenmenschlichen Kontakten führt. Die Bedürfnisse wichtiger Bezugspersonen werden dabei sorg- und kritiklos beiseite geschoben.

Fallbeispiel:

Eine ebenfalls 16jährige Jugendliche war bereits im Rahmen einer Notfallambulanz widerwillig bei uns vorstellig geworden. Trotz des offenkundig manischen Zustandsbildes gelang es nicht, die rastlose und völlig uneinsichtige Jugendliche zum Bleiben zu bewegen. Die hinzugerufene sorgeberechtigte und leider selber schwer psychisch kranke Mutter konnte ebenso nicht einsehen, warum ihre Tochter behandlungsbedürftig sei. Wenn es ihr zu gut gehe, so sei das doch überaus erfreulich für alle Beteiligten, war die einhellige Meinung von Mutter und Tochter.

In der Folge erreichten uns immer wieder gerade auch nachts Hilfeanrufe von Personen, die in Sorge um die völlig unvernünftige Jugendliche waren. Als sie dann schließlich doch aufgenommen werden konnte, hatte sie bereits in zahlreichen Lokalen Münchens Lokalverbot, ihr 2jähriges Kind war ihr weggenommen und in ein Heim verbracht worden und sie war pleite und vollkommen verwahrlost. Dennoch war sie unverrückbar davon überzeugt, die »beste und die schönste Mutter der Welt« zu sein, was sie immer wieder betonte.

Bei depressiven Syndromen ist im Vergleich zu manischen Zuständen die Symptomatik in vielen Bereichen genau umgekehrt, wie wir bereits beschrieben haben (vgl. o., Kapitel »Depressivität und suizidale Gefährdung«) An dieser Stelle soll auf die Besonderheiten der depressiven Zustandsbilder eingegangen werden, die derart schwerwiegend sind, daß man sie auch als *Affekt-psychosen* bezeichnet.

Wie auch bei den Manien handelt es sich oft um Verstimmungen, bei denen das Ausmaß ungewöhnlich und dem Anlaß nicht angemessen erscheint. Ein in diesem Zusammenhang häufig verwendeter Begriff ist der der *endogenen Depression*, welcher impliziert, das innere Faktoren, genauer: Hirnstoffwechselfaktoren, eine maßgebliche Rolle spielen.

Ursachen:

An dieser Stelle ist es sinnvoll, die Ursachen für affektive Psychosen näher zu beleuchten. Im Gegensatz zu den (im Kapitel »Depressivität und suizidale Gefährdung«, S. 153–168) beschriebenen depressiven Verstimmungen spielen *biologische Faktoren* eine bedeutendere Rolle. Das bedeutet, daß zusätzlich zu äußeren Belastungsfaktoren eine angeborene, genetisch bedingte Neigung zu manischen oder depressiven Erkrankungen besteht. Untersuchungen des bekannten deutschen Kinder- und Jugendpsychiaters Nissen zufolge liegt der Anteil dieser anlagebedingten, konstitutionellen Depressionen bei Kindern und Heranwachsenden um 5 bis 10 Prozent. Manch einer unter uns hat schon die Beobachtung oder traurige Erfahrung gemacht, daß manische oder depressive Erkrankungen in bestimmten Familien deutlich gehäuft vorkommen. Auch Zwillingsstudien bieten hierfür einschlägige Hinweise. So ist die Wahrscheinlichkeit bei eineiigen Zwillingen, auch wenn sie getrennt aufwachsen, um ein Vielfaches erhöht, gleichsinnig zu erkranken, nämlich bei eineiigen Zwillingen 70 Prozent, bei zweieiigen »nur« 20 Prozent. Zudem ist im Laufe der Jahre deutlich geworden, daß genetischen Faktoren bei den Patienten, die im Wechsel manisch *und* depressiv erkranken, eine größere Rolle zukommt, als bei denen, die ausschließlich manisch oder ausschließlich depressiv sind.

So wird im Rahmen der Diagnostik der verantwortliche Arzt oder Psychologe immer auch danach fragen, ob in der Familie eines manischen oder depressiven Patienten derartige Erkrankungen bekannt sind, und er wird versuchen, einzuschätzen, ob Schweregrad der Symptomatik und Anlaß beziehungsweise Ursache korrelieren. Das Ausmaß, welches eine derartige depressive Störung einnehmen kann, soll durch eine Fallschilderung verdeutlicht werden:

Fallbeispiel:

Zur Aufnahme kam eine 17jährige Jugendliche nach einem nicht geglückten Suizidversuch. Trotz vielschichtiger Therapieansätze inklusive medikamentöser Behandlung besserte sich der depressive Zustand der Jugendlichen nur sehr langsam. Aus der Vorgeschichte war zu erfahren, daß gedrückt-gleichgültige Stimmung, Antriebsmangel, Unlust und Freudlosigkeit schon seit etwa einem Jahr vor dem Suizidversuch derart ausgeprägt waren, daß die Jugendliche die meiste Zeit des Tages mit ihrem Freund in ihrem Zimmer verbracht und regelmäßig Haschisch konsumiert hatte. Einen adäquater Anlaß für diese Veränderung konnte nicht eruiert werden.

Nachdem sich der Zustand der Jugendlichen ausreichend gebessert zu haben schien, wurde sie auf eigenen Wunsch auf eine offene Jugendlichenstation verlegt. Ohne irgendeine Vorankündigung fügte sie sich eines nachts unter der Bettdecke tiefe Schnittwunden im Bereich eines Handgelenkes zu und sprang – als ihr klarwurde, daß der Blutverlust nicht ausreichend sein würde – aus dem zweiten Stock des Kliniktreppenhauses in die Tiefe. Glücklicherweise trug sie außer einem massiven Blutverlust keine schwereren Verletzungen davon.

Diagnose und Behandlung:

Die diagnostische Zuordnung wird von Art und Häufigkeit der affektiven Erkrankungsphasen bestimmt. Allerdings ist es gerade im Jugendalter oft ausgesprochen schwierig, eine endgültige Einschätzung zu treffen. Vor allem kann man nicht wie später bei

190

Erwachsenen auf einen längerjährigen Verlauf zurückblicken und muß dadurch im Laufe der Zeit manchmal erkennen, daß die Krankheit anders als ursprünglich angenommen verläuft, die Symptomatik sich verändert und man die Diagnose revidieren muß. Neuere Studien lassen vermuten, daß affektive Psychosen im Kindes- und Jugendalter ebenso häufig vorkommen wie bei Erwachsenen. Die Symptomatik erscheint jedoch vielgestaltiger und ist auch hierdurch mühsamer einzuordnen.

Bezüglich des *Verlaufs* der schweren depressiven Störungen geht man von einem Rückfallrisiko (»Rezidivrisiko«) von 40 Prozent innerhalb von 2 Jahren beziehungsweise von 70 Prozent innerhalb von 5 Jahren aus. Insgesamt ist bei bis zu 70 Prozent der schwer depressiv erkrankten Jugendlichen vom erneuten Auftreten einer gleichsinnigen Erkrankung im Erwachsenenalter auszugehen.

Therapeutisch wird man bei schwerergradigen affektiven Erkrankungen oder gehäuftem Auftreten z. B. tiefenpsychologisch orientierte oder verhaltensorientierte psychotherapeutische Verfahren einsetzen und insbesondere in der akuten Erkrankungsphase auch eine medikamentöse Behandlung anbieten.

Tiefenpsychologische Ansätze gehen von erhöhter psychischer Labilität durch stattgehabte traumatisierende Erfahrungen aus, weshalb vornehmlich eine Stärkung des Selbstwertgefühles im Rahmen der Therapie angestrebt wird. Bei den mehr *verhaltenstherapeutisch ausgerichteten Verfahren* wird versucht, die für die depressiven Patienten typischen Verknüpfungen von Denken, Fühlen und Handeln zu verändern. Das Aktivitätsniveau wird schrittweise gesteigert, Alternativen zu negativen Vorstellungen werden erarbeitet und Problemlösestrategien wie auch soziale Fähigkeiten geübt.

Die *medikamentöse Behandlung* richtet sich wie immer nach Ausmaß und Art der Symptomatik. Wer einmal einen schwerstdepressiven, vollkommen hoffnungs- und antriebslosen Menschen erlebt hat, der weiß, daß man in diesem Stadium fast keinen Zugang zu dem Betreffenden bekommt. Da zudem oft auch eine suizidale Komponente vorliegt oder zu befürchten ist, wird man in einer derartigen Situation notgedrungen auch über eine medikamentöse Anbehandlung zunächst einmal eine minimale Mitarbeitsfähigkeit herzustellen und die suizidale Gefährdung zu minimieren versuchen.

Noch deutlicher wird die Unumgänglichkeit einer medikamentösen Behandlung oft im Rahmen akuter Manien. Wie auch das Fallbeispiel zeigt, ist bei einem hochgradig antriebsgesteigerten Patienten oft kein vernünftiger Satz anzubringen, da weder Geduld noch Einsichtsfähigkeit vorhanden sind, zudem die häufig vorhandenen Größenideen und das gesteigerte Selbstwertgefühl durchaus als angenehm empfunden werden und eine Veränderung dem Betroffenen gar nicht erstrebenswert erscheint.

Insgesamt ist auch die medikamentöse Therapie der affektiven Erkrankungen eine schwierige und oft langwierige Aufgabe, da die Vorgehensweise immer wieder an den Verlauf der Erkrankung angepaßt werden muß und dieser sehr variabel und vielseitig sein kann. (Im Kapitel »Pharmakologischer Überblick« werden sowohl die im Akutzustand als auch die zur Vorbeugung erneuter Phasen gegebenen Substanzen beschrieben und erläutert.)

Wer sich über die verschiedenen Verlaufsformen der Affektpsychosen detaillierter informieren möchte, dem sei z.B. der im Trias-Verlag erschienene Ratgeber für Kranke und Angehörige: *Depression und Manie* von Professor Dr. H. Helmchen sehr empfohlen. Auch bezüglich der Besonderheiten medikamentöser Therapien sind diesem Taschenbuch gut verständliche und genaue Angaben zu entnehmen.

Realitätsverlust und schizophrene Psychosen

Ein Verlust an Realitätsbezug kann in sehr unterschiedlicher Ausprägung und vor allem aus sehr verschiedenen Ursachen heraus entstehen. Nicht jeder – manchmal noch so ausgeprägt erscheinende – Realitätsverlust sollte ohne fachkundige Überprüfung als psychotisch eingestuft werden.

So gibt es immer wieder sehr dringlich gehaltene Anfragen im kinder- und jugendpsychiatrischen Notdienst, bei denen es darum geht, einen »psychotischen« Patienten unbedingt sofort möglichst auf die geschlossene Intensivstation aufzunehmen ... Auf genauere Nachfrage oder auch im Rahmen einer sofortigen ambulanten Untersuchung stellt sich in einigen Fällen z. B. heraus, daß es um eine ausgeprägte Störung des Sozialverhaltens oder gar um Delinquenz geht und der betroffene Jugendliche auf kaum vorstellbare und sehr nachdrückliche Art seine Vergehen leugnet. Dennoch geht es in diesen Situationen normalerweise nicht um krankheitsbedingt mangelnden Realitätsbezug, sondern um zweckgebundene Verfälschungen, die mit psychotischem Erleben nichts zu tun haben.

Auch das manchmal über Monate z. B. bei vernachlässigten oder anderweitig schwer emotional belasteten Kindern zu beobachtende Festhalten an Phantasiegefährten, mit denen manchmal sogar verbal oder schriftlich kommuniziert wird, ist meist nicht mit psychotischem Erleben gleichzusetzen.

Von einer *psychotischen Wahrnehmung* sollte man erst dann sprechen, wenn sich das Erleben des Betroffenen unverrückbar und unkorrigierbar von dem normalen Verständnis und Empfinden der Durchschnittsbevölkerung unterscheidet. Und selbst dann ist es wichtig, psychotische Symptome genau zu ergründen und ihre Ursache zu klären, bevor man von einer schizophrenen Erkrankung ausgeht!

So können z. B. hochfieberhafte Erkrankungen Veränderungen in der Realitätswahrnehmung bis hin zu Halluzinationen, Wahn-

und Verfolgungsideen auslösen, die jedoch bei Absinken der Körpertemperatur wieder abklingen. Ähnliche Symptome werden zum Teil nach schweren Unfällen mit Schädel-Hirn-Verletzungen oder als Begleiterscheinungen bei Gehirnentzündungen und Gehirntumoren beobachtet, manchmal auch durch Drogenkonsum ausgelöst!

Von einer *schizophrenen Erkrankung* spricht man nur dann, wenn die oben beschriebenen Veränderungen über mehrere Wochen hinaus fortbestehen und zusätzlich bestimmte Störungen in den Denkvorgängen, dem Gefühlserleben, teilweise sogar den Handlungs- und Bewegungsabläufen zu beobachten sind. Leider hat sich gezeigt, daß unabhängig von Kultur oder auch Kontinent etwa einer von hundert Menschen irgendwann in seinem Leben erkrankt, weswegen im folgenden typische Symptome erläutert und z. T. anhand von Beispielen verdeutlicht werden sollen; dennoch wird es vermutlich nicht einfach sein, sich ein vollständiges Bild von der Symptomatik und Problematik derjenigen zu machen, die an einer Schizophrenie leiden – die krankheitsbedingten Veränderungen sind oft von Patient zu Patient ausgesprochen unterschiedlich in ihrer Intensität, ihrer Ausprägung und Zusammensetzung!

Symptomatik:

Ausgesprochen verunsichernd und z. B. im Schulalltag behindernd und leistungsmindernd wirken die sogenannten *Denkstörungen* für die Betroffenen. Die Konzentrationsfähigkeit ist oft deutlich gemindert, zusätzlich reißen die Gedanken manchmal plötzlich ab, andere Gedankenfetzen können sich dazwischendrängen oder auch der Gedankenfluß unvermittelt völlig versiegen. Man kann sich lebhaft vorstellen, daß unter diesen Umständen schon ein kurzes Gespräch sehr schwierig sein kann, eine Teilnahme am Schulunterricht oder gar eine Klassenarbeit ein Ding der Unmöglichkeit werden.

Fallbeispiel:

Ein 15jähriger Jugendlicher wurde nach einem Sprung aus dem 4. Stock eines Bürogebäudes nach der Versorgung seiner inneren Verletzungen in einer chirurgischen Abteilung wegen nicht auszuschließender Selbstmordgefährdung in die jugendpsychiatrische Intensivabteilung verlegt. Erst nach zahlreichen Gesprächen stellte sich heraus, daß er ein zunehmendes Nachlassen seiner schulischen Leistungsfähigkeit bemerkt hatte und massive Befürchtungen bei ihm entstanden waren, er könne wie seine Mutter an einer chronischen Schizophrenie erkranken. Da sich zum Zeitpunkt der Klinikbehandlung jedoch diesbezüglich keine Symptome feststellen ließen, wurde der Jugendliche zur weiteren Rehabilitation seiner unfallbedingten, vor allem motorischen Einschränkungen in ein entsprechendes Fachkrankenhaus verlegt.

Einige Wochen später wurde er als Notaufnahme in die Jugendpsychiatrie zurückgebracht, da er in den Gedankengängen sprunghaft und verworren, im Handeln sogar in Alltagsverrichtungen hilflos erschien und mangels Krankheitseinsicht in der anderen Klinik nicht mehr zu betreuen war. Wie der Jugendliche es Monate vorher befürchtet hatte, war im weiteren Verlauf die Diagnose einer schizophrenen Erkrankung eindeutig zu stellen.

Aber auch *Fremdbeeinflussungserlebnisse* und andere *Ich-Störungen* wie auch *Halluzinationen* können zu großer Beunruhigung führen. So kann der Erkrankte der unverrückbaren Überzeugung sein, daß er von anderen Menschen gegen seinen Willen beeinflusst und manipuliert wird, man ihn steuere oder gar »verstrahle«, seine Gedanken lese oder z.B. die gesamte Umgebung über ihn rede. Oder er vernimmt laut und deutlich Stimmen, obwohl für seine Umgebung weit und breit keine Person zu sehen oder zu hören ist. Symptome dieser Art können je nach Inhalt und abhängig von der Gefühlslage des Be-

troffenen eher ängstigend, aber auch in manchen Fällen be-
glückend sein.

Fallbeispiel:
> Eine junge Frau, die schon mehrmals wegen wiederkehren-
> der schizophrener Episoden auf der psychiatrischen Inten-
> sivstation behandelt werden mußte, weigert sich vehement,
> verschiedenen Aufforderungen des Klinikpersonals nach-
> zukommen. Ihr Freund sei »Weltpräsident«, also habe man
> ihr nichts zu sagen, erklärt sie immer wieder. Auf die Frage,
> woher sie diese Gewißheit habe und wie sie mit ihrem
> Freund kommuniziere, erläutert sie, daß er durch das Radio
> zu ihr spreche. Die Feststellung, daß aber doch nur Musik
> auf dem Sender zu hören sei, tut sie ab: Das sei die Geheim-
> sprache ihres Freundes.

Bekannter auch durch ihre Verwendung in der Literatur sind
Wahnvorstellungen und -erlebnisse wie z. B. in Dürrenmatts *Die Phy-
siker.* Die immer wieder angeführte Spaltung in zwei Persönlichkeiten ist allerdings keine häufig zu beobachtende, typische
Erscheinung; eher könnte man von zwei »Wirklichkeiten« sprechen: derjenigen, in der der Kranke sich ohne jeden Zweifel sei-
nerseits befindet, und derjenigen der allgemeingültigen Realität.

Fallbeispiel:
> Ein 16jähriger erscheint mit seinen erschöpften und verzwei-
> felten Eltern an der Klinikpforte. Wegen seines unzusam-
> menhängenden Redeflusses und der massiven Unruhe und
> Gereiztheit entsteht bei dem hinzugerufenen Arzt sofort der
> Verdacht auf eine beginnende schizophrene Psychose. Die
> Eltern signalisieren flüsternd, daß sie nicht mehr weiter wis-
> sen und um eine sofortige stationäre Aufnahme bitten.
> Der Jugendliche aber wehrt vehement ab, da ihm nichts
> fehle: Seine Eltern seien krank; er selber müsse zum Trai-
> ning, da er in der Bundesliga Basketballstar sei.

Erst als ihm versprochen wird, daß in der Klinik ein Sportplatz von ihm benutzt werden kann, springt er begeistert die Stufen zum Eingang hinauf und läuft an den Türen Korbleger imitierend auf die Intensivstation.

Wie auch dieses Beispiel verdeutlicht, ist der Umgang mit den an schizophrenen Symptomen Erkrankten sehr kompliziert und voller Überraschungen. Oft gesellen sich zu Denkstörungen, Wahnsymptomen und Beeinflussungserlebnissen noch massive *Stimmungsschwankungen* oder auch *Veränderungen im Antrieb* – von gänzlich antriebslos bis zu ausgeprägter Unruhe –, was die Umgebung oft ohne Pause fordert. Da z. B. im Rahmen wahnhafter Vergiftungsängste oder auch bei vollständig unorganisierten Denk- und Handlungsabläufen manchmal selbst Dinge wie die Nahrungsaufnahme nicht mehr selbständig vonstatten gehen, benötigt der akut Erkrankte manchmal rund um die Uhr Hilfe und Betreuung!

Je nachdem, welche Symptome besonders stark zutage treten, werden bestimmte *Unterformen der schizophrenen Erkrankungen* benannt. In diesem Rahmen soll nur auf drei davon kurz eingegangen werden:
– Die *paranoid-halluzinatorische Schizophrenie* ist besonders durch Wahnerlebnisse, Halluzinationen und oft auch Ich-Störungen mit Beeinflussungsgefühlen gekennzeichnet.
– Bei der *hebephrenen Psychose* stehen eher Denk- und Antriebsstörungen sowie verändertes Gefühlserleben im Vordergrund. Denjenigen, welchen eine hebephrene Verlaufsform attestiert wird, schreibt man gehäuft verminderten Antrieb, eine Verflachung der Gefühle und etwas läppisch erscheinende, manchmal aber durchaus gereizte Stimmung zu. Durch die Kombination aus Antriebsminderung und einer gewissen »Wurschtigkeit« ist es oft schwierig, diese Patienten mit therapeutischen Maßnahmen zu erreichen.
– Im Jugendalter durchaus eine nennenswerte Rolle kommt der *katatonen Schizophrenie* zu. Diese Unterform ist durch Verände-

rungen der Bewegungsabläufe und des Wollens der Betroffenen gekennzeichnet.

So kann es passieren, daß ein Patient über ungewöhnlich lange Zeiträume reglos in einer Körperhaltung verbleibt, quasi »erstarrt«. Es kann aber auch – oft überraschend – zu plötzlichen Bewegungsdurchbrüchen bis hin zu regelrechten Erregungszuständen kommen.

Beobachtet man den Betroffenen genauer, so fällt manchmal auf, daß dieser große Mühe bezüglich des willentlichen Handelns und Entscheidens hat. So kann es passieren, daß eine Tasse bei der Aufforderung zu trinken zig Male genommen und zum Mund geführt wird, dann aber unverrichteter Dinge wieder abgestellt wird. Oder der Patient geht auf die Bitte, er möge doch kommen, immer wieder mehrere Schritte vor und wieder zurück. Er ist entscheidungs- und handlungsunfähig, was in der Fachsprache »ambivalent« und »ambitendent« genannt wird. Oft löst der Kranke bei Unwissenden durch sein Zögern dann auch noch Unmut und Aggressionen aus, obwohl er im Zweifel ja selber am meisten unter seinen Symptomen zu leiden hat!

Mögliche auslösende Faktoren und Ursachen:

Zu der Frage, wie es zu schizophrenen Erkrankungen kommt, hat man im Rahmen vieler Untersuchungen festgestellt, daß auch hier *Erbfaktoren* eine Rolle spielen: Wenn z. B. ein Elternteil eines Menschen an einer Schizophrenie leidet, so liegt die Wahrscheinlichkeit, daß das Kind erkrankt, bei etwas über 10 Prozent, sind jedoch beide Eltern betroffen, so liegt das Risiko bei 30 bis 50 Prozent!

Außerdem zeigt sich immer wieder, daß *äußere Belastungsfaktoren* wie Überforderung in Schule und Arbeit, Konflikte und emotionaler Streß den Ausbruch einer derartigen Psychose begünstigen und auch den Verlauf beeinflussen.

Das Zustandekommen der Symptome erklärt man sich durch *Veränderungen im Gehirnstoffwechsel.* Man geht davon aus, daß bestimmte Botenstoffe wie z. B. Dopamin in bestimmten Hirnanteilen in zu großer Menge vorhanden sind, wodurch man sich andererseits die Wirkung entsprechender Medikamente erklärt.

Therapeutische Maßnahmen

Fast jeder kann sich bestimmt vorstellen, daß bei der beschriebenen Vielfalt von Symptomzusammenstellungen auch die Therapie vielschichtig und individuell auf den Betroffenen zugeschnitten sein sollte. So ist es z. B. bei Patienten mit vor allem leichteren Denk- und zusätzlichen Schlafstörungen sinnvoll, erst einmal ambulant *niedrigdosierte Medikamente* zu geben und den Jugendlichen und seine Familie psychotherapeutisch zu unterstützen. Wenn aber heftige Wahnsymptome, Halluzinationen und ausgeprägte Denkstörungen kombiniert auftreten, ist es oft nicht mehr möglich, ohne eine *stationäre Behandlung* überhaupt in Kontakt zu dem Betroffenen zu kommen. Zum einen kann dem Ablauf auch sehr kurzer Gespräche zum Teil nicht mehr gefolgt werden, zum anderen ist der Kranke oft derart von seinen wahnhaft veränderten Vorstellungen überzeugt, daß er uneinsichtig oder gar verärgert auf Gegenargumente reagiert.

Manchmal ist diese Abwehrhaltung derart unüberwindbar, daß man z. B. als Elternteil genötigt sein kann, sein Kind gegen dessen Willen in stationäre psychiatrische und Behandlung zu bringen, was verständlicherweise meist unendlich schwerfällt. Dennoch wird solch ein Vorgehen in akuteren Fällen ratsam sein, da erfahrungsgemäß ein langwieriger chronifizierter Verlauf auch die Heilungschancen verschlechtert.

Im Rahmen der stationären Behandlung wiederum ist bei sehr heftiger Symptomatik zunächst die Behandlung mit Medikamenten oft nicht zu umgehen, da ohne eine minimale Bereitschaft und vor allem die Fähigkeit, einem Gespräch zu folgen, kaum ein therapeutischer Zugang zu dem Kranken möglich ist. Erst wenn man die aktuelle Symptomatik, die Gesamtsituation und auch die Lebensgeschichte des Jugendlichen besser kennt, kann man neben Medikamenten und *Gesprächstherapie* noch andere zusätzliche Maßnahmen wie z. B. *Tanz-* oder *Musiktherapie* sinnvoll planen und einsetzen.

Darüber hinaus kann es manchmal notwendig werden, schrittweise und mit sehr viel Zeit und Geduld dem Betroffenen wieder Belastungen wie Schulunterricht oder Beschäftigungstherapie näherzubringen. Eine wie auch immer geartete Überlastung kann nicht nur den Ausbruch einer schizophrenen Psychose begünstigen, sondern auch das Rückfallrisiko erhöhen. So ist es unerläßlich, auch mit der Familie von Therapeutenseite aus engeren Kontakt zu suchen, um die Angehörigen im Umgang mit dem Kranken zu beraten.

Zu Einzelheiten der medikamentösen Behandlung, die von Fall zu Fall sehr unterschiedlich und manchmal sehr kompliziert und mühsam sein kann, soll an dieser Stelle nur angemerkt werden, daß es sich meist um eine Kombination aus Wahnerleben und Halluzinationen reduzierenden und beruhigenden Neuroleptika handelt, auf die im »Psychopharmakologischen Überblick« näher eingegangen wird. Besonders in der akuten Phase einer psychotischen Erkrankung ist es leider oft nicht möglich, mit den in ihren Gedankengängen verworrenen, verängstigten oder aggressiven Patienten ohne eine medikamentöse Hilfe überhaupt zumindest kurze Gespräche führen zu können!

Wer sich auch diesbezüglich genauer informieren möchte, dem sei z. B. der im Springer Verlag von Josef Bäuml veröffentlichte Ratgeber *Psychosen aus dem schizophrenen Formenkreis* sehr empfohlen. In diesem überaus verständlich geschriebenen Büchlein wird auch einiges zum Verlauf schizophrener Erkrankungen geschrieben, der sich außerordentlich unterschiedlich gestalten kann. Als diesbezüglich günstig ist unter anderem anzusehen, wenn der Betroffene vor Erkrankungsbeginn über gute intellektuelle Fähigkeiten verfügt und in einem konfliktärmeren, intakten Familiengefüge lebt.

Insgesamt ist davon auszugehen, daß etwa ein Fünftel der Erkrankten vollständig geheilt werden kann, während zwei Fünftel mäßige Folgeerscheinungen oder wiederholte Krankheitsschübe zeigen und die verbleibenden zwei Fünftel der Betroffenen unter schweren Symptomen bzw. Folgeerscheinungen zu leiden haben.

Akzentuierte Persönlichkeiten und Persönlichkeitsstörungen

Dieser Bereich ist in mehrerlei Hinsicht heikel: Zum einen muß man sich in der Kinder- und Jugendpsychiatrie vor dem vorschnellen Festlegen einer Persönlichkeitsstörung deshalb hüten, weil die individuelle Entwicklung der Persönlichkeit des einzelnen auch in der Pubertät meist noch längst nicht abgeschlossen ist, also noch positive oder auch negative Veränderungen zu erwarten sind. Zum anderen ist es natürlich überaus schwierig festzulegen, ab welchem Punkt eine Persönlichkeit »gestört« ist!

Schließlich spielen hierbei unter anderem Lebensumstände, Belastbarkeit und Eigenheiten der umgebenden Personen und nicht zuletzt auch Geschmack und subjektives Empfinden eine überaus große Rolle.

Die Erläuterung des bekannten Psychiaters Kurt Schneider von 1959 z. B. besagt, daß es sich bei den sogenannten *psychopathischen Persönlichkeiten* um jene handelt, die unter ihren eigenen Abnormitäten leiden oder unter deren Abnormitäten die Gesellschaft leidet. Psychopathen seien diejenigen, deren Wesensmerkmale in bestimmten Bereichen derart vom Durchschnitt abweichen, daß es sich quasi um Extremvarianten von Persönlichkeitseigenarten handele.

Die *aktuelle Definition der Weltgesundheitsorganisation* beschreibt zusammengefaßt unter dem Begriff *Persönlichkeitsstörungen*: anhaltende, tief verwurzelte Verhaltensmuster, die bestimmte, starre Reaktionsweisen auf unterschiedliche Lebenssituationen bedingen. Im Vergleich zur umgebenden Bevölkerung sind diese Verhaltensweisen bezüglich des Denkens, Fühlens und Wahrnehmens abweichend, und sie führen zu persönlichem Leiden und gestörter sozialer Funktionsfähigkeit.

Diese Charakterstörungen sind definitionsgemäß nicht auf andere Krankheiten oder Hirnschädigungen zurückzuführen, zeichnen sich typischerweise schon in der Kindheit ab und bestehen dann während des Erwachsenenalters weiter.

Was soll man sich nun konkret unter einer solchen Persönlichkeitsstörung vorstellen?

Schließlich ist es schon schwierig genug, den Begriff »Persönlichkeit« an sich zu erklären. Ganz allgemein und kurz gesagt, könnte man unter der Persönlichkeit eines Menschen die Summe seiner verschiedenen Eigenschaften verstehen, die ihm seine Individualität verleihen.

Diese Überlegungen deuten schon darauf hin, daß es ebenso schwierig und komplex ist, die *Störungen* im diesem Gebiet zu erklären.

Zur näheren Beschreibung der Persönlichkeitsstörungen haben wir aus diesem Grunde nicht nur die oben angeführten Kriterien vorgegeben, sondern zudem einige spezielle Unterformen charakterisiert, auf die wir später im einzelnen eingehen werden.

Vorab möchten wir noch einmal darauf hinweisen, daß man gerade bei Kindern und Jugendlichen mit dieser Störungskategorie wirklich zurückhaltend umgehen sollte, da die Entwicklung der Betroffenen meist noch nicht abgeschlossen ist! Man muß sich also hüten, eine Person vorschnell abzustempeln, insbesondere da eine derartige Diagnose schon beinhaltet, daß die Störungsmuster und Abweichungen zeitlich überdauernd und sehr schwer beeinflußbar sind. Und es sollten keinesfalls persönliche Vorlieben oder Aversionen des Beurteilenden eine maßgebliche Rolle spielen dürfen, sondern die vorgegebenen Kriterien bei der Diagnosestellung wirklich genauestens geprüft werden.

So darf beispielweise weder einem Menschen, der nach einem Schädel-Hirn-Trauma sehr leicht reizbar und stimmungslabil ist, eine entsprechende Persönlichkeitsstörung zugeschrieben werden, noch einem Schizophrenen mit unrealistischen krankheitsbedingten Befürchtungen eine paranoide Persönlichkeit. Beides sind Folgen einer anderen Erkrankung oder Schädigung und hierdurch zu erklären.

Zudem sollte wirklich deutlich sein, daß der Betroffene und seine Umgebung unter dessen besonderen Wesensmerkmalen leiden, beziehungsweise damit maßgebliche Einschränkungen im Alltag einhergehen, die in mehreren Bereichen dauerhaft Probleme bereiten.

Bei geringergradigen Wesensauffälligkeiten, die nicht die Ausprägung einer »Störung« haben, sollte man eher von *Persönlichkeitsakzentuierung* oder von *Persönlichkeitsentwicklungsstörungen* sprechen.

Da eine zu frühe Festlegung auf die Diagnose einer Persönlichkeitsstörung meistens vermieden wird, gibt es gerade bezüglich der unter 18jährigen wenig konkrete Zahlen zur Erkrankungshäufigkeit. Im Erwachsenenbereich finden sich Häufigkeitsangaben zwischen 5 und 15 Prozent der Normalbevölkerung, während in psychiatrischen Kliniken der Anteil der Persönlichkeitsgestörten an der Gesamtzahl der Patienten deutlich höher eingestuft wird.

Um Schwerpunkte und hervorstechende Symptome der jeweiligen Störungsbilder festzulegen, wurden verschiedene *spezifische Persönlichkeitsstörungen* voneinander abgegrenzt.

Den derzeit gemäß den Richtlinien der Weltgesundheitsorganisation vereinbarten Klassifikationsgrundlagen zufolge werden folgende Unterformen bei Persönlichkeitsstörungen unterschieden:

- emotional instabile (Borderline),
- histrionische,
- zwanghafte,
- paranoide,
- schizoide,
- dissoziale,
- ängstliche bzw. selbstunsichere,
- abhängige, und zusätzlich u.a.
- narzißtische, unreife und haltlose Persönlichkeiten.

Der jeweilige attribuierte Oberbegriff beschreibt die Tendenz der von der Durchschnittsbevölkerung abweichenden Wesensmerkmale, wobei in vielen Fällen Überschneidungen zwischen den verschiedenen Unterformen der Persönlichkeitsstörungen zu beobachten sind.

An erster Stelle ist hier die *emotional instabile Persönlichkeit* angeführt, die manchem schon unter dem recht häufig verwendeten Begriff der *Borderline-Störung* begegnet sein mag.
  Mit ein Grund für die manchmal etwas unkritische Verwendung dieser Bezeichnung ist vermutlich der ungeheuer schwierige Umgang mit emotional instabilen Persönlichkeiten, weswegen man geneigt ist, übermäßig aufwendigen Patienten diesen Stempel aufzudrücken. Auch aus diesem Aspekt heraus möchten wir auf diese Persönlichkeitsvariante stellvertretend und beispielhaft für die anderen aufgeführten Persönlichkeitsstörungen detaillierter eingehen.

Borderline-Störung:
Sogenannten Borderline-Patienten wird zugeschrieben, in ihrem Gefühlserleben außerordentlich schwankend zu empfinden, also manchmal innerhalb kürzester Zeiträume von euphorisch zu tieftraurig und umgekehrt auch ohne erkennbaren Anlaß wechseln zu können. Oft können sie Alleinsein kaum ertragen und fühlen sich innerlich leer und gelangweilt. Impulsen wird ohne Rücksicht

204

auf Verluste oder andere Menschen nachgegangen, Aufschub kaum ertragen. Sehr besorgniserregend und leider häufig kann *selbstschädigendes Verhalten* z. B. in Form von Selbstverletzungen (Ritzen der Haut), Drogenmißbrauch, wahllosen sexuellen Kontakten oder gar suizidalen Handlungen sein.

Zwischenmenschliche Beziehungen können meist nicht tragfähig gestaltet werden, und oft sind extreme Schwankungen zwischen Verherrlichung und Abwertung anderer Personen zu beobachten. Probleme bereitet auch die Identitätsfindung, so daß oft keine konkreten beruflichen Pläne existieren oder den Betroffenen teilweise nicht wirklich klar ist, zu welchem Geschlecht sie sich letztendlich hingezogen fühlen.

Fallbeispiel:

Die Kindheit einer 16jährigen Jugendlichen war in vielerlei Hinsicht sehr belastend: Die alkoholkranke Mutter hatte sich schon vor vielen Jahren vom Vater getrennt und ihre zwei Töchter unter teilweise desolaten Verhältnissen allein aufgezogen. Im Alter von zwei Jahren kam die Patientin nach Trennung der Eltern zur Großmutter, was sich deutlich stabilisierend auswirkte. Auf Wunsch der Mutter mußte die Kleine nach mehreren Jahren gegen ihren Willen zur Mutter zurückkehren, die jedoch bedingt durch ihre Alkoholproblematik eine regelrechte Erziehung nicht gewährleisten konnte.

Zu diesem Zeitpunkt zeigte die Patientin bereits multiple Verhaltensauffälligkeiten wie Einnässen, Leistungsverweigerung, Aggressivität und sozialen Rückzug. Im Alter von 11 Jahren traten zudem erste epileptische Anfälle auf. Da auch vielfältige ambulante Hilfen nicht ausreichten, wurde die inzwischen 13jährige Jugendliche auf Drängen des Jugendamtes in eine Pflegefamilie integriert.

Wegen zunehmender Fremd- und Selbstgefährdung und suizidaler Handlungen erfolgte bald die erste längerfristige stationäre kinder- und jugendpsychiatrische Behandlung, wonach eine Fremdplazierung in einem Mädchenheim in die Wege geleitet wurde.

Da die Jugendliche aufgrund eskalierender Verhaltensauffälligkeiten in der Einrichtung kaum tragbar war, erfolgte nach einem weiteren Klinikaufenthalt der Wechsel in eine therapeutische Wohngruppe, wo sich die Jugendliche recht wohl zu fühlen schien.

Dennoch kam es zu teilweise spektakulären suizidalen Gesten, so daß letztendlich die zuständige Einrichtung zunehmend ins Rampenlicht geriet und Schwierigkeiten mit der Heimaufsicht bekam. Es erfolgten mehrere stationäre Aufenthalte in einer erwachsenenpsychiatrischen Klinik und schließlich die Verlegung in unsere geschlossene Abteilung.

Trotz des überaus großen Betreuungs- und Therapieaufwandes war eine längerfristige Stabilisierung der jetzt 16jährigen kaum zu erreichen. Sie litt vor allem unter derart massiven Stimmungsschwankungen und Impulsdurchbrüchen, daß sie mehrmals nach scheinbarer Stabilisierung und Beurlaubung zu Vater oder Großmutter wegen außerordentlich selbstgefährdender Handlungen wieder aufgenommen werden mußte. Auch kürzere Etappen ohne aufwendigste Betreuung führten z. B. dazu, daß die Jugendliche im Klinikgelände potentiell tödliche Mengen starker Medikamente zu sich nahm, um wieder auf die geschlossene Station zu gelangen. Einmal trat sie im Ambulanzgelände eine Glastür ein und begann die Scherben zu schlucken, so daß sie nicht nur erneut stationär aufgenommen wurde, sondern medikamentös sediert und an Armen und Beinen fixiert werden mußte, um weiterer Selbstzerstörung entgegenzuwirken.

Es ist sicher gut nachzuvollziehen, daß man als Therapeut oder Bezugsperson einer derart agierenden, labilen Patientin immer wieder unter unglaublichen Druck gerät und es schwerfällt, objektiv und ausreichend sachlich-neu-

tral zu bleiben. Vor allem ziehen sich die hier beispielhaft aufge-
zeigten Beziehungsmuster mit der entsprechenden Überhöhung
und auch Abwertung einzelner Bezugspersonen typischerweise
durch alle Lebensbereiche und können aus den banalsten Ursachen heraus rapiden Wechseln und Veränderungen unterliegen.
Bevor man sich dessen bewußt wird, sind dann einzelne Mitarbeiter gegeneinander ausgespielt, weswegen ein ständiger Austausch
unerläßlich im Umgang mit derart persönlichkeitsinstabilen Patienten ist. Zusätzlich zu den ohnehin vielfältigen Gefühlen, die
im Umgang mit diesen Jugendlichen entstehen, sind die verant-
wortlichen Bezugspersonen oft über weite Strecken dadurch in
Atem gehalten, daß nie vorauszusehen ist, durch welche Art der
Selbstschädigung die Patienten sich als nächstes in Gefahr bringen werden.

Die weiteren oben aufgeführten spezifischen Unterformen von
Persönlichkeitsstörungen möchten wir im folgenden in Form
einer Kurzbeschreibung mit den wichtigsten und hervorstechend-
sten charakteristischen Merkmalen vorstellen:

- Die *histrionische bzw. hysterische Persönlichkeitsstörung* ist vor
  allem durch ein übermäßiges Bedürfnis nach Aufmerksamkeit,
  Selbstbezogenheit, oberflächliches Gefühlsleben und theatra-
  lisches Verhalten gekennzeichnet.
- Bei der *zwanghaften, anankastischen Persönlichkeit* geht es um
  Perfektionismus, mangelnde Flexibilität und ständiges Kon-
  trollbedürfnis, so daß Gefühle, zwischenmenschliche Beziehungen oder gar Vergnügungen massiv zu kurz kommen.
- *Paranoide Persönlichkeiten* sind extrem empfindlich und nach-
  tragend, neigen dazu, alles als gegen die eigene Person gerich-
  tet zu verdrehen. Damit verbunden sind Mißtrauen und oft
  pathologische Eifersucht, so daß die Betroffenen als streitsüch-
  tig und selbstbezogen imponieren.
- Menschen, denen man schizoide Wesensmerkmale oder gar
  eine *schizoide Persönlichkeitsstörung* zuschreibt, kann man ins-

gesamt als wenig an zwischenmenschlichen engeren Beziehungen interessiert bezeichnen. Sie wirken einzelgängerisch, kühl, uninteressiert an anderen Menschen und zeigen diesen gegenüber oft wenig Einfühlungsvermögen. Auch übliche gesellschaftliche Umgangsregeln werden wenig beachtet oder nicht erkannt, so daß es letztendlich meist kaum zu intimeren, vertrauensvollen Beziehungen kommt.

● Den Mangel an Einfühlungsvermögen kann man auch bei den *dissozialen Persönlichkeiten* beobachten. Allerdings werden von diesen auch soziale Regeln und Normen mit einer mehr oder weniger deutlichen Verantwortungslosigkeit mißachtet. Schuldbewußtsein ist selten, wenngleich Aggressionen und Gewalt oft Anlaß dazu bieten könnten. Aus Erfahrungen oder auch Bestrafungen wird wenig gelernt, sondern eher versucht, die Schuld anderen zuzuschreiben. Andauernde Gereiztheit und wenig Frustrationstoleranz machen den Umgang mit den Betroffenen anstrengend.

● Menschen mit einer *ängstlichen Persönlichkeitsstörung* leiden unter ständiger Verunsicherung und Besorgtheit, so daß sie oft sehr angespannt sind. Sie sind sehr bedürftig nach Anerkennung und reagieren um so empfindlicher gegenüber kritischen Äußerungen. Gefahren werden tendenziell in vielen Bereichen derart überbetont, daß die gesamte Lebensführung darunter leidet bzw. eingeschränkt ist.

● *Abhängige Persönlichkeiten* fallen dadurch auf, daß sie Verantwortlichkeit und Entscheidungen auch bezüglich der eigenen Belange und Lebensbereiche anderen überlassen. Die Betroffenen empfinden sich selber als hilflos und haben oft heftigste Ängste vor dem Verlassenwerden. Insbesondere gegenüber Personen, von denen eine gewisse Abhängigkeit besteht, fällt es ungemein schwer, eigene Ansprüche kundzutun.

Narzißmus:

Zuletzt soll an dieser Stelle kurz auf die narzißtischen Persönlichkeitsstörungen eingegangen werden. Narzißtische Persönlichkeitszüge bewirken eine Tendenz zur krassen Selbstüberschätzung, teilweise entsprechenden Übertreibungen in der Selbstdarstellung und dadurch bedingt ausgesprochene Empfindlichkeit gegenüber Kritik oder Mißerfolgen. Beachtung durch die Umwelt ist dringend gewünscht, vor allem, da das eigene Selbstwertgefühl nicht stabil ist und dadurch eine überaus große Verletzlichkeit resultiert. In der klinischen Arbeit zeigen sich Jugendliche mit deutlich narzißtischen Persönlichkeitszügen manchmal sehr gefährdet, wenn sie erkennen müssen, daß sie den eigenen überhöhten Ansprüchen und Vorstellungen nicht genügen. Die dadurch empfundene Demütigung kann in schwerwiegenden Fällen sogar zu heftigen suizidalen Handlungen führen!

Fallbeispiel:

Eine 15jährige Jugendliche wurde von einem niedergelassenen Nervenarzt nach längerfristigen ambulanten Therapieversuchen aufgrund massiver Autoaggressivität zur stationären Behandlung überwiesen. Sie wurde von den Eltern als schon immer äußerst schwierig und eigenwillig geschildert. Immer habe sie höchste Ansprüche an sich selber gestellt und in allen Bereichen die Beste sein wollen. Zuletzt habe sie das Gymnasium besucht und zusätzlich Eiskunstlauf und Ballett trainiert. In den Monaten vor der stationären Aufnahme habe sie aus Unzufriedenheit mit ihrem Gewicht bulimische Symptome entwickelt, also durch gehäuftes Erbrechen ihr Gewicht kontrollieren wollen, und immer heftigere autoaggressive Durchbrüche mit Ritzen der Haut und anderweitigen Selbstverletzungen gezeigt.

Auch im Verlauf der mehrmonatigen stationären Behandlung fiel die Jugendliche vor allem durch Stimmungsschwankungen, Impulsivität und ausgesprochen hohe Ansprüche an die eigene Person auf. So kam es vor, daß sie beim Kleiderkauf aus Unzufriedenheit mit dem eigenen Spiegelbild noch im betreffenden Geschäft sich das Gesicht zerkratzte und sich derart in den Bauch schlug, daß sich großflächige Hämatome entwickelten. Abgesehen von fast regelmäßigen Selbstverletzungen durch Ritzen der Haut geschah es auch immer wieder, daß die künstlerisch sehr begabte Patientin aus der subjektiv empfundenen Unzulänglichkeit ihrer Bilder und Skulpturen heraus diese während heftiger Impulsdurchbrüche zerstörte.

Die Mutter der Jugendlichen, die immer auf ein nach außen hin perfektes Familienleben fixiert schien, verübte während des von ihr nie akzeptierten Klinikaufenthaltes der Tochter einen Suizidversuch. Der Großvater mütterlicherseits hatte sich wegen finanzieller Schwierigkeiten schon vor Jahrzehnten das Leben genommen.

In dem geschilderten Fall zeigte auch der längerfristige Verlauf, daß die mittlerweile erwachsene junge Frau nicht nur ihren überhöhten Ansprüchen nie genügen konnte, sondern auch ausgesprochen impulsiv und stimmungslabil blieb, wodurch mehrfache erneute stationäre Therapiephasen nicht zu umgehen waren. Diagnostisch wurde aufgrund des Ausmaßes der Persönlichkeitsakzentuierungen von einer emotional instabilen (Borderline-) Persönlichkeit mit narzißtischen Zügen ausgegangen.

Wie kommt es zu derartigen Persönlichkeitsvarianten bzw. -störungen?

Hierzu existieren verschiedenste Hypothesen, die in den einzelnen Fällen und bei den oben erläuterten Unterformen der Persönlichkeitsstörungen sicher in unterschiedlicher Gewichtung und Zusammensetzung eine Rolle spielen.

Wie auch bei den meisten anderen kinder- und jugendpsychiatrischen Störungsbildern nimmt man zum einen *Umweltfaktoren*, aber auch *erbliche bzw. angeborene Komponenten* als mitverursachend an.

So findet man in der Vorgeschichte der emotional instabilen Patienten häufig frühe Trennungserfahrungen, sexuellen Mißbrauch und auch schwerere psychische Krankheiten in der Familie. Gehäuft sind familiäre Konflikte, mangelnde Wärme, Gewalt und inkonsequentes Erziehungsverhalten zu beobachten.

In der Erziehung der übermäßig ängstlichen Persönlichkeiten finden sich Überbehütung und Konfliktvermeidung, teilweise auch Angsterkrankungen oder depressive Störungen bei den zugehörigen Eltern.

Inwieweit die entsprechenden Wesensmerkmale der Kinder und Jugendlichen nun auf erbliche oder traumatische Faktoren zurückzuführen sind oder teilweise vielleicht auch durch Modell-Lernen verursacht sind, ist sicher von Fall zu Fall verschieden und nicht exakt festzulegen.

Die ebenfalls diskutierten neurobiologischen Ursachen ließen sich bislang nicht beweisen.

Behandlungsmöglichkeiten

Auch das therapeutische Vorgehen ist entsprechend schwierig festzulegen und sollte sich nach Ausprägung und Schwerpunkt der Problematik des einzelnen Betroffenen richten. Patentrezepte sind uns leider nicht geläufig, so daß man sich letztendlich an der Symptomatik und auch der Mitarbeitsfähigkeit und -willigkeit des Patienten und seines Umfeldes orientieren muß.

Ohnehin ist es bekanntermaßen nicht einfach, über viele Jahre verfestigte Wesenszüge und Verhaltensmuster zu verändern. Aber letztendlich kann schon viel gewonnen sein, wenn ein Betroffener und sein Umfeld sich der besonderen Persönlichkeitszüge bewußt sind und damit einigermaßen umzugehen lernen.

Vielfach sind hierzu verhaltenstherapeutische Maßnahmen hilfreich, im Rahmen derer beispielsweise soziale Fähigkeiten geübt werden oder auch die Selbstkontrolle verbessert wird. Aber auch das Erarbeiten und Verarbeiten zugrundeliegender

Erfahrungen oder Traumata im tiefenpsychologisch orientierten Setting kann notwendig und hilfreich sein.

In jedem Falle ist es wichtig, mit dem Betroffenen realistische Ziele in überschaubaren Einzelschritten anzuvisieren, da sonst vor allem die emotional instabilen Patienten in kürzester Zeit die Mitarbeit kündigen werden. Diese wie auch die dissozialen Persönlichkeiten profitieren zudem meist von sehr konsequenter Tagesstrukturierung, da Leerlauf aus verschiedenen Gründen schlecht ertragen wird und zur Destabilisierung führen kann. Daß die Bezugspersonen und Therapeuten zwar empathisch und verständnisvoll, aber dennoch gleichzeitig insbesondere bei den dissozialen, aber auch bei den narzißtischen oder emotional instabilen Jugendlichen sehr konsequent, zuverlässig und verläßlich sein sollten, versteht sich fast von selbst.

So ist abschließend auch aus unser eigenen Erfahrung und Beobachtung zu konstatieren, daß die Arbeit mit persönlichkeitsakzentuierten oder gar -gestörten Jugendlichen tendenziell langwierig ist und viel Geduld erfordert. Gerade in diesem Bereich hilft auch der Einsatz von Medikamenten nur selten und nur vorübergehend weiter, beispielsweise während einer sehr stark ausgeprägten depressiven Phase eines emotional instabilen Patienten, dessen Stimmungslage sich in manchen Fällen mit medikamentöser Unterstützung etwas rascher verbessern lassen kann.

Aber bei der Wurzel packt man diese Art von Auffälligkeiten mit Medikamenten sicher nicht, so daß man von deren Einsatz nur vorübergehende Erleichterung, aber keine tiefgreifenden und langfristigen Veränderungen erhoffen sollte.

Sexueller Mißbrauch

Zum Alltag in der kinder- und jugendpsychiatrischen Klinik gehört der Umgang mit Jungen und Mädchen, die sexuellem Mißbrauch ausgesetzt sind oder waren. Die betreffenden Kinder und Jugendlichen werden wegen der damit verbundenen oder genauer: dadurch verursachten psychischen und sozialen Schwierigkeiten aufgenommen: Meistens sind es Verhaltensauffälligkeiten, depressive Syndrome und Selbstmordversuche. Ein Zusammenhang mit sexuellem Mißbrauch stellt sich – als Verdacht oder über die Mitteilung des Kindes oder Jugendlichen – oft erst während der stationären Behandlung heraus.

Sexueller Mißbrauch von Kindern ist sehr verbreitet, aber exakte Zahlen lassen sich aufgrund der extrem hohen Dunkelziffer kaum angeben: Sie wird auf das Zwanzig- bis Dreißigfache der angezeigten Fälle geschätzt. Zahlen, die das Bundeskriminalamt in Wiesbaden herausgibt, lauten beispielsweise für 1998, daß 16 596 Fälle von Kindesmißbrauch in Deutschland angezeigt wurden. Für die Stadt München waren es in dem Jahr 390 Fälle, davon 285 Mißbrauchsfälle an Mädchen und 105 an Jungen (Zahlen des Polizeipräsidiums München, in: *Süddeutsche Zeitung* vom 5. August 1999). Die Zahl der polizeilich angezeigten Mißbrauchsdelikte an Kindern im Jahr bewege sich, so das Bundeskriminalamt, wenn überhaupt, leicht nach unten, wogegen die Anzahl der wegen Mißbrauchs verurteilten Sexualverbrecher allerdings stark gestiegen sei, so wie die Presseberichterstattung über diese Fälle.

Was ist unter »sexuellem Mißbrauch« zu verstehen?

Die Definition der Autoren Kempe und Kempe für sexuellen Mißbrauch erscheint uns treffend:

»Sexueller Mißbrauch wird definiert als die Inanspruchnahme von abhängigen, entwicklungsmäßig unreifen Kindern und Adoleszenten für sexuelle Handlungen, die sie nicht gänzlich verstehen, in die einzuwilligen sie in dem Sinne außerstande sind, daß sie nicht die Fähigkeit haben, Umfang und Bedeutung der Einwilligung zu erkennen, oder die die sozialen Tabus von Familienrollen verletzen. Sie schließt Pädophilie (Vorliebe eines Erwachsenen für sexuelle Beziehungen zu Kindern oder die Neigung eines Erwachsenen dazu), Vergewaltigung und Inzest ein.« (Kempe u. Kempe: *Kindesmißhandlung*. Stuttgart 1980, S. 62)

Körperkontakt und körperliche Zärtlichkeiten sind für Kinder natürliche Bedürfnisse. Allerdings suchen sie von sich aus keine sexuelle Erregung bei Erwachsenen – es sei denn, ein Erwachsener hat zuvor einen sexuellen Kontakt zu diesem Kind hergestellt. Die Grenze zwischen adäquater Zärtlichkeit und sexuellem Mißbrauch liegt da, wo der Erwachsene den Kontakt mit dem Kind zum Zweck seiner sexuellen Erregung sucht und die Bedürfnisse des Kindes zweitrangig sind.

Kinder sind durchaus in der Lage, zwischen ihnen angenehmen Zärtlichkeiten, »Schmusen«, und unangenehmen, aufgedrängten, »komischen« Zärtlichkeiten zu unterscheiden. Ein Kind, dem es erlaubt ist, sein Bedürfnis nach Nähe oder Abstand frei auszudrücken, ohne deshalb eine Bestrafung zu riskieren, tut dies unmißverständlich!

Dies möchten wir vor allem betonen im Zusammenhang mit einer *Prävention durch Erziehung*: Nein sagen zu können, hat eine sehr wichtige Funktion für ein Kind, auch wenn es dadurch für die Eltern anstrengender wird. Ein Kind sollte durch Erwachsene keine Liebkosungen dulden müssen, die es nicht möchte, auch nicht zum Beispiel von der Oma, die ihm dann die Schokolade gibt.

Entsprechend schwer hat es allerdings ein Kind, wenn es nicht klar nein zu sagen gelernt hat: aus Angst vor Bestrafung oder Abweisung durch die Eltern. Solche Kinder sind erfahrungsgemäß gefährdeter, sexuellen Mißbrauch – auch durch fremde oder ihnen nur flüchtig bekannte Personen – zu erleben.

Die typische Mißbrauchsgeschichte

Die Problematik des sexuellen Mißbrauchs ist ein komplexes Geschehen, mit sehr unterschiedlicher Ausprägung und Intensität. Es zieht sich durch alle sozialen Schichten. Betroffen sind Kinder aller Altersstufen (also auch Säuglinge), aber es läßt sich beobachten, daß eine Mißbrauchsgeschichte oft im Alter von vier bis sechs Jahren beginnt.

Kennzeichnend im Zusammenhang mit sexuellem Mißbrauch ist die *Machtdifferenz zwischen Täter und mißbrauchtem Kind.* Ein nicht unwesentlicher Anteil an der Motivation des Täters scheint eben dieses Ausüben von Macht zu sein.

Unter sexuellem Mißbrauch ist eine ganze Bandbreite von mißbräuchlichen sexuellen Übergriffen zu verstehen: Sie reicht von voyeuristischem Betrachten über Streicheln an intimen Stellen bis zu Aufforderungen zu genitalen Manipulationen am Erwachsenen und schließlich Beischlaf bzw. Vergewaltigung auf unterschiedlich brutale Art und Weise. Im Pubertätsalter wird die Intensität der Übergriffe oft gesteigert, und die Jugendlichen werden zum Beischlaf genötigt.

Typisch ist ein allmähliches Intensivieren des Vorgehens. Zuerst findet das Kind besondere Beachtung und Zuwendung bei dem mißbrauchenden Erwachsenen, wird vielleicht materiell belohnt, wenn es »Zärtlichkeiten« duldet, und angehalten, das »Geheimnis« zu wahren. Später wird ihm mit Strafen oder Heimeinweisung gedroht, wenn es die sexuellen Handlungen preisgeben oder nicht fortsetzen möchte.

Sehr selten sind einzelne Übergriffe von eher unbekannten Erwachsenen auf ein Kind. Viel häufiger findet sexueller Mißbrauch in der unmittelbaren Umgebung des Kindes oder zu Hause statt.

Im Zusammenhang mit dem Mißbrauch an Mädchen sind die Täter typischerweise Onkel, Großväter, gut bekannte Nachbarn, Stiefväter und Partner der Mutter sowie Väter. Übergriffe auf Jungen finden eher in Institutionen statt, also durch Sport-trainer, Betreuer in kirchlichen Jugendgruppen und in Freizeit-heimen.

Über 95 Prozent der Täter sind Männer.

Auch Frauen mißbrauchen gelegentlich, und wenn, meistens ihre Söhne und auch Töchter. Oft gehen sie dabei so vor, daß sie eine zweideutige, erotisierte, sexualisierte Stimmung schaffen, auf sexualisierte Weise die Kinder betrachten und berühren, sie zum Beispiel bis in die Pubertät hinein baden etc. Auch Aufforde-rungen, aktiv zu werden, kommen vor, wie: »Soll ich dir zeigen, wie man küßt?« Mit dem Mißbrauch durch Mütter ist häufig eine Befriedigung der eigenen emotionalen Bedürfnisse verbunden, indem Söhne wie »Partner« behandelt und dann auch für das Befinden der Mutter verantwortlich gemacht werden. Auch dieses Vorgehen zerstört das gesunde Vertrauen und schadet der psy-chosexuellen Entwicklung der Jugendlichen nicht unerheblich.

Die Folgen: Beschädigung der Selbstachtung und Vertrauensverlust

Sexueller Mißbrauch zieht sich häufig über Jahre hin, mit entspre-chenden Konsequenzen für die psychische Gesundheit des Kin-des oder Jugendlichen.

Der seelische Schaden, der für das Kind entsteht, ist um so grö-ßer, je jünger das Kind ist, je näher das Verwandtschaftsverhältnis zum Täter ist, je mehr Gewalt angewandt wird und je weniger see-lische Unterstützung es aus seiner Umgebung erhält.

Was wir regelmäßig bei Opfern von sexuellem Mißbrauch an-treffen, ist ein gestörtes Verhältnis zum eigenen Körper. Die Be-treffenden ekeln sich vor sich selbst und gehen deshalb auch nicht achtsam mit sich um.

Selbstverletzungen im Sinne von Selbstbestrafung sind häufig, ebenso die Entwicklung von Suchtmittelabhängigkeit, Eßstörun-gen und Depressionen. In der Vorgeschichte von Prostituierten ist nicht selten eine Mißbrauchsproblematik zu finden.

Allgemein ist die Selbstachtung gering und das Verhältnis zur Sexualität und zum anderen Geschlecht gestört. Ein natürlicher Umgang mit dem anderen Geschlecht ist erschwert; nicht selten zeigen Mißbrauchsopfer verführerische Verhaltensweisen, wenn sie eigentlich nur in Kontakt treten wollen, weil sie es im Umgang mit Männern nicht anders kennen. Dies führt dann wiederum zu sexuellen Kontakten, die die Betreffenden eigentlich gar nicht wollten. Ihre Fähigkeit jedoch, sich gegen sexuelle Attacken zu wehren, ist herabgesetzt, weil sie in solchen Fällen dazu neigen, in Lähmung und Apathie zu verfallen. Dadurch läßt sich erklären, daß Mißbrauchsopfer auch des öfteren immer wieder Übergriffe, und zwar von mehreren Personen, erleben.

Diese Beeinträchtigungen der psychischen Gesundheit durch das Mißbrauchsgeschehen halten oft das ganze Leben lang an.

Nicht weniger schlimm ist der tiefe Vertrauensverlust in die Verläßlichkeit von Beziehungen zu anderen Menschen, weil mißbrauchte Kinder sich sowohl vom Vater als auch von der Mutter ausgeliefert und von ihnen im Stich gelassen fühlen.

Fortgesetzter sexueller Mißbrauch kann vor allem da stattfinden, wo eine gesunde Emotionalität zwischen Eltern und Kindern nicht gegeben ist. Das heißt, die Kinder vermissen einerseits emotionale Nähe und sind deshalb bedürftig, andererseits haben sie nicht die Möglichkeit, sich mit all ihren Sorgen jemandem anzuvertrauen, weil sie nicht sicher sein können, daß sie auch Unterstützung bekommen. Häufig müssen sie eher befürchten, daß ihre Mitteilungen gegen sie verwandt werden.

Gestörte familiäre Beziehungen

Kennzeichnend für die Familie, in der Kinder mißbraucht werden, ist, daß die Erwachsenen *keine Verantwortung übernehmen* und sich deshalb auch nicht schützend vor die Kinder stellen, sondern diese für ihre Bedürfnisse benutzen. Dies gilt für *beide Elternteile.*

Andernfalls wäre ein fortgesetzter Mißbrauch nicht möglich, da das Kind sich anvertrauen könnte. In Umkehrung der familiären Rollen fühlen sich oft gerade die mißbrauchten Kinder für das Wohlergehen ihrer Eltern verantwortlich.

Mißbrauchte Jungen tun sich allerdings auch bei intakteren Familienverhältnissen schwer, über ihre Erlebnisse zu sprechen, da sie es aufgrund der Geschlechterrolle zum einen schwerer haben, sich als Opfer zu sehen, zum anderen große Ängste entwickeln, als homosexuell zu gelten.

Leider ist eher häufig, daß Mütter von anhaltend sexuell mißbrauchten Kindern ihrem Kind nicht glauben oder daß sie unsensibel dafür sind, wie es ihrem Kind geht, daß sie »nichts merken«. Oft mußten sie selbst als Kinder schon Grenzüberschreitungen dulden oder wurden abgewiesen und gefühlskalt behandelt und haben deshalb nicht gelernt, sich adäquat durchzusetzen. Schließlich erfordert es eine Menge Kraft, die Loyalität gegenüber dem Partner oder einem anderen nahestehenden Verwandten aufzugeben und eine meist unumgängliche Trennung herbeizuführen, denn in der Regel stellen die Täter ihre sexuellen Übergriffe nicht von sich aus ein.

Der einfachere Weg ist es dann »wegzuschauen«: Gerade wenn eigene Mißbrauchserfahrungen vorliegen, besteht bei den Frauen oft der Wunsch, »mit alldem nichts mehr zu tun« zu haben. Deshalb schränken diese Frauen unbewußt ihre Wahrnehmungsfähigkeit für die Probleme der Kinder ein – es sei denn, sie haben sich mit den eigenen Erlebnissen aus der Vergangenheit auseinandergesetzt und sie damit psychisch verarbeiten können.

Die Verantwortung für den Zusammenhalt der Familie ist also den mißbrauchten Kindern aufgebürdet, und nicht selten setzt der Täter Drohungen in genau diese Richtung ein: *»Du zerstörst die Familie, wenn du was sagst, und dann bist du erst recht schuld!«*

Mißbrauchsopfer glauben den Drohungen des Täters, daß sie aus der Familie verstoßen, geschlagen oder umgebracht werden und daß sie schuld sein werden am Zerfall der Familie.

Besonders ältere Kinder und Jugendliche werden durch den Täter auch nach Möglichkeit sozial isoliert, wobei auch das Kind selbst sich isoliert fühlt durch die Gefühle, die es hat:

»Ich bin anders als die anderen, weil mir so etwas passiert. Ich bin selbst schuld, es muß an mir liegen, ich bin nicht in Ordnung. Ich fühle mich beschmutzt. Die Mutter darf nicht enttäuscht werden, vielleicht ist sie entsetzt und gibt mir die Schuld. Vielleicht glaubt sie mir nicht. Es ist eine Katastrophe, wenn die Familie zerbricht, und ich bin daran schuld und muß in ein Heim.«

Kinder haben Angst davor, einen Skandal auszulösen, der ihre Situation letztendlich nur verschlimmert. Diese Befürchtung ist manchmal nicht unbegründet, wie folgendes Fallbeispiel zeigt:

Fallbeispiel:

Eine 15jährige Jugendliche wurde wegen akuter Suizidalität auf die geschlossene Station aufgenommen. Die Heimerzieherin berichtete, sie laufe immer wieder davon, konsumiere viel Alkohol und verschiedene Drogen und habe glaubhaft erklärt, sie wolle sich umbringen.

Als Reaktion auf eine polizeiliche Anzeige gegen den Vater wegen fortgesetzten sexuellen Mißbrauchs (der Vater einer Freundin, der sie sich anvertraut hatte, hatte die Anzeige in die Wege geleitet) hatte sich ihre gesamte Familie gegen sie gestellt. Die Patientin war verzweifelt.

Wegen anhaltender Suizidalität mußte sie mehrere Monate auf der geschlossenen Station bleiben, was in diesem Fall aber auch ihrem Schutz vor weiteren Übergriffen des Vaters diente, der im Anschluß an die Untersuchungshaft wieder auf freiem Fuß war! Es kostete einige Mühe, das Vertrauen der Patientin zu gewinnen, die im Laufe der Zeit in vielen Gesprächen eine massive, über viele Jahre gehende sexuelle Ausbeutung und zusätzliche Demütigungen und Mißhandlungen durch ihren Vater beschrieb.

Entsprechend verabscheute die Patientin sich selbst, litt an schweren Alpträumen und hatte zahlreiche Narben und Spuren von Selbstverletzungen an ihrem Körper. Sie hatte sich aus autoaggressiven Stimmungen heraus prostituiert und anschließend um so mehr vor sich selbst geekelt. Sie war überzeugt, daß sie selbst daran schuld sein müsse, daß der Vater so mit ihr umgehe, denn wenn nicht alle Väter sich ihren Töchtern gegenüber so verhielten, dann müsse es wohl an ihr liegen.

Die Patientin erwartete von niemand Sympathie ihr gegenüber und neigte zu aggressiven Auseinandersetzungen mit dem Stationspersonal. Der Versuch einer Verlegung auf die offene Station scheiterte: Nach einem zweitägigen Abgängigsein wurde die Patientin schwer alkoholisiert aufgefunden.

Mit der Patientin, die über eine überdurchschnittliche Intelligenz verfügt, wurde sehr intensiv therapeutisch an ihrem Selbstbild gearbeitet und ihre Rolle in der Familie gründlich reflektiert. Im Anschluß an den stationären Aufenthalt ging sie für ein Jahr auf ein erlebnispädagogisches Projekt ins Ausland. Nach weiteren zwei Jahren therapeutischer Jugendwohngemeinschaft muß man sich inzwischen um diese Patientin deutlich weniger Sorgen machen.

Das besondere Problem bei sexuellem Mißbrauch liegt darin, daß Kinder, die mißbraucht werden, sich sehr oft nicht mehr oder nur sehr spät diesbezüglich jemandem anvertrauen. Deshalb kann das Mißbrauchsgeschehen über lange Zeiträume unerkannt fortgesetzt werden und dem Kind um so mehr Schaden zufügen.

Wer sich mit dem subjektiven Erleben eines mißbrauchten Kindes näher vertraut machen will, dem sei folgendes Buch, ein Erfahrungsbericht, empfohlen: *Gute Nacht, Zuckerpüppchen* von

Heidi Glade-Hassenmüller (Ellermann Verlag, München, Neuausgabe 2000).

Signale für möglichen Mißbrauch

Wie reagieren Kinder, die sexuell mißbraucht werden?

Die betroffenen Kinder zeigen Symptome, die überwiegend unspezifisch sind und viele andere Ursachen haben können. Häufig fällt ein »Knick« in der psychischen Entwicklung auf. Dieser kann sich in einem plötzlichen Leistungsabfall in der Schule äußern, in verstärkter Anhänglichkeit, in plötzlichem Rückzug von Freunden. Ängste vor dem Einschlafen oder vor Dunkelheit können neu auftreten, auch Angst vor dem Alleinsein. Manche Kinder sind ungewohnt aggressiv oder verschlossen und zurückgezogen, depressiv.

Es können Alpträume und Schlafstörungen auftreten, und der Appetit kann nachlassen. Manche Kinder klagen über Bauchschmerzen und Übelkeit. Signale, bei denen man an sexuellen Mißbrauch als mögliche Ursache denken sollte, sind:

- Weglaufen von zu Hause aus unklaren Gründen,
- unerklärliche Suizidversuche,
- aüffallend häufiges Masturbieren,
- Schlafen in den Kleidern,
- plötzlich auftretende Waschzwänge, oder
- die Weigerung, sich im Intimbereich zu waschen,
- selbstzerstörerisches Verhalten in Form von Selbstverletzungen oder gehäuften Unfällen,
- nicht nachvollziehbare Angst vor bestimmten Personen oder Situationen.

Als Hinweis ernstzunehmen sind *sexuelles Aufforderungsverhalten* und entsprechende Distanzlosigkeit gegenüber Männern, also Verhaltensweisen, die altersunangemessen wirken: z. B. Zungenkuß, gezieltes Berühren im Intimbereich. Hier muß man davon ausgehen, daß dieses Verhalten in Mißbrauchssituationen erlernt ist. Auch die *sexuelle Nötigung anderer Kinder* läßt auf das wahrscheinliche Vorhandensein eigener entsprechender Erfahrungen schließen.

Ernst zu nehmen sind in jedem Fall auch *entsprechende Äußerungen und Andeutungen*, die das Kind macht. Kinder erfinden komplexe Geschichten von sexuellen Übergriffen nicht. Wenn man unsicher ist, ob man einem Kind glauben soll, empfiehlt es sich, sich von Fachleuten beraten zu lassen.

Fallbeispiel:

Ein elfjähriges Mädchen wurde wegen akuter Selbstmordgefährdung aufgenommen; sie drohte gegen Ende einer Ferienfreizeit, aus dem zweiten Stock des Heimes zu springen. Den Erziehern war schon aufgefallen, daß sie bis zu fünf frische Schlüpfer pro Tag verbrauchte und sich entsprechend oft wusch und duschte. Weiter fiel sie durch ihre anhaltend mißmutige Stimmung und trotzige Verweigerung auf, und von den anderen Kindern wurde sie abgelehnt.

Als sie einmal mit einem Erzieher allein war, legte sie sich in auffälliger Weise zurück und rieb sich zwischen den Beinen, spielte mit der Zunge und sah den Erzieher eindringlich an. Sie sagte auch, jetzt könne sie sich ja ausziehen – der Erzieher mußte sie nachdrücklich in ihre Grenzen weisen. Mehreren Erziehern und Erzieherinnen war auch bekannt, daß sie äußerte, ihren Stiefvater zu hassen, ohne dafür Gründe zu benennen.

Trotz der deutlichen Hinweise und auch einer Andeutung gegenüber einer Erzieherin des Freizeitheimes hat sich das Mädchen leider nicht weiter offenbart und entsprechende Fragen verneint. Sie mußte nach Abklingen der akuten Suizidalität gegen ärztlichen Rat nach Hause entlassen werden, als die Eltern dies kurzfristig wünschten.

Der geschilderte Fall zeigt deutlich, daß es durchaus schwer ist, im Falle eines Verdachts auf sexuellen Mißbrauch wirksame Hilfe zu leisten, wenn sich das betroffene Kind nicht äußert. Es gibt in diesem Fall keine rechtliche Handhabe, in das Sorgerecht der Eltern einzugreifen, wenn die Symptome zwar auf ein Mißbrauchsgeschehen hindeuten, aber eben kein Beweis sind.

Mißbrauchsverdacht: Was man tun kann

Wenn der Verdacht auf einen sexuellen Mißbrauch besteht und man helfen möchte, ist es ratsam, behutsam und überlegt vorzugehen. Als Helfer gerät man unter starken Handlungsdruck und muß sich zudem mit den eigenen Gefühlen und Reaktionen auseinandersetzen. Ein vorschnelles Eingreifen kann die Situation für das Kind verschlimmern, das ungeschützt den Aggressionen des Täters ausgesetzt ist, wenn zum Beispiel eine Anzeige erstattet worden ist oder der Verdacht ohne Vorbereitung den Eltern mitgeteilt wurde. Kinder ziehen aus Angst auch einmal gemachte Mitteilungen rasch wieder zurück.

Erstrebenswert wäre, daß das Kind eine *Vertrauensbeziehung* zu jemandem aufbauen kann, den es durch häufigen Umgang gut kennt. In dieser Vertrauensbeziehung kann es am ehesten die Möglichkeit wahrnehmen, sich mitzuteilen. Damit ist die beste Voraussetzung dafür geschaffen, dem Kind wirksam helfen zu können.

Da es unwahrscheinlich ist, daß das Kind sich einem ihm unbekannten Fachmann oder einer Fachfrau anvertraut, kann man als helfende Person, die dem Kind durch häufigen Umgang vertraut ist, diese Aufgabe auch nicht an Personen delegieren, die »es besser können«. Jedoch sei in dieser Situation dringend empfohlen, sich professionelle Unterstützung und Hilfestellung zu holen, auch um für sich unterscheiden zu können, welche Aufgaben und Verantwortung man übernehmen kann (und will!) und wo die eigenen Grenzen liegen: Versprechen dem Kind gegenüber sollte man halten können!

Stichwort: Glaubwürdigkeit

Im Hinblick auf die Glaubwürdigkeit des Kindes in einem eventuellen späteren Gerichtsverfahren ist es auch wichtig, das, was das Kind über das Mißbrauchsgeschehen berichtet, möglichst wenig durch *eigene Deutungen* oder *Suggestivfragen* zu beeinflussen, d. h. Fragen, die nicht offen gestellt werden, sondern eine bestimmte Antwort erwarten lassen oder nur mit ja oder nein zu beantworten sind. Auch hierzu sollte man sich unbedingt beraten lassen!

Auf jeden Fall sollte man dem Kind zunächst Glauben zu schenken und das, was es sagt, so annehmen, wie es erzählt wird. Kinder spüren genau, ob ihnen geglaubt wird, und werden durch Zweifel verunsichert. Sie werden dann rasch aufhören, sich mitzuteilen.

Es gibt nur wenige Motive, aus denen heraus ein Kind, das über Mißbrauch berichtet, nicht die Wahrheit sagt:

● Manchmal veranlassen Mütter ihre Kinder, etwa in einer Trennungssituation, zu erzählen, sie würden vom Vater mißbraucht, um dies im Gerichtsverfahren gegen ihn zu verwenden.

● Es kann auch sein, daß ein Kind eine eigene Mißbrauchsgeschichte erfindet, wenn ihm ein anderes Kind von einem Mißbrauch berichtet hat und ihm verboten hat, darüber zu sprechen.

● Auch ein Fernsehfilm mit diesem Thema kann die Phantasie des Kindes entsprechend anregen.

Die Erzählungen dieser Kinder reichen dann aber in ihrer Originalität nicht an die Schilderungen von wirklich mißbrauchten Kindern heran.

● Manchmal berichten Kinder über ein Mißbrauchsgeschehen, beschuldigen aber statt des Täters eine andere Person, weil sie die Identität des Täters nicht preisgeben wollen.

224

Solche Berichte sind schwerer als unrichtig zu identifizieren, weil der Mißbrauch ja wirklich stattgefunden hat.

Zur Beurteilung des Wahrheitsgehaltes der Berichte sei im Zweifelsfall der *Kontakt mit erfahrenen Fachleuten* noch einmal empfohlen.

Wichtig ist ebenso, daß man das, was das Kind möchte, würdigt und ernst nimmt. Nach Möglichkeit – und soweit es hierzu von seinem Alter her in der Lage ist – sollte man alle geplanten Schritte mit dem Kind besprechen und ihm Gelegenheit geben, seine Wünsche zu äußern und mitzuentscheiden. Dazu gehört auch, daß man mit Maßnahmen unter Umständen wartet, wenn das Kind noch nicht dazu bereit ist.

Nicht hilfreich ist, das vom Mißbrauch betroffene Kind ausschließlich als Mißbrauchsopfer zu sehen. Es lohnt sich, gerade bei diesen Kindern auch ihre Stärken und Fähigkeiten differenziert wahrzunehmen. Das Mißbrauchsgeschehen ist ein – schwerwiegender – Teil einer Lebensgeschichte, in der es aber auch viele andere Themen gibt. Wenn seine Stärken gesehen und gewürdigt werden, hilft dies dem Kind, an Selbstachtung zu gewinnen, woran es allen mißbrauchten Kindern fehlt! Nach Möglichkeit sollte man das Kind auch von Schuldgefühlen zu entlasten versuchen. *Schuldig fühlt sich ein mißbrauchtes Kind immer.* Die Verantwortung für den Mißbrauch liegt aber ausschließlich beim Täter, auch wenn sich das Kind aktiv beteiligt hat!

Auch sollte man sich darauf einstellen, daß es normal ist, daß das Kind dem Täter gegenüber negative und auch positive Gefühle hat. Es hilft ihm, wenn es alle Gefühle ausdrücken kann, ohne auf Befremden zu stoßen. Abgesehen von weitergehenden Maßnahmen ist einem Kind auch schon sehr dadurch geholfen, daß es einen Vertrauten, Verbündeten, gewinnt und endlich aussprechen kann, was es bedrückt.

Man ist übrigens bei einem Verdacht auf sexuellen Mißbrauch nicht verpflichtet (auch das Jugendamt nicht), *polizeiliche Anzeige* zu erstatten. Ist die Anzeige jedoch erfolgt, dann ist auf jeden

Fall ein polizeiliches Ermittlungsverfahren in Gang gesetzt. Dies führt manchmal zu großen psychischen Belastungen beim Kind, das aussagen soll, ohne darauf vorbereitet zu sein, und zu heftigen Reaktionen der Familie, die nicht unbedingt hilfreich sind (siehe Fallbeispiel S. 222). Es empfiehlt sich, wenn man sich zur Anzeige entschließt, diesen Schritt gut vorzubereiten.

Vorrangig ist, für den *Schutz des Kindes* zu sorgen. Die beste Möglichkeit wäre, die Mutter oder jemand anders aus der Familie dafür zu gewinnen, der Tochter bzw. dem Sohn beizustehen. Aus den genannten Gründen kann man aber oft nicht von einer solchen Bereitschaft ausgehen. Ob dies möglich ist, darauf kann das betroffene Kind selbst Hinweise geben, denn mißbrauchte Kinder haben eine feine Wahrnehmung für die Belastbarkeit anderer Menschen! Ansonsten kann auch eine Inobhutnahme durch das Jugendamt erfolgen, wenn der Täter in der Familie lebt oder wenn dem Kind innerhalb der Familie nicht geglaubt wird – und zwar so lange, bis geklärt ist, wie das Kind durch andere Maßnahmen wirksam vor weiterem Mißbrauch geschützt wird. Die Inobhutnahme setzt natürlich voraus, daß das Kind dies auch will und es bei seiner Aussage bleibt.

An wen kann man sich mit Fragen zu dem Thema wenden?
Erfahren mit der Problematik des sexuellen Mißbrauchs sind in der Regel *Kinderschutzzentren*, bei denen man sich beraten und informieren lassen kann. (Das Kinderschutzzentrum Mainz sei hier beispielhaft genannt, das auch gute Informationsmaterialien zum Thema anbietet. Besonders in Großstädten gibt es zusätzlich verschiedene Anlaufstellen, die man zumindest nach entsprechenden Adressen fragen kann wie *Beratungsstellen für Familien, Frauennotruf,* in München der *Verein Kinderschutz & Mutterschutz e. V.* Auch das *Jugendamt* wird gern Personen beraten, die einem betroffenen Kind helfen wollen; auf Wunsch auch, ohne die Identität des Kindes preiszugeben.

226

Was kennzeichnet die Täter?

Wer sind nun die Täter, diejenigen, die die Unterlegenheit und Unreife von Kindern für ihre Zwecke ausnutzen?

Leider sind Mißbrauchstäter im normalen Leben nicht als solche zu erkennen, sie unterscheiden sich in den meisten Eigenschaften nicht von anderen Männern oder, in selteneren Fällen, Frauen.

Wenn jemand zu einem Täter im Zusammenhang mit sexuellem Mißbrauch wird, dann müssen bestimmte Bedingungen vorliegen:

- Der Täter muß über das Tabu der sexuellen Mißbrauchshandlung hinwegkommen. Dies realisieren Täter meistens dadurch, daß sie die Mißbrauchshandlungen für sich selbst als gerechtfertigt rationalisieren. Z. B. als wohlmeinende »praktische Aufklärung«, als Ergebnis einer Verführung durch das Kind, als einen persönlichen Anspruch.
- Es sind emotionale Blockierungen vorhanden. Die Regel ist ein Mangel an Einfühlungsfähigkeit oder an Bereitschaft, sich in andere Menschen einzufühlen, speziell in das Opfer.
- Es besteht die Unfähigkeit, Bedürfnisse adäquat zu befriedigen, insbesondere das Bedürfnis nach menschlicher Nähe und Anerkennung.
- Ebenso besteht eine Enthemmung und hohe sexuelle Erregbarkeit. Nicht wenige Täter nutzen Alkohol im Zusammenhang mit sexuellem Mißbrauch, der dann auch immer wieder einmal als Entschuldigung dient.

Viele Täter nehmen Realitäten nur verzerrt wahr. Typisch ist, daß sich der Täter selbst als Opfer sieht. Es entsteht ein *Kreislauf,* der in etwa so aussieht:

Selbstmitleid (»keiner mag mich«) - Gefühl, Opfer zu sein - Rückzug, Isolation, Alkoholkonsum - Schuld auf andere schieben (»sie [die Ehefrau] hat mich noch nie geliebt!«) - Phantasien und

Masturbationen fangen an, Wünsche nach Nähe und Zärtlichkeit sind unbefriedigt – sexuelle Phantasien im Zusammenhang mit einem Kind, das ihn nicht zurückweisen wird – Mißbrauch wird geplant – durch den Mißbrauch entsteht Nähe, nach der Durchführung tritt Entspannung ein sowie das Gefühl, machtvoll zu sein – Rationalisierungen: »dem Kind hat es gefallen« – zeitweise Schuldgefühle, Angst vor Entdeckung – sich selbst beruhigen – Täter fühlt sich für einige Zeit gut – neues emotionales Defizitgefühl – Selbstmitleid ...

Und hier wiederholt der Kreislauf sich, und eventuell kommen Versprechungen bzw. Selbsttäuschungen hinzu, es nie wieder zu tun.

Die Dynamik von Mißbrauchstätern zeigt Ähnlichkeiten mit der Alkoholsucht. Von einer *Sucht nach dem Mißbrauch* muß man bei den Tätern auch deshalb ausgehen, weil sie von sich aus die Übergriffe kaum einstellen. Das Bedürfnis zu mißbrauchen geht niemals »von alleine« weg.

228

5. Grundsätzliches zur medikamentösen Behandlung

Um was für Medikamente geht es? Bei welchen Problemen kann man damit konfrontiert werden? Muß das wirklich sein?

Das sind Fragen, die sich viele Betroffene, Angehörige oder Interessierte vermutlich zunächst besorgt stellen, wenn es um die Frage geht, ob und welche Medikamente eingesetzt werden.

Und sie haben recht: Die Substanzen, die unter den Begriff Psychopharmaka fallen, sollte man gerade an Minderjährige oder gar Kinder nur dann verschreiben, wenn wirklich Not am Mann ist und andere therapeutische Maßnahmen allein die Situation nicht ausreichend zu verbessern mögen. Wenn z. B. die Symptome nicht mehr erträglich erscheinen, die krankheitsbedingte Gefährdung zu groß wird oder sich das betroffene Kind wegen des großer Leidensdruckes selber für einen medikamentösen Behandlungsversuch ausspricht, dann kann es passieren, daß z. B. der Kinder- und Jugendpsychiater zu einer psychopharmakologischen Unterstützung rät.

Gleichzeitig wird man in den meisten Fällen die Erfahrung machen, daß gerade die in der Kinder- und Jugendpsychiatrie Tätigen immer wieder betonen, daß die Verordnung eines Medikamentes nicht bedeutet, daß Familie und Kind damit die Hände in den Schoß legen können und auf alle weiteren Therapiemaßnahmen verzichten dürfen!

Jeder, der sich mit problematischen, kranken und »gestörten« Kindern ernsthaft beschäftigt, weiß nur allzu genau, daß gerade Kinder in sehr umfassender Weise mit ihrer Umgebung verwoben und von dieser abhängig sind – es wäre also geradezu fahrlässig, sich nicht mit der Gesamtsituation des betreffenden Kindes vertraut zu machen und die Umgebung des Kindes in die therapeutischen Maßnahmen nicht miteinzubeziehen.

Und noch eine Erfahrung erscheint bemerkenswert und wichtig:
Die Jugendlichen und auch die Kinder, denen man ein Medikament verordnen möchte, sollten in die diesbezüglichen Überlegungen und Entscheidungen involviert werden. Man ist es dem Betroffenen schuldig, ihm zu erklären, welche Symptome mit dem Medikament beeinflußt werden sollen; zum einen kann das Kind oder der Jugendliche bezüglich der Wirkung zum Teil selber sehr genaue Beobachtungen machen und mitteilen, zum anderen soll der Betroffene nicht den Eindruck haben, daß ganz allein er selbst nicht richtig funktioniert und er deswegen Medikamente nehmen muß. Ist es doch oft so, daß zwar das Kind ein behandlungsbedürftiges Symptom entwickelt, die Entstehung des Symptomes aber durchaus in Zusammenhang mit seiner Umgebung zu sehen ist. Wenn man dem Kind oder Jugendlichen dann nicht Grund und Ziel der medikamentösen Behandlung verständlich zu machen versucht, kann es passieren, daß der Betroffene sich ganz allein für die bestehenden Probleme verantwortlich fühlt, da er ja nun derjenige ist, welcher das Medikament nehmen muß.

Bevor wir nun auf die häufiger verwendeten Substanzen näher eingehen, sollen an dieser Stelle die *Symptome bzw. die psychischen Störungen* aufgeführt werden, die typischerweise Anlaß geben können, Psychopharmaka zu verordnen:

- Hyperkinetische Syndrome,
- Ausscheidungs- und Schlafstörungen,
- schwere Depressionen und Manien,
- Angst- und Zwangsstörungen,
- Ticerkrankungen,
- schizophrene Psychosen,
- extreme Aggressivität und Impulskontrollstörungen.

Medikamentengruppen, die in in der psychopharmakologischen Behandlung von Kindern und Jugendlichen eine maßgeblichere Rolle spielen, sind:

- Psychostimulanzien,
- Antidepressiva,
- Tranquilizer/Benzodiazepine,
- Neuroleptika,
- Phasenprophylaktika.

Aus diesen Gruppen soll nun im Überblick auf diejenigen Substanzen genauer eingegangen werden, die häufiger Verwendung finden.

Psychopharmakologischer Überblick

Psychostimulanzien

In diese Guppe gehört das Medikament, welches aus der Reihe der Psychopharmaka im Kindesalter wohl am meisten verordnet wird, das *Ritalin*. Die sich hinter diesem sogenannten Handelsnamen verbergende Substanz ist das Methylphenidat, welches dem Amphetamin sehr ähnelt.

Ja, Sie haben sich nicht verlesen, es handelt sich tatsächlich um Amphetamine und ähnliche Substanzen, von denen die den meisten unter Ihnen vermutlich eher in Zusammenhang mit Drogenproblemen und -abhängigkeit gehört haben werden.

Es ist aber seit langem erwiesen, daß diese Substanzen bei den hyperkinetischen, also den extrem zappeligen, konzentrationsgestörten Menschen ganz anders wirken, als man vermuten würde: Sie verbessern die Aufmerksamkeitssteuerung, die Konzentrationsfähigkeit und die Impulskontrolle, während sich die motorische Unruhe, die »Zappeligkeit«, verringert!

Man erklärt sich das damit, daß durch die Stimulanzien bestimmte Hirnareale, die z. B. für die Steuerung der Aufmerksamkeit zuständig sind, aktiviert werden. Diese sehr hilfreiche Wirkungsweise auf die problematischen Symptome der Hyperkinetiker wurde bereits in den vierziger Jahren entdeckt und inzwischen durch eine große Zahl von wissenschaftlichen Untersuchungen immer wieder bestätigt. Allerdings gilt dies tatsächlich normalerweise nur für diejenigen, die als eindeutig hyperkinetisch und aufmerksamkeitsgestört diagnostiziert wurden – was dafür spricht, daß es weniger um eine vielleicht aufgrund besonderer Lebensumstände entstandene Reaktion geht, als um eine vorbestehende Besonderheit der Hirnfunktionen.

Bei Kindern, deren massive Probleme im Sozialverhalten vor allem als Reaktion auf unzureichende pädagogische Führung zu sehen sind, wird eine Stimulanzienbehandlung kaum einen Effekt zeigen.

Ist jedoch das Vorliegen einer »echten« hyperkinetischen Störung festgestellt worden, so wird der behandelnde Arzt typischerweise zunächst eine halbe oder eine ganze Tablette Ritalin am Morgen verordnen und z. B. mittels ausgewählter Beobachtungsbögen von Eltern und Lehrern die Wirkung überprüfen lassen. Bei Bedarf kann dann die morgendliche Dosis auf bis zu 2 Tabletten gesteigert werden, bzw. bei manchen Kindern auch eine weitere Dosiseinheit z. B. vor den Hausaufgaben hilfreich sein, da die Wirkung des Ritalins nur wenige Stunden anhält!

Allerdings ist erfahrungsgemäß keine zusätzliche Wirkungsverbesserung durch übermäßig hohe Dosen zu erwarten. Das bedeutet, daß auch bei älteren Kindern und Jugendlichen mit einem höheren Körpergewicht die maximale Tagesdosis bei etwa 5 Tabletten liegen dürfte. Nebenwirkungen – z. B. Appetitminderung, Bauch- oder Kopfschmerzen – sind glücklicherweise ausgesprochen selten in schwererwiegender Ausprägung zu beobachten.

Es wird empfohlen, beispielsweise in den Sommerferien jeweils eine mehrwöchige Medikamentenpause einzulegen, um zu überprüfen, ob das Ritalin noch notwendig und hilfreich ist. Manche Kinder kommen sogar grundsätzlich an schulfreien Tagen ohne Medikament aus, da ihre typischen Symptome in der Freizeit besser in den Griff zu bekommen sind und mehr Freiräume existieren.

Antidepressiva

Wie die Bezeichnung schon sagt, werden Medikamente aus dieser Gruppe insbesondere bei Depressionen, also schwerwiegenden traurigen Verstimmungszuständen, eingesetzt.

Vorab soll jedoch kurz auf verschiedene andere kinder- und jugendpsychiatrische Problembereiche eingegangen werden, in welchen sich die Gabe von Antidepressiva schon in ausgesprochen kleinen Dosen durchaus hilfreich erweisen kann:

Zum einen wurde im Kapitel über *Ausscheidungsstörungen* schon angeführt, daß bei manchen Kindern, die unter nächtlichem Einnässen leiden, der Versuch gemacht werden kann, deren oft sehr tiefen Schlaf mit einem Medikament aus der Reihe der Antidepressiva zu beeinflussen; manchmal reichen schon kleinste Mengen – z. B. 25 mg Imipramin, im Handel als Tofranil erhältlich –, um dem Kind zu ermöglichen, seine volle Blase auch während des Schlafes zu spüren und entsprechend zu reagieren!

Von Vorteil ist, daß unter derart geringen Medikamentendosen normalerweise keine Nebenwirkungen zu erwarten sind.

Das gleiche gilt für den Einsatz von Antidepressiva bei bestimmten *Schlafstörungen*, also beispielsweise dem Pavor nocturnus (den nächtlichen Angstzuständen im Schlaf), bei Alpträumen und auch Schlafwandeln. Die sehr komplizierte Strukur des Schlafes scheint bei einigen schlafgestörten Kindern schon durch geringe Dosen eines Antidepressivums derart zu beeinflussen, daß z. B. Schlafwandeln oder Pavor nocturnus oft deutlich seltener aufreten. Oft ist zu diesem Zweck schon eine Dosis von beispielsweise 25 mg Imipramin ausreichend, was deutlich unterhalb der im Erwachsenenbereich zur Behandlung von Depressionen gegebenen Substanzmengen liegt.

Insbesondere bei älteren Kindern und Jugendlichen werden Antidepressiva bei schwerwiegender trauriger Verstimmung, also bei *Depressionen*, eingesetzt. Hat man z. B. den Eindruck, daß der Betroffene derart unglücklich ist, daß er in anderweitigen therapeutischen Bemühungen gar keinen Sinn mehr erkennen kann und mit noch so geringen Anstrengungen schon überfordert oder gar suizidal gefährdet ist, so wird man eine vorübergehende medikamentöse Unterstützung erwägen. Hierbei gilt es, aus einer Vielzahl von antidepressiv wirkenden Medikamenten dasjenige auszuwählen, welches auf den einzelnen Patienten und seine Symptome bestmöglich »passen« könnte. So ist es sinnvoll, einem jugendlichen Depressiven mit Schlafstörungen ein eher sedierendes, also beruhigendes Medikament möglichst am Abend zu verabreichen. Leidet ein Betroffener unter gravierenden Antriebsstörungen, so sollte man ein möglichst wenig sedierendes oder gar antriebssteigerndes Antidepressivum auswählen. Andererseits muß man in diesem Falle eine eventuell vorhandene Selbstmordgefährdung mit einkalkulieren; scheint die diesbezügliche Gefahr deutlich vorhanden, kann es riskant sein, dem Patienten zu mehr Antrieb und Tatendrang zu verhelfen!

Auch die möglichen für die jeweilige Substanz typischeren *Nebenwirkungen* sollte man mit einkalkulieren. So kann es zusätzlich belastend sein, wenn ein ohnehin unter massivem Appetitverlust leidender depressiver Patient auch noch zusätzlich Übelkeit ertragen muß. Oder wenn ein Betroffener ausgeprägte Schlafprobleme beklagt und dann zusätzlich ein möglicherweise wochenlang das Durchschlafen beeinträchtigendes Medikament bekommt.

Werden diesbezügliche Beschwerden nicht ausreichend ernstgenommen, so läuft man Gefahr, daß der ohnehin schnell zu entmutigende Patient das Antidepressivum gänzlich absetzt und eventuell sein Vertrauen in den Therapeuten verliert; noch dazu wirken nämlich die Antidepressiva üblicherweise erst nach etwa zwei Wochen allmählich stimmungsaufhellend!

Im folgenden listen wir – um Verwirrungen vorzubeugen – beispielhaft nur einige häufiger in der Kinder- und Jugendpsychiatrie verordnete Substanzen auf:

Aus der großen Gruppe der sogenannten *klassischen trizyklischen Antidepressiva*, deren Wirksamkeit seit mehreren Jahrzehnten bekannt und erprobt ist, sind u.a. zu nennen:

● Amitryptilin – (Handelsname z.B. Saroten),
● Doxepin – (Handelsname z.B. Aponal),
● Clomipramin – (Handelsname Anafranil),
● Imipramin – (Handelsname Tofranil).

Häufiger zu beobachtende Nebenwirkungen dieser Substanzgruppe können u.a. Schwindel, Verstopfung, Kreislaufprobleme und Mundtrockenheit sein, um einige im Alltag relevantere Beispiele anzuführen. Zudem sollte bei allen in diesem Kapitel aufgeführten antidepressiven Medikamenten mit dem verschreibenden Arzt besprochen werden, in welchen – meist mehrwöchigen – Zeiträumen Laborkontrolluntersuchungen des Blutes durchgeführt werden müssen!

Seit einigen Jahren finden Antidepressiva aus der Gruppe der *Serotoninwiederaufnahmehemmer* mehr und mehr Verwendung. Sie verursachen bei insgesamt wohl gleicher Wirksamkeit weniger die für die klassischen Substanzen typischen Nebenwirkungen, dafür aber häufiger Symptome wie Kopfschmerzen, Appetitverlust, Schlafstörungen oder vermehrtes Schlafbedürfnis. Auch sind versehentlich oder in suizidaler Absicht eingenommene hohe Dosen deutlich weniger toxisch als es bei den klassischen Antidepressiva der Fall ist. Genannt werden sollen an dieser Stelle beispielhaft:

- Fluoxetin – (Handelsname Fluctin),
- Fluvoxamin – (Handelsname Fevarin),
- Paroxetin – (Handelsname Seroxat).

Eine weitere neuere Substanz ist wegen ihrer relativ raschen Wirksamkeit insbesondere bei begleitenden Schlafstörungen anzuführen:

- Mirtazapin – (Handelsname Remergil).

Dieses auf die Botenstoffe Noradrenalin und Serotonin wirkende Medikament zeigt auch bei Jugendlichen eine gute antidepressive Wirkung, ist nebenwirkungsarm und hilft oft innerhalb von Tagen bei zusätzlichen Ein- und Durchschlafstörungen.

Abschließend ist bezüglich verschiedener Antidepressiva zu ergänzen, daß sie teilweise auch bei anderen Krankheiten erfolgreich Anwendung finden, wie z. B. bei Zwangsstörungen gute Erfolge mit sowohl klassischen als auch neueren Substanzen aus der Gruppe der Serotoninwiederaufnahmehemmer zu erzielen sind.

Phasenprophylaktika

Hier handelt es sich um Substanzen, die vorbeugend gegen das erneute Auftreten *depressiver oder manischer Erkrankungsschübe* verabreicht werden. An eine derartige Prophylaxe sollte gedacht werden, wenn ein Jugendlicher bereits zwei Phasen schwerer affektiver Verstimmungszustände – und davon mindestens eine manisch – durchleiden mußte. Sowohl in der akuten Manie, aber eben auch zur Vorbeugung derselben wird

- Lithium (Handelsnamen z. B. Quilonum, Hypnorex)

verwendet. Diese Substanz wird auch in der Akuttherapie *manischer Syndrome* eingesetzt, entfaltet eine deutliche Wirkung allerdings erst nach ein bis zwei Wochen. So ist es bei ausgeprägt manischen Patienten zu Beginn der Behandlung oft unumgänglich, andere Medikamente wie beispielsweise niederpotente Neuroleptika zur Beruhigung hinzuzugeben. Die *phasenprophylaktische Wirksamkeit* tritt sogar erst nach Monaten ein, was viel Geduld erfordert und zudem schon impliziert, daß Lithium und andere vorbeugende Substanzen sehr lange, also über Jahre hinweg genommen werden sollten.

Bei der Lithiumtherapie muß ein bestimmter Spiegel im Blut eingehalten werden, was zu regelmäßigen Laborkontrollen verpflichtet und eine gute Mitarbeit des Patienten erfordert. Zudem kann die Einnahme einer Überdosis zu stärkeren *Nebenwirkungen* wie Nieren- und Schilddrüsenfunktionsstörungen, Muskelzittern und Müdigkeit bis hin zu gefährlichen Vergiftungserscheinungen führen, weswegen suizidale Gefährdung und Unzuverlässigkeit in der Medikamenteneinnahme gegen eine Phasenvorbeugung mit dieser Substanz sprechen.

Aus diesem Grunde wird gerade in derartigen Fällen oder auch bei Unverträglichkeit bzw. mangelnder Wirkung auf andere Medikamente zurückgegriffen, die ursprünglich zur Unterdrückung epileptischer Anfälle, also als Antikonvulsiva, eingesetzt wurden.

Aus dieser Gruppe finden bislang insbesondere folgende zwei Substanzen Verwendung:

- Carbamazepin (Handelsname z. B. Tegretal),
- Valproinsäure (Handelsnamen z. B. Ergenyl, Orfiril).

Auch bei diesen sogenannten *Antikonvulsiva*, die zur Phasenvorbeugung eingesetzt werden können, sollten besonders zu Beginn der Behandlung regelmäßige Laborkontrollen erfolgen und bestimmte Blutspiegel eingehalten werden. Besonderes Augenmerk ist bei diesen Substanzen auf die Leberwerte und speziell bei der Valproinsäure auch auf die Blutgerinnungswerte zu richten!

Dies sind Medikamente mit *angst- und spannungslösender, beruhigender Wirkung.* Sie werden Jugendlichen oder gar Kindern nur mit großer Zurückhaltung und Vorsicht verabreicht, da sie als einzige der hier besprochenen Medikamentengruppen über ein durchaus maßgebliches *Abhängigkeitspotential* verfügen. Das bedeutet, daß bei längerfristiger regelmäßiger Einnahme die Dosis zunehmend gesteigert werden müßte, um die gewünschte Wirkung weiterhin zu erreichen, und daß bei Nichteinnahme gegebenenfalls Entzugserscheinungen wie Zittern und Gliederschmerzen auftreten könnten.

Geht man allerdings ausreichend sorgsam mit der Verschreibung um, so wird man typische Entzugserscheinungen kaum zu Gesicht bekommen.

Warum kommt man dann nicht ganz ohne Benzodiazepine aus? Im Bereich der Kinder- und Jugendpsychiatrie sind hier an erster Stelle die *schizophrenen Psychosen* zu nennen. Ist ein daran akut Erkrankter z. B. im Rahmen völlig veränderter Wahrnehmung mit Halluzinationen und manchmal komplett ungeordneten Gedanken- und Handlungsabfolgen geradezu außer sich vor Angst, so wird man ihm den beruhigenden Effekt der Benzodiazepine sicher nicht vorenthalten. Manchmal hilft es schon einschneidend, wenn der derart Gequälte einfach einmal wieder eine Nacht in Ruhe schlafen kann, um ihn deutlich zu entlasten!

Oder sexuell mißbrauchte Jugendliche, die besonders nachts in geradezu *panikartige Zustände* mit oft selbstzerstörerischen und suizidalen Gedanken und Impulsen geraten können – für sie sind beruhigende Gespräche in solchen Situationen oft erst nach Gabe eines angstlösenden Medikamentes überhaupt zu ertragen.

Nicht zu vergessen ist an dieser Stelle, daß Benzodiazepine sich in der *Unterbrechung epileptischer Anfälle* bewährt haben. Man kann sie in diesem Falle entweder direkt in eine Vene oder mit einer speziellen Tube (Rektiole) in den Darmausgang spritzen, so daß die Wirkung möglichst rasch einsetzt.

In den verschiedenen geschilderten Situationen üblicherweise verabreichte Benzodiazepine sind z. B.:

- Lorazepam – (Handelsname Tavor),
- Diazepam – (Handelsname Valium).

Neuroleptika

Neuroleptika sind zunächst in zwei große Wirkbereiche zu unterteilen:

zum einen die sogenannten hochpotent antipsychotisch wirksamen Substanzen, die also insbesondere gegen schizophrene Symptome wie Wahn und Halluzinationen eingesetzt werden, zum anderen die niederpotenten Neuroleptika, die vor allem beruhigende, sedierende, schlafanstoßende Wirkung zeigen.

Diese sogenannten *niederpotenten Neuroleptika* finden in verschiedenen Problembereichen Anwendung: Sie werden bei der *Akuttherapie von Schizophrenien* eingesetzt, um ähnlich den Benzodiazepinen die Betroffenen erst einmal zu beruhigen, was insbesondere bei fremd- oder selbstaggressiven Erregungszuständen manchmal zur Abwendung größerer Gefahr unumgänglich ist.

Ein weiteres Anwendungsgebiet können *Fremd- und Autoaggressionen bei geistig Behinderten sein*, die rein verhaltenstherapeutisch nicht in den Griff zu bekommen sind. Aber auch im Rahmen schwerer *Sozialverhaltensstörungen* mit entsprechenden Impulsdurchbrüchen kann es manchmal vorübergehend ratsam sein, Aggressionen auch medikamentös einzudämmen, damit sie nicht ganz so massiv und gefährdend ausfallen.

Die *unerwünschten Nebenwirkungen* betreffen vor allem das sogenannte Vegetativum, d. h., es kann insbesondere bei höheren Medikamentendosen zu Syptomen wie z. B. Kreislaufstörungen,

239

Schwindelgefühlen, Mundtrockenheit und Verstopfung kommen. Hierbei handelt es sich zwar normalerweise um ungefährliche, jedoch für den Betroffenen möglicherweise dennoch eindeutig belastende Nebenwirkungen.

Von den häufiger aus der Gruppe der niederpotenten Neuroleptika verordneten Substanzen nennen wir hier beispielhaft:

● Pipamperon – (Handelsname Dipiperon),
● Melperon – (Handelsname Eunerpan),
● Promethazin – (Handelsname Atosil),
● Chlorprothixen – (Handelsname Truxal).

Die sogenannten *hochpotenten Neuroleptika* werden vor allem zur Behandlung von *schizophrenen Psychosen* eingesetzt. Sie dienen in erster Linie dazu, Symptome wie Halluzinationen, Wahn, Antriebsstörungen, Denkzerfahrenheit zu reduzieren. Da derartige Wirkungen erst nach mindestens einer Woche allmählich einsetzen, ist es oft notwendig, zu Beginn der Akutbehandlung zusätzlich beruhigende oder angstlösende Medikamente zu verabreichen. In ganz seltenen Fällen kann es sogar einmal unvermeidbar sein, eine Kombination aus hochpotentem und sedierendem Neuroleptikum in Form einer Injektion zu geben, um bei extrem verwirrten und erregten Patienten körperliche Auseinandersetzungen zu umgehen.

Wer mit schwer Verhaltensauffälligen oder psychisch Kranken arbeitet, der weiß, daß derartige Situationen zu den schwierigsten und belastendsten gehören, manchmal für alle Beteiligten kaum zu ertragen sind. Glücklicherweise ist es dennoch meist so, daß die Patienten letztendlich zu spüren scheinen, daß man aus Mangel an Alternativen scheinbar »gegen« sie vorgeht und letztendlich in guter Absicht handelt, so daß sich trotz allem eine vertrauensvolle Beziehung im Laufe der Zeit anbahnen kann.

Als typischer *Wirkmechanismus* der Neuroleptika wurde lange Zeit in erster Linie eine Blockade der Erkennungsstellen für den Botenstoff Dopamin in bestimmten Hirnregionen angenommen. Dies trifft vor allem für die sogenannten klassischen Neuroleptika zu. Beispielhaft nennen wir hier:

- Haloperidol – (Handelsname Haldol),
- Flupentixol – (Handelsname Fluanxol) oder
- Pimozid – (Handelsname Orap).

Nicht ganz so stark antipsychotisch wirksam, also mittelpotent sind u.a.:

- Perazin – (Handelsname Taxilan) oder
- Thioridazin – (Handelsname Melleril).

Obwohl die mittelstark antipsychotisch wirksamen Substanzen tendenziell weniger Nebenwirkungen auslösen, sind sie zur Behandlung akuter psychotischer Zustände leider oft nicht ausreichend.

Die hiermit schon angesprochenen *Nebenwirkungen der höherpotenten, klassischen Neuroleptika* können unter anderem Müdigkeit, vermehrter Speichelfluß, vorübergehendes Ausbleiben der Monatsblutung oder auch Kreislaufprobleme beinhalten. Sehr beunruhigend – wenn auch meist ungefährlich – sind motorische Beeinträchtigungen, die leider bei den klassischen Neuroleptika nicht selten zu beobachten sind. Hierbei kann es sich besonders zu Behandlungsbeginn um Verkrampfungen z. B. von Zungen-, Augen- oder Halsmuskulatur handeln, wogegen sogenannte Anticholinergika sehr rasch Abhilfe schaffen (meistens wird eine Substanz namens Akineton verwendet).

Zusätzlich kann nach Ablauf mehrerer Wochen auffallen, daß der Betroffene bei manchen Bewegungen leicht zu zittern scheint oder insgesamt etwas steif und unbeweglich wirkt. Auch hierbei handelt es sich nicht um bleibende und gefährliche Erscheinungen, aber dennoch sind derartige Auffälligkeiten letztendlich oft mit ein Grund, das Medikament zu wechseln und statt dessen z. B. eines der sogenannten *atypischen Neuroleptika* einzusetzen, die gerade im Bereich der Motorik kaum oder gar keine Nebenwirkungen zeigen. Sie wirken bevorzugt über einen anderen Botenstoff im Hirnstoffwechsel, nämlich das Serotonin.

Besonders oft finden aus dieser letztgenannten Gruppe der atypischen Neuroleptika folgende drei Substanzen Verwendung:

● Clozapin – (Handelsname Leponex),
● Risperidon – (Handelsname Risperdal),
● Olanzapin – (Handelsname Zyprexa).

Ganz grundsätzlich ist zu sagen, daß je nach Medikament in bestimmten Zeitabständen *Blutuntersuchungen* vom zuständigen Arzt durchgeführt werden sollten, und teilweise zusätzlich EKG- oder EEG-Kontrollen in größeren Zeitintervallen empfohlen sind. Da in der Kinder- und Jugendpsychiatrie stärkere Medikamente zum Glück selten und meist nur während einer stationären Krankenhausbehandlung verordnet werden, wird der zuständige Arzt Patienten und Eltern üblicherweise bei jedwedem Einsatz von Medikamenten genauestens aufklären und beraten.

Abschließend möchten wir noch ergänzen, daß im Rahmen dieses Kapitels nicht auf alle Medikamentengruppen, die eventuell einmal zur Anwendung kommen könnten oder von denen Sie vielleicht bereits gehört haben, eingegangen werden kann. Es erschien uns sinnvoller, über häufiger verwendete Substanzen etwas detaillierter zu berichten.

Quellenhinweise

Arbeitsgemeinschaft der Wissenschaftlichen Medizinischen Fachgesellschaften (AWMF): Leitlinien der Deutschen Gesellschaft für Kinder- und Jugendpsychiatrie und Psychotherapie, Stand 1999.

Fiedler, Peter: Persönlichkeitsstörungen. Weinheim: Beltz/Psychologie VerlagsUnion ²1995.

Michaelis, Richard und Gerhard W. Niemann: Entwicklungsneurologie und Neuropädiatrie. Stuttgart: Thieme 1999.

Nissen, Gerhard und Götz-Erik Trott: Psychische Störungen im Kindes- und Jugendalter. Berlin, Heidelberg: Springer ³1995.

Reinecker, Hans (Hrsg.): Lehrbuch der klinischen Psychologie. Modelle psychischer Störungen. Göttingen: Hogrefe/Verlag für Psychologie ³1998.

Steinhausen, Hans-Christoph: Psychische Störungen bei Kindern und Jugendlichen. Lehrbuch der Kinder- und Jugendpsychiatrie. München: Urban und Fischer 1996.

Sachregister

Kleine Unruhegeister brauchen Hilfe

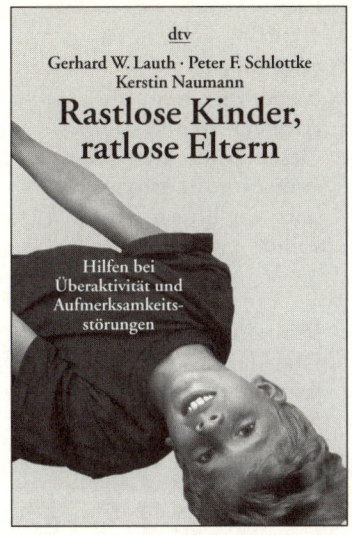

Gerhard W. Lauth
Peter F. Schlottke
Kerstin Naumann

**Rastlose Kinder,
ratlose Eltern**

Hilfen bei Überaktivität und
Aufmerksamkeitsstörungen
Originalausgabe
dtv 36122

In diesem umfassenden und kompetenten Ratgeber
finden Eltern, Lehrer und Erzieher alles über
Ursachen, Erscheinungsbild und Behandlung von
Aufmerksamkeitsstörungen und Überaktivität.

- Was ist aufmerksamkeitsgestört?
- Was Eltern im Alltag tun können
- Zusammenarbeit mit der Schule
- Psychologische Behandlung
- Behandlung mit Medikamenten
- Diättherapie
- Mit einem ausführlichen Anhang

...Eltern sein dagegen sehr

Erziehungsberater im dtv

Bruno Bettelheim
Kinder brauchen Märchen
dtv 35028

Bruno Bettelheim
Karen Zelan
Kinder brauchen Bücher
Lesen lernen durch
Faszination
dtv 35026

Rudolf Dreikurs
Erik Blumenthal
**Eltern und Kinder –
Freunde oder Feinde?**
dtv 35003

Kinder verstehen
Ein psychologisches
Lesebuch für Eltern
Herausgegeben von
Sophie von Lenthe
dtv 35017

Maria Montessori
Kinder sind anders
dtv 36047

Gerlinde Ortner
**Märchen, die Kindern
helfen**
Geschichten gegen Angst
und Aggression und was
man beim Vorlesen wissen
sollte
dtv 36107

Gerlinde Ortner
**Neue Märchen, die
Kindern helfen**
Geschichten über Streit,
Angst und Unsicherheit
und was Eltern wissen
sollten
dtv 36154

Jirina Prekop
Der kleine Tyrann
Welchen Halt brauchen
Kinder? · dtv 36050

Jirina Prekop
Christel Schweizer
Unruhige Kinder
Ein Ratgeber für beun-
ruhigte Eltern
dtv 36030

Lawrence E. Shapiro
EQ für Kinder
Wie Eltern die Emotionale
Intelligenz ihrer Kinder
fördern können
dtv 36121

Eva Zeltner
Mut zur Erziehung
dtv 36048
**Weder Macho noch
Muttersöhnchen**
Jungen brauchen eine neue
Erziehung
dtv 36123

...Eltern sein dagegen sehr

Erziehungsberater im dtv

Jeffrey L. Brown
Keine Räuber unterm Bett
Wie man Kindern Ängste nimmt
dtv 36093

Was macht ihr für Geschichten?
Ausdrucksformen des kindlichen Erlebens
Herausgegeben von Reinhard Fatke
dtv 35136

Klaus Fritz
Ein Sternenmantel voll Vertrauen
Märchenhafte Lösungen für alltägliche Probleme
dtv 36120

Allan Guggenbühl
Die unheimliche Faszination der Gewalt
Denkanstöße zum Umgang mit Aggression und Brutalität unter Kindern
dtv 36025

Gerhard W. Lauth
Peter F. Schlottke
Kerstin Naumann
Rastlose Kinder, ratlose Eltern
Hilfen bei Überaktivität und Aufmerksamkeitsstörungen · dtv 36122

Jane Nelsen
Lynn Lott
H. Stephen Glenn
Der große Erziehungsberater
Antworten auf Elternfragen von Abhängigkeit bis Zuhören · dtv 36095

Dagmar C. Walter
Autogenes Training für Kinder
Phantasiereisen zum Entspannen
dtv 36092

Dagmar Wolf
Babysitter, Hort & Co.
Ratgeber zur Kinderbetreuung · dtv 36094

Kinderwunsch – die Geburt und wie es danach weitergeht

Sheila Kitzinger
Schwangerschaft und Geburt bewußt und selbstbestimmt erleben
dtv 36016

T. Berry Brazelton
Babys erstes Lebensjahr
dtv 36500

Monika Arndt
Das Baby-Kochbuch
Gesunde Ernährung
für Ihr Kind
dtv 36536

Nasma Scheibler-Shrestha
Ruth Lehmann
Babymassage
Die Sprache der sanften
Berührung in der Newar-
Tradition
dtv 36091

Penelope Leach
Die ersten Jahre deines Kindes
Ein Handbuch für Eltern
dtv 36005

Christine Lauterbach,
Ulrike Schroeder
Kinder homöopathisch behandeln
dtv 36035

Dr. med. Nora Bergen
Allergie bei Kindern
Umweltschadstoffe,
Nahrungsmittel- und
Inhalationsallergien
dtv 36517

Eva Zeltner
Mut zur Erziehung
dtv 36048
Weder Macho noch Muttersöhnchen
dtv 36123

Brigitte Beil
Gutes Kind, böses Kind
Warum brauchen Kinder
Werte?
dtv 8424

Maria Montessori
Kinder sind anders
dtv 36047

Jirina Prekop
Der kleine Tyrann
Welchen Halt brauchen
Kinder?
dtv 36050

Ulla Rahn-Huber
Der ultimative Survival-Guide für junge Eltern
dtv 36167

Klug mit Gefühlen umgehen

Daniel Goleman
EQ. Emotionale Intelligenz
<u>dtv</u> 36020

»EQ statt IQ« heißt die neue griffige Erolgsformel, mit der Daniel Golemans internationaler Bestseller einen Nerv unserer Zeit trifft.

Daniel Goleman, Paul Kaufman, Michael Ray
Kreativität entdecken
<u>dtv</u> 36136

Kreativität fällt nicht vom Himmel. Aber wir alle können lernen, die schlummernden Ideen in uns zu wecken.

Die heilende Kraft der Gefühle
Hrsg. von Daniel Goleman
<u>dtv</u> 36178

In einem spannenden Dialog zwischen westlichen Wissenschaftlern und dem Dalai Lama erfahren wir, wie die Geisteswissenschaften des Ostens von bahnbrechenden Ergebnissen der Naturwissenschaften des Westens bestätigt werden.

Lawrence E. Shapiro
EQ für Kinder
<u>dtv</u> 36121

Dieses Buch zeigt, wie Eltern Einfühlungsvermögen, Kontaktfreudigkeit, Ausdauer und Selbstvertrauen ihrer Kinder fördern können.

Claude Steiner
Emotionale Kompetenz
<u>dtv</u> 36157

Claude Steiner führt Golemans Anregungen, die Emotionalität neu zu bewerten, weiter und setzt sie in die Praxis um. Er stellt ein Trainingskonzept in zwölf überschaubaren und einfach nachzuvollziehenden Schritten vor.

Was Frauen natürlich hilft

Margaret Minker
Naturheilkunde
Das Handbuch für Frauen
Verfahren, Beschwerden und Beratung
von A bis Z
dtv 36011

Dieses umfassende Handbuch bietet Information und Beratung zu allem, was Frauen krank macht: von Abwehrschwäche bis Zyklusstörungen. Margaret Minker weiß um die psychosomatischen Zusammenhänge weiblicher Erkrankungen und ist mit den wirksamsten Mitteln und den wichtigsten Verfahren der Naturheilkunde vertraut. Zu jedem Beschwerdekomplex macht sie mehr als 20 Vorschläge zur Selbsthilfe: Akupressur • Aromatherapie • Atemtherapie • Bach-Blüten • Bewegung • Biologische Krebsabwehr • Chronobiotherapie • Ernährung • Farb- und Lichttherapie • Heilfasten • Homöopathie • Massagen • Pflanzenheilkunde • Psychosomatische Hilfe • Rituale mit Heilwirkung • Tees und Tinkturen • Visualisierungsübungen • Wasseranwendungen • Wickel • Yoga und viele zusätzliche Verfahren.

»Sie finden in diesem Buch eine fundierte Darstellung der Grundsätze der Naturheilkunde und eine Vielzahl von Anregungen zur Selbsthilfe...Nicht allein die Weisheit der Kräuterfrauen findet in diesem Handbuch ihren Niederschlag, sondern auch und besonders die traditionelle Medizin aus Ost und West wird kritisch dargestellt...Dabei weicht die Autorin den Kontroversen über die einzelnen Behandlungsmethoden nicht aus, sondern zeigt jeweils Grenzen und Risiken detailliert auf.« *Psychologie Heute*

dtv

Alles über die Gesundheit

Dr. med. Marianne Koch

Mein Gesundheitsbuch

<u>dtv</u> premium 24151

In diesem grundlegenden Nachschlagewerk erklärt die prominente Internistin Marianne Koch Aufbau und Funktion des menschlichen Körpers, beschreibt die häufigsten Erkrankungen und ihre Behandlung und gibt Hinweise zur gezielten Vorbeugung. Weil zum gesunden Körper auch eine gesunde Seele gehört, widmet die Autorin diesem Thema ein eigenes Kapitel. Neben den schulmedizinischen Vorgehensweisen werden auch erprobte alternative Heilmethoden vorgestellt. Tipps für eine ausgewogene, bewusste Ernährung, Strategien für ein gesundes Alter und Ratschläge zur Aktivierung der Selbstheilungskräfte runden das informative und umfassende Gesundheitsbuch ab.

»Koch gelingt es, selbst komplizierte Zusammenhänge anschaulich und verständlich darzustellen und hilft mit, dass der Leser zu einem mündigen Partner des Arztes wird.«
Kurier

»Ein Nachschlagewerk, das in keinem Haushalt fehlen sollte.«
frau aktuell